教师教育系列教材

幼儿园科学实验与活动指导

吴明宇　主　编

冯　璐　张莉娜　副主编

清华大学出版社

北　京

内 容 简 介

本书以教育部《3～6 岁儿童学习与发展指南》要求为标准，以幼儿心理学、教育学为理论基础，面向学前教育专业教师和幼儿家长，为他们指导孩子提供参考。幼儿科学实验是幼儿科学教育中不可替代的实验活动，是一种多维的心智活动和动手技能等方面相结合的过程，由于实验本身的生动性、灵活性、多样性和实践性，因而能为幼儿的认知发展提供依据，为认知的深化和智能的培养提供最佳途径。让幼儿亲自参与对物体和自然现象的发现，让他们通过观察与实验接触现实，发展自己的好奇心，激发想象力，扩展思维，改善合作和交往能力，促进语言能力的发展，提高科学素养。

本书遵循的教育理念是以幼儿为本，重在科学学习过程，教育方法是用幼儿自己的眼睛去观察，用幼儿自己的双手去操作，用幼儿自己的头脑去思考，用幼儿自己的智慧去创造。本书最大的特色是既有学前专业的基本理论，又有幼儿园的具体实践经验，并将幼儿园科学课内容分为大、中、小班编写，提供幼儿园教师进行科学课教学时的重要参考，最后一章是“幼儿园科学实验教案集锦”，都是在幼儿园实践中进行了充分验证、深受小朋友欢迎的可操作性实验。本书也可以作为家长指导幼儿科学学习、家庭科学小实验的科普读物。

图书在版编目(CIP)数据

幼儿园科学实验与活动指导/吴明宇主编. —北京：清华大学出版社，2020.5 (2024.7 重印)
教师教育系列教材
ISBN 978-7-302-55206-2

Ⅰ. ①幼…　Ⅱ. ①吴…　Ⅲ. ①学前教育—科学实验—活动课程—师资培训—教材　Ⅳ. ①G613.3

中国版本图书馆 CIP 数据核字(2021)第 048944 号

责任编辑：陈冬梅
装帧设计：刘孝琼
责任校对：李玉茹
责任印制：沈　露
出版发行：清华大学出版社
网　　址：https://www.tup.com.cn, https://www.wqxuetang.com
地　　址：北京清华大学学研大厦 A 座　　**邮　　编：**100084
社 总 机：010-83470000　　**邮　　购：**010-62786544
投稿与读者服务：010-62776969, c-service@tup.tsinghua.edu.cn
质量反馈：010-62772015, zhiliang@tup.tsinghua.edu.cn
课件下载：https://www.tup.com.cn，010-62791865
印 装 者：三河市龙大印装有限公司
经　　销：全国新华书店
开　　本：185mm×260mm　　**印　张：**15.5　　**字　数：**376 千字
版　　次：2020 年 5 月第 1 版　　**印　次：**2024 年 7 月第 4 次印刷
定　　价：48.00 元

产品编号：080107-01

前　言

教育部于2012年颁布的《3～6岁儿童学习与发展指南》中提出幼儿科学学习的核心是激发幼儿的探究欲望，培养幼儿的探究能力。近年来，对科学启蒙教育的探索和研究逐渐成为儿童教育领域的关注热点，如何有效地在幼儿教育中加入趣味科学实验进行科学知识的启蒙教育成为国内外儿童教育领域研究的重要课题。国外关于儿童趣味自然科学实验的研究开始较早，并取得了一定的研究成果。目前我国社会上也有一些科学探究实验班，但是幼儿园教育中鲜有学者对幼儿科学实验进行系统研究，只有少数学者提出在小学期间引入趣味科学实验来对儿童进行科学知识的启蒙教育。幼儿的思维以直观形象为主，在幼儿园中开展科学实验能让幼儿直接看到事物发展的变化或事物发展的过程，非常直观地向幼儿展示其中的科学道理。

随着幼儿教育事业的不断发展，广大幼儿教育工作者越来越认识到科学实验的特殊作用，希望通过科学实验活动完善幼儿园科学教育体系，将科学探究实验办成幼儿园特色课程，推动幼儿主体性发展。

根据幼儿所处的成长阶段特有的好奇、好问的特点和需求，本着让孩子们“做中学”“学中玩”的理念，激发幼儿的探索兴趣，培养幼儿的自信心、主动性和独立性，发展儿童的观察力、创造力、动手能力、动脑能力及活动中发现问题和解决问题的能力，科学实验贴近幼儿的生活，与幼儿日常游戏、生活中接触最多的物质环境及生活现象紧密联系。幼儿园科学教育内容离不开科学小实验，实验内容要操作简单，每个实验配有实验操作的PPT，提供幼儿操作记录表，幼儿在实验的操作记录过程中相互交流学习，开阔了眼界，拓展了思维，提高了表达能力。设计实验既满足了孩子的好奇心，又能培养幼儿浓厚的学习兴趣，全面提升了幼儿园开展幼儿科学实验的能力。

本书以教育部《3～6岁儿童学习与发展指南》的要求为标准，以幼儿心理学、教育学为理论基础，面向学前教育专业教师和幼儿家长，为他们指导孩子提供参考。全书共分为八章。第一章为幼儿园科学实验概述，第二章介绍幼儿园开展科学实验的理论基础，第三章介绍幼儿园科学实验过程技能，第四章介绍大班科学实验与活动指导，第五章介绍中班科学实验与活动指导，第六章介绍小班科学实验与活动指导，第七章介绍幼儿园科学实验的开发和利用，第八章介绍幼儿园科学实验教案集锦，包括实验课件和课堂录像。

本书由从事多年学前教育专业的大学教师和有多年幼儿园工作经验的幼儿教师共同编写，参阅了国内外学前和小学科学教育方面专家的方法和观点，突出实用性与可操作性。考虑幼小衔接，书内有大量科学实验素材，供幼儿园科学课教师教学参考之用，家长也可以此作为科普读物，指导幼儿在家庭中进行科学实验。

本书由吴明宇编写第一、三章，由赵悦同、冯璐编写第二章，由刘子怡编写第四章，由白一然编写第五章，由陈曦编写第六章，由谢文欣、张莉娜编写第七章，由邱雪编写第八章，由吴明宇统稿。

由于编者水平所限，书中难免有错漏和不足之处，欢迎读者批评指正。

编　者

目　录

科学的每一项巨大成就，都是以大胆的幻想为出发点的。

——杜威

第一章 幼儿园科学实验概述

本章学习目标

- 了解幼儿科学教育与幼儿园科学实验。
- 熟悉幼儿园科学实验的目标和基本内容。
- 理解幼儿园开展科学实验的重要意义。

核心概念

幼儿园(kindergarten) 科学(science) 科学教育(science education) 科学实验(scientific experiment)

引导案例

指南针[①]

某中班幼儿在科学发现室中探索一个简易的指南针，教师在这个指南针的底座的四个方向分别贴上四个小动物的图画，来吸引幼儿的注意。幼儿第一次轻轻转动这根针，发现针尖指向小猫时，对自己说："我抓到小猫咪，我就装作小猫。"可是当他一次次地重复转，发现针尖总是指着小猫，便自言自语："怎么又是小猫？"有一次他试图让它指向别的小动物，便用手按住针尖，可是一松手，针尖仍然转向小猫，于是他开始尝试用各种不同的方法，都没有找到答案。事后老师问他有什么发现，他说："我发现它转不到好多东西，只能转到小猫，它喜欢小猫。"

案例分析

通过这个案例让我们思考，儿童的科学是什么样子呢？儿童又是怎么来学习科学的

① 幼儿频道、幼儿教育。

呢？是否应该像成人一样理解科学，获得和成人一样的科学呢？

事实上幼儿的科学教育活动和成人所谓的科学教育有相同之处，当然也有不同之处。幼儿的科学教育活动是由教师引发、支持和引导幼儿对周围物质世界进行主动探究，以帮助他们形成科学情感和态度，掌握科学方法，获得有关周围物质世界及其关系的科学经验的活动。2001 年教育部颁发了《幼儿园教育指导纲要(试行)》，将“科学”第一次正式列入幼儿园教育内容之中，因此幼儿学习科学是必要的。

针对此案例，教师可以播放司南的相关视频，引起幼儿的兴趣。教师简单地向小朋友介绍司南就是今天的指南针，请幼儿讨论：你看到的是什么？它是什么样子？由什么构成？电视里拿它来做什么？介绍我国是世界上公认发明指南针的国家，让幼儿知道指南针的发明是我国劳动人民在长期的实践中对物体磁性认识的结果。由于生产劳动，人们接触了磁铁矿，开始了对磁性质的了解。人们首先发现了磁石吸引铁的性质，后来又发现了磁石的指向性，于是劳动人民进一步利用磁体的指向性，制成指示方向的机械，这就是指南针。教师要告诉幼儿指南针最初的作用是用来祭祀、占卜、军事等，并出示相关图片，加深印象，让幼儿明白指南针对促进当时的农业发展和社会发展的重大意义。

告诉幼儿在日常生活中应该如何使用指南针。然后再一次总结指南针是我国劳动人民的伟大发明，升华幼儿对祖国的感情。

新的科学教育理念告诉我们“猜想假设是探究活动的重要环节”，幼儿有自己的猜想假设是他们主动建构知识经验的前提，只有带着自己的猜想进行探究，幼儿才能真正进入积极主动的探究状态。猜想和假设是让幼儿利用已有的经验，对问题提出自己的想法和做法，并根据需要进行记录，引导幼儿在动手之前先动脑筋，增强其行动的计划性，使实验活动有明确的指向和目的。此环节便于幼儿将原有的想法与操作结果相比较，丰富和调整原有认知。比如这个案例，最后请幼儿到手工区，利用材料自行制作简易指南针，教师做简单的指导，让幼儿自由探索和了解指南针的原理。

学习指导

本章的重点是让学生了解什么是儿童的科学，儿童科学的本质是什么，幼儿园如何根据《3～6 岁儿童学习与发展指南》(教育部于 2012 年制定，必要时可简称《指南》)中科学教育的内容开展科学小实验，幼儿园科学实验的内容包括哪些，幼儿园开展科学实验对儿童有什么重要意义。

第一节　幼儿科学教育与科学实验

科学，英文表达为 science，是自然科学(natural science)的简称。在《辞海》中，对科学的解释是“关于自然、社会和思维的知识体系，是社会实践经验的总结，并在社会实践中得到检验和发展。”科学不是一个静态的知识体系，而是一个动态的发展过程，科学可以理解成是一个开放的知识体系。达尔文说：“科学就是整理事实，以便从中得出普遍的规律和结论。”通常科学指的是自然科学，20 世纪 90 年代联合国教科文组织重新明确了科学的范围，按照联合国教科文组织给出的定义，科学包括自然科学和社会科学。科学的定义应包括三个重要组成部分：科学态度、科学探究的过程及方法、科学知识。

科学教育的发展是与科学、技术及社会生产力的提高紧密相连的。我们处在一个以信息化、全球化、知识经济、可持续发展等为特征的时代，幼儿教育是未来教育，幼儿将来要适应多变的、多元发展的社会需要，必须养成综合运用知识解决问题的意识和创新意识，具备结构合理的科学知识和对科学知识主动学习的自觉精神，拥有对科学的独特理解，以及运用科学知识创造性地解决问题的能力，因此，具备科学素养是所有科学教育的基本目标。学习儿童科学教育目标，应该充分考虑现代社会发展的特点和社会发展对人才培养的要求，为儿童终身发展奠定良好的基础。我们不仅要培养幼儿学习的能力，还要培养他们解决问题的能力；不仅要培养他们分析和推理的能力，还需要培养他们综合运用信息的能力。社会的科技、经济处于快速发展的阶段，国家和社会不仅需要高科技人才，更需要所有的新一代普通公民都具有一定的科学素养。

幼儿期的科学教育不在于传授幼儿高深的科学知识和技术，而在于在幼儿的心灵中播下科学精神的种子。在日常学习中，要培养幼儿对自然和社会的广泛兴趣，使他们喜欢探索，乐于发现，掌握初步的科学常识和科学方法。更重要的是培养幼儿对科学的兴趣和探索精神，为日后发展打下坚实的学习基础和科学素养。

一、幼儿科学教育

幼儿的科学是一种经验层次的科学知识，幼儿的科学是一个自我建构的过程，幼儿的科学是对世界的独特理解的科学。

幼儿科学教育是指幼儿在教师的指导下，通过自身的活动，对周围的世界进行感知、观察、操作、发现，以及提出问题、寻找答案的探索过程。

(一)幼儿科学教育的特点

幼儿科学教育具有以下特点。

1. 幼儿科学教育是对幼儿进行科学素质的早期培养

幼儿科学教育是整个科学教育体系的起始阶段和基础环节。一个国家的发达兴旺，除了提高全民的科学素质以外，还需要培养大批的科学技术专门人才，为国家储存科技人才资源。从小对幼儿进行科学教育，将有利于培养科技的专门人才。当前幼儿教育改革中，科学教育是一个重要的课题，它是幼儿园常识教学的发展和持续，但是又与传统的常识教学不太一样。幼儿园的科学教学不仅要丰富幼儿的科学知识，开阔幼儿的眼界，更要发展幼儿的智力，以培养幼儿对科学的兴趣和求知欲为重要任务。

从小进行科学教育，有利于培养他们对科学的特殊兴趣，将对幼儿的发展起到重大的作用。许多伟大科学家的成长经历可以证明，学龄前时期接触科学，对他们后来取得伟大的科学成就具有重要的作用。

早期进行科学教育，有利于他们将来成长后的科学学习，并为科学素质的早期养成奠定良好的基础。学龄前阶段的科学教育越普及，学前儿童对科学的兴趣越浓厚，对其潜能的开发也越有效。在学龄前时期，培养儿童对周围事物的好奇、兴趣，使他们能运用自己的感官对周围的事物进行探究、动手动脑，能运用适当的方式进行表达、交流，并能够爱护动植物，关心周围环境，等等，都能为从小培养孩子的科学素质打下基础。

2. 幼儿科学教育以幼儿的生活经验为基础

关注身边的科学，对孩子进行随机科学教育。在日常生活中，老师、家长可以用简短的语言、有趣的问题，引导孩子观察。如家长做饭的时候，请孩子一起看米是怎样变成饭的；饺子煮熟了会浮上水面；白花花的盐放到菜里就不见了，而菜却变咸了……又如外出散步的时候，引导孩子观察同一棵树在不同季节的变化并做记录。

还可以引导孩子观察更广的范围，提出许多问题。如为什么冰箱里可以结冰、为什么风扇转起来就凉快，等等，对孩子进行科学训练，让孩子感受其中的快乐。

3. 周围环境为幼儿科学教育提供了丰富的教育资源

充分利用周边科学资源，与孩子共同享受科学。家长应支持、配合幼儿园的科学工作。家庭中可随时进行科学教育，例如：如何让滚烫的开水变凉。幼儿想喝凉水时，只有热水怎么办？家长可以让孩子按照“怎样让水凉得更快，怎样证明水变凉了”这种思路进行思考，这样既保证了孩子探索的积极性，又帮助孩子不断深化主题，依据自己的实践寻找答案，同时培养了孩子对事物的科学态度和精神。

在为孩子设计活动时，家长要为孩子准备充足的进行科学探索的材料，如上例该准备冰块、温度计、风扇等。家长也要参与到孩子的活动中，提高孩子的兴趣，及时帮助孩子克服遇到的困难，诱导孩子发现事物之间的关系，共同体验探索活动的成功和乐趣。出差时，别忘了带上当地的特色资料，与孩子一起分享。还有节假日经常带孩子参观科学馆、实验室、高科技产品展，拜访搞科学研究的朋友，与孩子一起看电视节目、去书店、查阅图书资料等。

(二)幼儿科学教育的内容和目标

1. 幼儿科学教育的内容

我国教育部于 2001 年 7 月颁布了《幼儿园教育指导纲要(试行)》，提出了科学情感和态度方面的目标、科学过程和方法方面的目标和科学知识方面的目标。具体内容如下。

(1) 科学情感和态度方面的目标：对周围的事物、现象感兴趣，有好奇心和求知欲；爱护动植物，关心周围环境，亲近大自然，珍惜自然资源，有初步的环保意识。

(2) 科学过程和方法方面的目标：能够运用各种感官，动手动脑、探究问题；能用适当的方式表达、交流探索的过程和结果。

(3) 科学知识方面的目标：获取广泛的科学经验；在感性经验的基础上形成初级科学概念。

2. 幼儿科学教育的目标

幼儿科学教育的目标具体如下。

(1) 科学知识教育目标：是人类在了解自然科学时，希望获得的有关事实的信息和理论的信息。依据反映层次的系统性，知识可以分为经验知识和理论知识。

(2) 科学能力、方法教育目标：是指学习探索周围世界和学科学的方法，如观察、分类、测量、思考、表达交流和解决问题等方法，以及发展观察力、思维能力、创造力、动手能力和初步解决问题的能力。科学方法是“人们获得科学认识所采用的规则和手段系统”，是科学发展的一个重要的内在因素。

(3) 科学情感和态度教育目标：是指对科学活动兴趣爱好的培养，特别强调好奇、进取、负责、合作、客观、虚心、细心、耐心、信心、自动自发、喜欢创造思考等态度、情感的培养。

二、幼儿园科学实验

在幼儿园课程领域中，科学领域的教育内容极其广泛，包括物质科学、生命科学、地球和空间科学以及科学技术四个范畴。范围的广阔性决定了幼儿园科学教育的方法的多样性，其中主要的方法有观察法、制作法、展示法、讨论法、游戏法以及实验法。科学实验是科学教育最主要的一个课程。幼儿在上科学实验课的时候在玩乐中就学到了好多知识，通过观察—思考—提问—动手—合作—表达，促进孩子观察力、思考力、认知力、动手力、组织力、表达力的全面提升。探究实验是幼儿认识事物的常用方法，作为教师要尽量创造条件让幼儿实际参加探究活动，使他们感受科学探究的过程和方法。幼儿的实验不同于成人的科学实验，往往实验过程比较简单，能直观地看到实验的变化和结果，所揭示的是事物之间明显的、可见的、表面的相互关系。

美国著名哲学家、教育家、心理学家杜威(John Dewey，1859—1952)认为，“所有的学习都是行动的副产品，所以教师要通过‘做’，促使学生思考，从而学得知识。”杜威把“从做中学”贯穿到教学领域的各个主要方面，诸如教学过程、课程、教学方法、教学组织形式等，都以“从做中学”的要求为基础，形成了“不仅塑造了现代的美国教育，而且影响了全世界”的活动课程和活动教学。“从做中学”就是在幼儿园开展探究式科学实验，这也是科学研究的基本方法。热衷于探究是科学家的基本性格组成，也是儿童的天性，应该让儿童亲历科学探究的学习过程。探究既是科学学习的目的，又是科学学习的方式，在探究式科学教育中，需要把让儿童建立新的科学概念(想法)、改善和纠正已有的科学概念以及探究能力、科学态度的培养结合起来考虑。幼儿园开展科学实验是幼儿科学教育不可分割的组成部分，应该渗透到科学教育的每一个环节，是符合学前儿童的发育特点的。

(一)不同年龄段幼儿探究事物的特点

1. 3～4 岁幼儿的特点

3～4 岁幼儿对一些物体的现象分辨不清，常常混淆。缺乏有意性，带有模仿性。表现为别人做什么，他也跟着做什么，认识带有明显的拟人化倾向。3～4 岁幼儿受自我中心的影响，常以自己的生活体验去解释各种事物和现象。幼儿的注意力往往比较容易集中在具有鲜艳色彩、会发出悦耳声音、生动的、自己喜欢的事物上，对于不感兴趣的事物或特点似乎视而不见，这样就影响了他们对事物的认识。

2. 4～5 岁幼儿的特点

4～5 岁幼儿好奇心强，一般已可以直接感知自然现象，并理解一些表面的和简单的因果关系，开始根据事物的表面属性、功用和情境进行概括分类。在有感性经验的基础上，开始能对具体事物进行概括分类，但概括的水平还很低。

3. 5～6 岁幼儿的特点

5～6 岁幼儿对周围世界有着积极主动的求知探索态度，并渴望得到答案。初步理解科学现象中比较深层次的因果关系。5～6 岁幼儿开始能够根据事物的本质属性，按照客观事物的分类标准进行初步的概括分类。

(二)幼儿园科学实验应遵循的原则

幼儿科学实验是幼儿科学教学的主要内容。根据幼儿特点，幼儿的科学教育不可能像成人一样，停留在知识传授上，应该以实验为基础。幼儿期是一个发展的关键期，如何抓住这个关键期，对幼儿进行科学教育，满足他们探索世界、渴求知识的心理需求，培养其科学精神，提高其科学素养，是幼儿园教育应当考虑的内容与追求的目标。为此，幼儿园教育工作者应当积极探索幼儿科学教育的基本原则与主要途径，为实施幼儿的科学教育奠定理论基础。

幼儿科学实验的合理设计是科学教学正常进行的重要保障。在幼儿科学实验设计过程中，可以从幼儿生活、科学教材、科普读物和网络资源中寻找素材，遵循生活性、趣味性、开放性、整体性和安全性五大原则进行设计。

1. 生活性原则

幼儿园在开展科学实验时，应贴近幼儿的生活，对幼儿进行科学教育，要密切联系幼儿的生活实际，符合他们的生活环境、年龄特点、认知结构和经验背景。实践证明，以幼儿“身边的科技”，即看得见、摸得着、经历过、感觉到的科技产品为教育内容，既能使幼儿产生观察、认识生活的兴趣，又容易为幼儿所理解和掌握，从而保证幼儿科学教育的适宜性。

幼儿园应根据自身的实际条件与资源，按照《幼儿园教育指导纲要(试行)》(有必要时可简称《纲要》)和《3～6 岁儿童学习与发展指南》(有必要时可简称《指南》)的要求，建设系统的科学实验课程，并采用科学探索活动、区角活动、科技节、科技环保活动和社会实践活动等适合幼儿的具体活动形式，将笼统的科学教育目标具体化和操作化，让幼儿在系统的学习与探究中获得全面发展。除此之外，教师应注重将科学教育渗透在幼儿的一日生活之中，让幼儿通过一日生活的各个环节感受、了解、探究身边的科学现象。这不仅有助于增强幼儿科学探究的意识与积极性，而且有助于幼儿认识科学技术的价值和其对自身生活的意义。教师还应注重在环境中渗透科学教育，“让墙壁说话，让树木传情”，对小朋友起到潜移默化的启蒙作用。

2. 趣味性原则

在设计科学实验室时，应充分考虑幼儿的兴趣和需要，并能激发幼儿学科学的兴趣。兴趣有助于提高个体探索的积极性和主动性，为活动效果奠定基础。一方面这些事物通常是幼儿熟悉的，对这一事物的探究适合幼儿的原有经验和水平，另一方面这些事物通常反映了幼儿的求知需要，对这一事物的探究可以使幼儿感知其对自身的意义，幼儿由此才会乐于学习，也才会有真正的内在动机。因此，教师要更多地关注幼儿当前感兴趣的事物，并充分了解幼儿的已有经验，找到幼儿兴趣、经验水平与教育目标的接合点。

3. 开放性原则

开放性要求是相对于封闭式的教育活动而言的。幼儿科学实验是一个开放性的系统，要为幼儿创设操作的环境，让他们自己去实验，去研究，给予幼儿探索的线索，但不是直接指定探索的方向。鼓励幼儿产生多种多样的想法，允许他们得出不同的结论。比如：技术制作类科学活动重在培养幼儿动手能力和丰富的想象能力，教师在组织活动时应注意选择的内容要适合幼儿动手制作，让幼儿亲历制作的过程，教师注意不要以成人的思维方式影响幼儿的制作过程，给幼儿充分的制作空间。鼓励和倡导幼儿按自己的想法去寻找结论。

4. 整体性原则

整体性原则有两层含义，第一，实验要注意面向全体幼儿，使每个幼儿清楚感知实验过程，体验实验的神奇与魅力。幼儿实验时要注意选择的操作内容适合幼儿的年龄阶段和安全要求，教师在幼儿实验过程中一定要实施具体的指导。第二，在科学实验中，将科学领域内不同的内容、目标、活动形式与其他四大领域进行有机的整合，例如，将科学活动与语言活动、艺术活动等结合在一起进行。

5. 安全性原则

安全性原则是最重要的一个原则，它是指设计的实验要保证幼儿的身心健康。对幼儿来说，身体各部分还未发育完全，抵抗外界环境和化学药品的能力较差，遇到突发事情反应和应变能力也较弱，因此设计幼儿科学实验时首先要考虑的就是安全问题，不能将刺激性的、腐蚀性的、有毒有味的实验材料带入实验中，同时不能选择反应剧烈的实验、需要加热的实验，不能使用易碎的器皿，如玻璃烧杯、玻璃试管等，其他材料如卡片类要做成圆角的，木质类要打磨光滑，特别小的东西，比如按扣、玻璃球、黄豆粒等尽量少用，实验材料做好清点，操作时要做好前期准备，把任何危险因素都考虑进去，上课时要保证课堂秩序。

(三)幼儿园科学实验应培养幼儿的能力

幼儿能力的培养和智力的发展，是幼儿科学教育的主要目的之一。具体包括观察能力、实验能力、思维能力、自学能力和创造能力。

1. 观察能力

观察能力是指善于观察自然界的自然现象及其本质特点的能力。在实验教学中激发幼儿的兴趣，具体指导观察方法，教会幼儿掌握与观察有关的基本技能，启发幼儿善于在观察中提出问题、思考问题，用思维指导观察等。观察实验的主要目的是培养幼儿的观察技能、表达技能及对观察对象的科学认识等。

2. 实验能力

实验能力是一种综合能力。在实验过程中，既需要各种认知能力、操作能力、解决问题的能力和创造能力，又需要情意方面的能力。在实验教学中应特别注意实验设计的科学性和创造性，实验操作的协调性和准确性，实验观察的深刻性、准确性和广泛性，实验结果分析的客观性，以及对情意方面的兴趣和意志的培养等。具体体现在以下方面：

(1) 搜集、培养和处理观察实验材料的技能。如采集植物，制作叶画；饲养小动物，了解小动物的生活习性，培养小朋友的爱心、耐心、细心；采集昆虫，制作动物标本，解剖小动物，了解其内部结构等。

(2) 使用实验仪器进行观察和实验的技能。如使用放大镜、显微镜等观察生物的微观结构和行为，使用物理、化学仪器进行科学小实验等。

(3) 观察、记录和处理实验数据的技能。如编制观察记录表，进行观察和记录，绘生物图、进行摄影，统计分析实验结果等。

(4) 对简单的自然科学现象进行观察、调查和作出初步分析的技能。如对简单的生物群落、生物系统或生物学现象进行观察、调查，并写出浅显的实验报告。

(5) 制作技能。如制作简单的教学用具的能力。

3. 思维能力

思维是人脑对客观事物本质和规律的反映，是诸能力的核心。主要表现在分析、综合、比较、抽象、概括和具体化。幼年期是培养幼儿科学精神和科学思维方式的重要时期。面对幼儿提出的问题，要尽量让幼儿通过自身的探索获取信息和找到答案，而不是直接给幼儿提供答案，同时可以提出引导性的问题反问幼儿，引导幼儿深入考虑和解决问题。幼儿有可能提出种种猜测，教师应与幼儿一起通过实验和操作来证实。只有激发幼儿主动探究的积极性，其主动探究的习惯和能力才能得到巩固和发展，从而为其终身发展奠定坚实的基础。在实验教学中，应特别提高幼儿的思维品质，重视学生思维的独立性、联动性、多问性、跨越性、综合性等。

4. 自学能力

幼儿通过平时学习各方面的知识，借助于观察、实验、思维，在教师启发点拨下，能够自己动手、动脑去思考和探索，学习和发现，掌握和理解。幼儿园科学实验能激发幼儿科学兴趣和培养其具有科学态度。

中外科学家凡具有卓越成就者，无不具有高尚的理想、坚强的意志、某方面的浓厚兴趣、坚韧不拔的品格和勤奋不懈的奋斗精神。这些非智力因素不仅是科学事业成功的必要条件，也是学生学业取得好成绩的重要因素。幼儿科学实验能充分调动幼儿学习的主动性和积极性。通过实验设计、实验操作以及在实验过程中的认真思考，发现问题、解决问题的实际训练，可培养幼儿具有实事求是、严肃认真的科学态度，培养幼儿的科学研究能力。

5. 创造能力

幼儿在已有经验基础上，能有创造性地、科学地发明一些小实验，验证一些现象和原理，或说明一些问题，并有奇思妙想的积极思维。

总之，幼儿园科学实验是幼儿掌握自然科学知识的重要环节。幼儿通过观察实验，利用多种感官直接感知实验对象，增强直接经验，获得生动表象，以之作为形成概念、掌握规律的依据。通过实验进一步验证所学的知识，起到巩固、加深理解和提高的作用。所以，实验教学既是自然科学知识的感性认识，又是掌握各科知识的变迁环节，是教学全过程的重要环节。

第二节 幼儿园科学实验的目标和内容

幼儿园科学实验是幼儿园科学教育的一部分，实验的目标和内容要遵照2001年7月教育部颁布的《幼儿教育指导纲要(试行)》(以下简称《纲要》)中对科学领域的要求，还要遵照2012年10月教育部发布的《3～6岁儿童学习与发展指南》(以下简称《指南》)中对科学领域描述的幼儿学习与发展要求。

《指南》中目标部分分别对3～4岁、4～5岁、5～6岁三个年龄段末期幼儿应该知道什么，能做什么，大致可以达到什么发展水平提出了合理期望，指明了幼儿学习与发展的具体方向；教育建议部分列举了一些能够有效帮助和促进幼儿学习与发展的教育途径与方法。

一、《纲要》中对幼儿科学教育的总体要求

(一)科学领域的目标

《纲要》中对幼儿在科学领域的目标如下。

(1) 对周围的事物、现象感兴趣，有好奇心。

(2) 能运用各种感官，动手、动脑，探究问题。

(3) 能用适当的方式表达、交流探索的过程和结果。

(4) 能从生活和游戏中感受事物的数量关系并体验到数字的重要性和有趣。

(5) 爱护动、植物，关心周围环境，亲近大自然，珍惜自然资源，有初步的环保意识。

(二)教育要求

《纲要》中对幼儿科学教育的要求如下。

(1) 引导幼儿接触自然环境，使之感受自然界的美与奥妙，激发幼儿的好奇心和认识兴趣。

(2) 结合和利用生活经验，帮助幼儿认识自然环境，初步了解自然与自己生活的关系。

(3) 引导幼儿注意身边常见的科学现象，感受科学技术给生活带来的便利，萌发对科学的兴趣。

(4) 引导幼儿利用身边的物品和材料开展活动，发现物品和材料的多种特性和功能。

(5) 为幼儿提供观察、操作、实验的机会，支持、鼓励幼儿动手动脑，大胆探索。

(6) 引导幼儿关注周围环境中数、量、形、时间、空间的关系，发现生活中的数学。

(7) 在解决问题的过程中帮助幼儿理解基本的数学概念，发展思维能力。

(8) 鼓励幼儿用多种方式来表现自己的探索过程和结果，表达发现的愉快并与他人交流、分享。

(三)指导要点

《纲要》中对幼儿科学教育的指导要点如下。

(1) 幼儿的科学教育是科学启蒙教育，重在激发幼儿的认识兴趣、探究欲望，帮助幼

儿学习运用观察、比较、分析、推论等方法进行探索活动。

(2) 学习科学的过程应该是幼儿主动探索的过程。教师要让幼儿运用感官，亲自动手动脑去发现问题、解决问题。鼓励幼儿之间的合作，并积极参与幼儿的探索活动。

(3) 幼儿的科学活动应密切联系幼儿的实际生活，教师应充分利用幼儿身边的事物与现象作为科学探索的对象。

二、《指南》中对幼儿科学教育的具体要求

幼儿的科学学习是在探究具体事物和解决实际问题中，尝试发现事物间的异同和联系的过程。幼儿在对自然事物的探究和运用科学解决实际生活问题的过程中，不仅可获得丰富的感性经验，充分发展形象思维，而且初步尝试归类、排序、判断、推理，逐步发展逻辑思维能力，为其他领域的深入学习奠定基础。

幼儿科学学习的核心是激发探究兴趣，体验探究过程，发展初步的探究能力。成人要善于发现和保护幼儿的好奇心，充分利用自然和实际生活机会，引导幼儿通过观察、比较、操作、实验等方法，学习发现问题、分析问题和解决问题；帮助幼儿不断积累经验，并运用于新的学习活动，形成受益终身的学习态度和能力。

幼儿的思维特点是以具体形象思维为主，应注重引导幼儿通过直接感知、亲身体验和实际操作进行科学学习，不应为追求知识和技能的掌握，对幼儿进行灌输和强化训练。

(一)科学探究的目标及建议

1. 幼儿科学探究的目标及建议之一

《指南》中对幼儿科学探究提出的目标之一是亲近自然，喜欢探究。其对应年龄及具体要求如表 1-1 所示。

表 1-1　幼儿科学探究目标之一的对应年龄及具体要求

幼儿年龄	3～4 岁	4～5 岁	5～6 岁
具体要求	1. 喜欢接触大自然，对周围的很多事物和现象感兴趣； 2. 经常问各种问题，或好奇地摆弄物品	1. 喜欢接触新事物，经常问一些与新事物有关的问题； 2. 常常动手动脑探索物体和材料，并乐在其中	1. 对自己感兴趣的问题总是刨根问底； 2. 能经常动手动脑寻找问题的答案； 3. 探索中有所发现时感到兴奋和满足

相应的教育建议如下。

(1) 经常带幼儿接触大自然，激发其好奇心与探究欲望。例如：

① 为幼儿提供一些有趣的探究工具，用自己的好奇心和探究积极性感染和带动幼儿。

② 和幼儿一起发现并分享周围新奇、有趣的事物或现象，一起寻找问题的答案。

③ 通过拍照和画图等方式保留和积累有趣的探索与发现。

(2) 真诚地接纳、多方面支持和鼓励幼儿的探索行为。例如：

① 认真对待幼儿的问题，引导他们猜一猜、想一想，有条件时和幼儿一起做一些简

易的调查或有趣的小实验。

② 容忍幼儿因探究而弄脏、弄乱，甚至破坏物品的行为，引导他们活动后做好收拾整理。

③ 多为幼儿选择一些能操作、多变化、多功能的玩具材料或废旧材料，在保证安全的前提下，鼓励幼儿拆装或动手自制玩具。

2. 幼儿科学探究的目标及建议之二

《指南》中对幼儿科学探究提出的目标之二是具有初步的探究能力。其对应年龄及具体要求如表 1-2 所示。

表 1-2 幼儿科学探究目标之二的对应年龄及具体要求

幼儿年龄	3～4 岁	4～5 岁	5～6 岁
具体要求	1. 对感兴趣的事物能仔细观察，发现其明显特征； 2. 能用多种感官或动作去探索物体，关注动作所产生的结果	1. 能对事物或现象进行观察比较，发现其相同点与不同点； 2. 能根据观察结果提出问题，并大胆猜测答案； 3. 能通过简单的调查收集信息； 4. 能用图画或其他符号进行记录	1. 能通过观察、比较与分析，发现并描述不同种类物体的特征或某个事物前后的变化； 2. 能用一定的方法验证自己的猜测； 3. 在成人的帮助下能制订简单的调查计划并执行； 4. 能用数字、图画、图表或其他符号记录； 5. 探究中能与他人合作和交流

相应的教育建议如下。

(1) 有意识地引导幼儿观察周围事物，学习观察的基本方法，培养观察与分类能力。例如：

① 支持幼儿自发的观察活动，对其发现表示赞赏。

② 通过提问等方式引导幼儿思考并对事物进行比较观察和连续观察。

③ 引导幼儿在观察和探索的基础上，尝试进行简单的分类、概括，如根据运动方式给动物分类，根据生长环境给植物分类，根据外部特征给物体分类，等等。

(2) 支持和鼓励幼儿在探究的过程中积极动手动脑寻找答案或解决问题。例如：

① 鼓励幼儿根据观察或发现提出值得继续探究的问题，或成人提出有探究意义且能激发幼儿兴趣的问题。如：皮球、轮胎、竹筒等物体滚动时都走直线吗？怎样让橡皮泥球浮在水面上？

② 支持和鼓励幼儿大胆联想、猜测问题的答案，并设法验证。如：玩风车时，鼓励幼儿猜测风车转动方向及速度快慢的原因和条件，并实际去验证。

③ 支持、引导幼儿学习用适宜的方法探究和解决问题，或为自己的想法收集证据。如：想知道院子里有多少种植物，可以进行实地调查；想知道球在平地上还是在斜坡上滚

得快，可以动手试一试；想证明影子的方向与太阳的位置有关，可以做个小实验进行验证；等等。

(3) 鼓励和引导幼儿学习做简单的计划和记录，并与他人交流分享。例如：

① 和幼儿共同制订调查计划，讨论调查对象、步骤和方法等，也可以和幼儿一起设法用图画、箭头等标识呈现计划。

② 鼓励幼儿用绘画、照相、做标本等办法记录观察和探究的过程与结果，注意要让记录有意义，通过记录帮助幼儿丰富观察经验、建立事物之间的联系和分享发现。

③ 支持幼儿与同伴合作探究与分享交流，引导他们在交流中尝试整理、概括自己探究的成果，体验合作探究和发现的乐趣。如一起讨论和分享自己的问题与发现，一起想办法收集资料和验证猜测。

(4) 帮助幼儿回顾自己的探究过程，讨论自己做了什么、怎么做的、结果与计划目标是否一致，分析一下原因以及下一步要怎样做等。

3. 幼儿科学探究的目标及建议之三

《指南》中对幼儿科学探究提出的目标之三是在探究中认识周围事物和现象。其对应年龄及具体要求如表 1-3 所示。

表 1-3 幼儿科学探究目标之三的对应年龄及具体要求

幼儿年龄	3～4 岁	4～5 岁	5～6 岁
具体要求	1. 认识常见的动植物，能注意并发现周围的动植物是多种多样的； 2. 能感知和发现物体和材料的软硬、光滑和粗糙等特性； 3. 能感知和体验天气对自己生活和活动的影响； 4. 初步了解和体会动植物和人们生活的关系	1. 能感知和发现动植物的生长变化及其基本条件； 2. 能感知和发现常见材料的溶解、传热等性质或用途； 3. 能感知和发现简单物理现象，如物体形态或位置变化等； 4. 能感知和发现不同季节的特点，体验对动植物和人的影响； 5. 初步感知常用科技产品与自己生活的关系，知道科技产品有利也有弊	1. 能察觉到动植物的外形特征、习性与生存环境的适应关系； 2. 能发现常见物体的结构与功能之间的关系； 3. 能探索并发现常见的物理现象产生的条件或影响因素，如影子、沉浮等； 4. 感知并了解季节变化的周期性，知道变化的顺序； 5. 初步了解人们的生活与自然环境的密切关系，知道尊重和珍惜生命，保护环境

相应的教育建议如下。

(1) 支持幼儿在接触自然、生活事物和现象中积累有益的直接经验和感性认识。例如：

① 和幼儿一起通过户外活动、参观考察、种植和饲养活动，感知生物的多样性和独特性，以及生长发育、繁殖和死亡的过程。

② 给幼儿提供丰富的材料和适宜的工具，支持幼儿在游戏过程中探索并感知常见物

质、材料的特性和物体的结构特点。

(2) 引导幼儿在探究中思考，尝试进行简单的推理和分析，发现事物之间明显的关联。例如：

① 引导 5 岁以上幼儿关注和思考动植物的外部特征、习性与生活环境对动植物生存的意义。如兔子的长耳朵具有自我保护的作用；植物种子的形状有助于其传播等。

② 引导幼儿根据常见物质、材料的特性和物体的结构特点，推测和证实它们的用途。如：带轮子的物体方便移动；不同用途的车辆有不同的结构；等等。

(3) 引导幼儿关注和了解自然、科技产品与人们生活的密切关系，逐渐懂得热爱、尊重、保护自然。例如：

① 结合幼儿的生活需要，引导他们体会人与自然、动植物的依赖关系。如：动植物、季节变化与人们生活的关系，常见灾害性天气给人们生产和生活带来的影响等。

② 和幼儿一起讨论常见科技产品的用途和弊端。如：汽车等交通工具给生活带来的方便和对环境的污染等。

(二)数学认知的目标及建议

1. 幼儿数学认知的目标及建议之一

《指南》中对幼儿数学认知提出的目标之一是初步感知生活中数学的有用和有趣。其对应年龄及具体要求如表 1-4 所示。

表 1-4 幼儿数学认知的目标及建议之一

幼儿年龄	3～4 岁	4～5 岁	5～6 岁
具体要求	1. 感知和发现周围物体的形状是多种多样的，对不同的形状感兴趣； 2. 体验和发现生活中很多地方都用到数	1. 在指导下，感知和体会有些事物可以用形状来描述； 2. 在指导下，感知和体会有些事物可以用数来描述，对环境中各种数字的含义有进一步探究的兴趣	1. 能发现事物简单的排列规律，并尝试创造新的排列规律； 2. 能发现生活中许多问题都可以用数学的方法来解决，体验解决问题的乐趣

相应的教育建议如下。

(1) 引导幼儿注意事物的形状特征，尝试用表示形状的词来描述事物，体会描述的生动形象性和趣味性。例如：

① 参观游览后，和幼儿一起谈论所看到的事物的形状，鼓励幼儿产生联想，并用自己的语言进行描述。如：熊猫的身体圆圆的，全身好像是由一个个的圆形组成的。

② 和幼儿交谈或给幼儿读书、讲故事时，适当地运用一些有关形状的词汇来描述事物。如看图片时，和幼儿讨论奥运会场馆的形状，体会为什么有的场馆叫“水立方”，有的叫“鸟巢”。

(2) 引导幼儿感知和体会生活中很多地方都用到数，关注周围与自己生活密切相关的数的信息，体会数可以代表不同的意义。例如：

① 和幼儿一起寻找发现生活中用数字作标识的事物，如电话号码、时钟、日历和商品的价签等。

② 引导幼儿了解和感受数用在不同的地方，表示的意义是不一样的。如天气预报中表示气温的数代表冷热状况；钟表上的数表明时间的早晚；等等。

③ 鼓励幼儿尝试使用数的信息进行一些简单的推理。如知道今天是星期五，能推断明天是星期六，爸爸妈妈休息。

(3) 引导幼儿观察发现按照一定规律排列的事物，体会其中的排列特点与规律，并尝试自己创造出新的排列规律。例如：

① 和幼儿一起发现和体会按一定顺序排列的队形整齐有序。

② 提供具有重复性旋律和词语的音乐、儿歌和故事，或利用环境中有序排列的图案(如按颜色间隔排列的瓷砖、按形状间隔排列的珠帘等)，鼓励幼儿发现和感受其中的规律。

③ 鼓励幼儿尝试自己设计有规律的花边图案、创编有一定规律的动作，或者按某种规律进行搭建活动。

④ 引导幼儿体会生活中很多事情都是有一定顺序和规律的，如一周七天的顺序是从周一到周日，一年四季按照春夏秋冬轮回等。

(4) 鼓励和支持幼儿发现、尝试解决日常生活中需要用到数学的问题，体会数学的用处。例如：

① 拍球、跳绳、跳远或投沙包时，可通过数数、测量的方法确定名次。

② 讨论春游去哪里玩时，让幼儿商量：想去哪里玩？每个想去的地方有多少人？根据统计结果做出决定。

③ 滑滑梯时，按照“先来先玩”的规则有序地排队玩。

2. 幼儿数学认知的目标及建议之二

《指南》中对幼儿数学认知提出的目标之二是感知和理解数、量及数量关系。其对应年龄及具体要求如表 1-5 所示。

表 1-5 幼儿数学认知的目标及建议之二

幼儿年龄	3～4 岁	4～5 岁	5～6 岁
具体要求	1. 能感知和区分物体的大小、多少、高矮、长短等量方面的特点，并能用相应的词表示； 2. 能通过一一对应的方法比较两组物体的多少； 3. 能手口一致地点数 5 个以内的物体，并能说出总数。能按数取物； 4. 能用数词描述事物或动作，如我有 4 本图书	1. 能感知和区分物体的粗细、厚薄、轻重等量方面的特点，并能用相应的词语描述； 2. 能通过数数比较两组物体的多少； 3. 能通过实际操作理解数与数之间的关系，如 5 比 4 多 1，2 和 3 合在一起是 5； 4. 会用数词描述事物的排列顺序和位置	1. 初步理解量的相对性； 2. 借助实际情境和操作(如合并或拿取)理解“加”和“减”的实际意义； 3. 能通过实物操作或其他方法进行 10 以内的加减运算； 4. 能用简单的记录表、统计图等表示简单的数量关系

相应的教育建议如下。

(1) 引导幼儿感知和理解事物“量”的特征。例如：

① 感知常见事物的大小、多少、高矮、粗细等量的特征，学习使用相应的词汇描述这些特征。

② 结合具体事物让幼儿通过多次比较逐渐理解“量”是相对的。如小亮比小明高，

但比小强矮。

③ 收拾物品时，根据情况，鼓励幼儿按照物体量的特征分类整理。如整理图书时按照大小摆放。

(2) 结合日常生活，指导幼儿学习通过对应或数数的方式比较物体的多少。例如：

① 鼓励幼儿在一对一配对的过程中发现两组物体的多少。例如，在给桌子上的每个碗配上勺子时，发现碗和勺子多少的不同。

② 鼓励幼儿通过数数比较两样东西的多少。如数一数有多少个苹果、多少个梨，判断苹果和梨哪个多，哪个少。

(3) 利用生活和游戏中的实际情境，引导幼儿理解数的概念。例如：

① 结合生活需要，和幼儿一起手口一致点数物体，得出物体的总数。

② 通过点数的方式让幼儿体会物体的数量不会因排列形式、空间位置的不同而发生变化。如鼓励幼儿将一定数量的扣子以不同的形式摆放，体会扣子的数量是不变的。

③ 结合日常生活，为幼儿提供“按数取物”的机会，如做游戏时，请幼儿按要求拿出几个球。

(4) 通过实物操作引导幼儿理解数与数之间的关系，并用“加”或“减”的办法来解决问题。例如：

① 游戏中遇到让 4 个小动物住进两间房子的问题，或生活中遇到将 5 块饼干分给两个小朋友的问题时，让幼儿尝试不同的分法。

② 鼓励幼儿尝试自己解决生活中的数学问题。如家里来了 5 位客人，桌子上只有 3 个杯子，还需要几个杯子等。

③ 购买少量物品时，有意识地鼓励幼儿参与计算和付款的过程等。

3. 幼儿数学认知的目标及建议之三

《指南》中对幼儿数学认知提出的目标之三是感知形状与空间关系。其对应年龄及具体要求如表 1-6 所示。

表 1-6 幼儿数学认知的目标及建议之三

幼儿年龄	3～4 岁	4～5 岁	5～6 岁
具体要求	1. 能注意物体较明显的形状特征，并能用自己的语言描述； 2. 能感知物体基本的空间位置与方位，理解上下、前后、里外等方位词	1. 能感知物体的形体结构特征，画出或拼搭出该物体的造型； 2. 能感知和发现常见几何图形的基本特征，并能进行分类； 3. 能使用上下、前后、里外、中间、旁边等方位词描述物体的位置和运动方向	1. 能用常见的几何形体有创意地拼搭和画出物体的造型； 2. 能按语言指示或根据简单示意图正确取放物品； 3. 能辨别自己的左右

相应的教育建议如下。

(1) 用多种方法帮助幼儿在物体与几何形体之间建立联系。例如：

① 引导幼儿感受生活中各种物品的形状特征，并尝试识别和描述。如感受和识别盘子、桌子、车轮、地砖等物品的形状特征。

② 鼓励和支持幼儿用积木、纸盒、拼板等各种形状材料进行建构游戏或制作活动。

如用长方形的纸盒加两个圆形瓶盖制作“汽车”。

③ 收拾整理积木时，引导幼儿体验图形之间的转换。如两个三角形可组合成一个正方形，两个正方形可组合成一个长方形。

④ 引导幼儿注意观察生活物品的图形特征，鼓励他们按形状分类整理物品。

(2) 丰富幼儿空间方位识别的经验，引导幼儿运用空间方位经验解决问题。例如：

① 请幼儿取放物体时，使用他们能够理解的方位词，如把桌子下面的东西放到窗台上，把花盆放在大树旁边等。

② 和幼儿一起识别熟悉场所的位置。如超市在家的旁边，邮局在幼儿园的前面。

③ 在体育、音乐和舞蹈活动中，引导幼儿感受空间方位和运动方向。

④ 和幼儿玩按指令找宝的游戏。对年龄小的幼儿要求他们按语言指令寻找，对年龄大些的幼儿可要求按照简单的示意图寻找。

三、幼儿园科学实验相关的具体内容

(一)动物和植物

幼儿阶段认识动植物的主要内容如下。

(1) 幼儿应当尽可能地认识各种动物和植物，能叫出其名称，并且认识其外形特征与结构，了解它们的生活方式和繁衍方式。

(2) 了解动植物之间的关系，了解动植物和人类之间的关系。

(3) 了解动植物与气候、季节变化之间的关系。

(4) 管理和照顾几种植物。

(5) 利用动植物进行各种实验与观察活动。

(二)气候与季节

幼儿阶段关于气候和季节的认识内容如下。

(1) 认识气候与季节变化。让幼儿做天气记录。

(2) 观察雨、雪、雷、闪电、彩虹、冰、霜、露等自然现象。

(3) 辨别春、夏、秋、冬的四季特征。

(4) 了解气候变化与人类活动之间的关系。

(5) 利用气候变化开展各种活动。

(三)石、沙、土

幼儿阶段关于石、沙、土的认识内容如下。

(1) 向幼儿介绍不同种类的石、沙、土。

(2) 利用石、沙、土开展各种活动。

(3) 介绍石、沙、土与人类生活之间的关系。

(四)水

幼儿阶段关于水的认识内容如下。

(1) 使幼儿知道水是无色、无味、无嗅的。

(2) 了解水在日常生活中的用途。

(3) 有许多物质能够溶解于水。

(4) 了解什么东西能浮在水面，什么东西会沉入水底。

(五)宇宙和星球

幼儿阶段关于宇宙和星球的认识内容如下。

(1) 认识宇宙中的日月星辰，使幼儿知道为什么白天有太阳，夜晚没有太阳。

(2) 指导幼儿观察什么时候月圆，什么时候月缺。

(3) 了解太阳能发出巨大的光和热。

(4) 观察朝阳和夕阳。

(5) 向幼儿适当介绍宇宙中的星辰，使他们知道宇宙中有无数星球，它们离人类居住的地球很遥远，所以看起来很小。

(6) 适当向幼儿介绍人类在宇宙中的活动。例如，可向幼儿介绍宇航员乘坐宇宙飞船到过太空，到过月球，说明人类科技高度发达、充满智慧等。

(六)自然现象

幼儿阶段关于自然现象的认识内容如下。

(1) 空气与风。

(2) 电。

(3) 光。

(4) 磁铁。

(5) 声音。

(七)科学技术产品

幼儿阶段关于科学技术产品的认识内容如下。

(1) 认识一些日用品，探索蕴含其中的科学原理，如通过剪刀、夹子、钉子、锤子、锯子等工具知道它们的使用价值。

(2) 初步了解通信工具在人们生活中的用途。

(3) 认识各种家用电器，如电视、电话、电冰箱、洗衣机等，了解它们的用途和安全使用方法。

(4) 认识各种常见的海陆空交通工具。

(5) 初步认识现代科技，知道科技是不断发展的，了解科技是人类创造的，它会给人类带来更多的方便。

(八)人体知识

幼儿可以学习的有关人体的科学内容具体如下。

1. 人体的结构、功能

(1) 观察、探索人体的整体结构、活动、功能。

(2) 观察、探索人体的外部结构、功能。

(3) 感受、体验内部主要器官的活动和功能。

2. 人的心理活动

(1) 感受、体验、表现自己的情绪，如高兴和难过等，知道每个人都会有情绪的感受和体验，在不同的情况下会有不同的情绪表现。

(2) 观察、体验和理解同伴的情绪表现。

(3) 学习适当地表现或控制自己的情绪，发展积极的情绪。

3. 个体的生命过程(生长、发育和衰老)

认识人的生命过程包括以下具体内容。

(1) 初步知道自己的出生、生长过程和生长发育的条件。

(2) 观察人的出生、长大和衰老的过程，并且知道每个人都会经历从小长大到衰老的过程，教育幼儿尊老爱幼。

(3) 初步知道生命是一个客观的过程，生命是最宝贵的，要珍惜和保护人的生命。

(九)环保教育

幼儿阶段关于环保教育的认识内容如下。

(1) 使幼儿知道地球上的水资源是有限的，可以供人们饮用的淡水资源更加有限，懂得保护水资源、节约用水的重要性。

(2) 认识几种珍稀动植物，知道它们数量减少的原因，懂得要保护野生动植物。

(3) 了解废弃物不处理对人类的危害，知道废弃物可以分类回收利用，变废为宝。

(4) 了解土壤对动植物的作用，了解土壤污染对人类健康的影响。

(5) 初步了解植树造林对人类的重要意义，懂得保护森林的重要性。

(6) 初步理解什么是环境污染、环境污染的具体体现及其对人类的影响，懂得保护环境的基本方法以及重要作用。

(十)物理现象

幼儿阶段关于物理现象的认识内容如下。

1. 力和运动

(1) 感受力的大小，探索发现力的方向，探索力和运动之间的关系，以及不同大小、方向的力和运动之间的关系。

(2) 通过实验探索各种力(地球引力、浮力、摩擦力等)的现象。如地球上的所有物体都要受到地球的引力，在没有足够的速度脱离地球引力时都将会落到地面上；不同的物体放在水里，会产生不同的结果；物体在不同光滑程度的平面上，运动的快慢会不同；等等。

(3) 玩跷跷板、天平、平衡架等，探索平衡的条件，体验力的平衡。

(4) 探索各种机械，发现它们的作用。

(5) 探索各种自然力(如风力和水力)，了解人类对它们的利用。

2. 热和温度

(1) 感受有的物体热，有的物体冷。学习用温度计测量物体冷热的程度。

(2) 探索并发现热的物体会变冷，冷的物体会变热。讨论可以用什么办法使物体变冷、变热。

(3) 知道天气的冷热。讨论夏天怎样散热，冬天怎样取暖保暖，并了解几种取暖或散热的产品。

第三节 幼儿园开展科学实验的意义

幼儿园是科学家诞生的摇篮。美国天文学家卡尔·萨根说："每个人在他幼年的时候都是科学家，因为每个孩子都和科学家一样，对自然界的奇观满怀着好奇和敬畏。"因此，参与科学实验的过程不容小觑。幼儿园开展科学实验的意义具体如下。

一、有助于培养幼儿的科学兴趣

好奇心，促使幼儿去探索、观察、发现、尝试，表现出对科学的求知欲。但是这种好奇心在一般情况下会被忽视，而幼儿科学启蒙教育活动，能让幼儿的好奇心不断地得到满足，让幼儿对科学知识、科学现象及科学教育活动充满兴趣，并在老师的帮助、鼓励、指导下不断地使偶发的不稳定的好奇、兴趣转化为强烈的求知欲，并在求知欲的驱使下进行各项认知活动，使幼儿对学习产生积极的态度，还能对幼儿成长后正确对待周围事物、对待生活产生积极的影响。

爱迪生小时候就热爱科学，凡事都爱寻根追底，都要动手试一试。有一次，他看到母鸡在孵蛋，就好奇地问妈妈："母鸡为什么卧在蛋上不动呢？是不是生病了？"妈妈告诉他，"这是在孵小鸡，过一些日子，蛋壳里就会钻出鸡宝宝来。"

听了妈妈的话，爱迪生感到新奇极了，他想，母鸡卧在鸡蛋上就能孵出小鸡来，鸡蛋是怎样变成小鸡的呢？人卧在上边行不行？他决定试一试。爱迪生从家里拿来几个鸡蛋，在邻居家找了个僻静的地方，他先搭好一个窝，在下边铺上柔软的茅草，再把鸡蛋摆好，然后就蹲坐在上边，他要亲眼看一看鸡蛋是怎样孵成小鸡的。天快黑了，还不见爱迪生回家，家里的人都非常着急，于是到处去找他。找来找去，才在邻居的后院找到了爱迪生。只见他坐在一个草窝上一动也不动，身上、头上沾有不少草叶。家里人见了，又生气又好笑，问他：

"你在这儿干什么呢？"

"我在这儿孵蛋啊！小鸡快要孵出来了。"

"孵什么蛋，快点出来！"爸爸大声喝道。

"母鸡能孵蛋，我要看看怎样孵出小鸡来。"

"不行，不行！快回家！"爸爸又呵斥道。

妈妈却没有责怪和取笑他，因为她知道这孩子的性格，微笑着说："人的体温没有鸡的体温高，你这样孵是孵不出来的。"爱迪生虽然没有孵出鸡来，但是通过这次孵蛋活动增长了知识。

英国科学家焦耳从小就很喜爱物理学，他常常自己动手做一些关于电、热之类的实验。有一年放假，焦耳和哥哥一起到郊外旅游。聪明好学的焦耳就是在玩耍的时候，也没有忘记做他的物理实验。他找了一匹瘸腿的马，由他哥哥牵着，自己悄悄躲在后面，用伏达电池将电流通到马身上，想试一试动物在受到电流刺激后的反应。结果，他想看到的反应出现了，马受到电击后狂跳起来，差一点把哥哥踢伤。尽管已经出现了危险，但这丝毫没有影响到爱做实验的小焦耳的情绪。

他和哥哥又划着船来到群山环绕的湖上，焦耳想在这里试一试回声有多大。他们在火枪里塞满了火药，然后扣动扳机。谁知“砰”的一声，从枪口里喷出一条长长的火苗，烧光了焦耳的眉毛，还险些把哥哥吓得掉进湖里。这时，天空浓云密布，电闪雷鸣，刚想上岸躲雨的焦耳发现，每次闪电过后好一会儿才能听见轰隆的雷声，这是怎么回事？焦耳顾不得躲雨，拉着哥哥爬上一个山头，用怀表认真记录下每次闪电到雷鸣之间相隔的时间。开学后焦耳几乎是迫不及待地把自己做的实验都告诉了老师，并向老师请教。老师望着勤学好问的焦耳笑了，耐心地为他讲解：“光和声的传播速度是不一样的，光速快而声速慢，所以人们总是先看见闪电再听到雷声，而实际上闪电雷鸣是同时发生的。”焦耳听了恍然大悟。从此，他对学习科学知识更加入迷。通过不断的学习和认真观察、计算，他终于发现了热功当量和能量守恒定律，成为一名出色的科学家。

许多科学家的成长经历告诉我们，科学实验的兴趣和能力应从小培养。因此，在幼儿园开展科学小实验，引导幼儿对实验的内容、方法、材料、形式等进行分析和总结，对自然界的各种现象进行自主探究，可为幼儿喜爱科学、探索科学打下良好的基础，把幼儿的好奇心转化成终身求知欲和探究的兴趣。

二、有助于训练幼儿科学的思维方式

科学实验能将“科学知识原理”转化为趣味性、游戏化、生活化的课程，深入浅出，将科学知识还原为最浅显的生活原理，最深层次激发孩子的联想。由于没有“经验”的束缚，孩子通常异想天开，通过比较不同事物，能够产生联结性思考，学会举一反三。但除了知识原理，实验带给孩子更重要的是“科学思维”(由联想思维到发散思维，再到逻辑辩证，养成用不同思维方式去思考问题的习惯)和“科学态度”(好奇心、客观、细心、耐心、团队协作)。这些都是探索科学必不可少的要素，也是孩子在学习中所能培养和建立的能力素质。

思维是一个人能力水平的体现，决定着孩子将来事业的发展。纵观国内外各界的领袖，都有一个显著的特点，那就是他们都拥有非常卓越的思维能力。哈佛大学有句校训：人的成功除了能力以外，更重要的是思维方式。

对于孩子思维的发展，主要分为“运动思维”(3 岁以前)、“形象思维”“抽象逻辑思维”三个阶段。对于不同年龄段的孩子，有不同的训练侧重点，在课程设计和引导方式上也有区别。

另外通过孩子动手实验，不仅可以满足他们贪玩好动的天性，更可以使他们在实验的“观察—假设—实验—结论”完整过程中，养成正确的学习习惯。

通过科学教育、科学实验的部分，再加上老师引导的部分，让幼儿建立重要的未来竞争力，这是我们希望教给孩子的内容。科学包罗万象，科学教育的目的，就是通过科学去活化我们下一代人的思维，这才是我们国家提倡“科教兴国”的真正意义所在。

我们都希望孩子从小就具备很强的未来竞争力，同时又不希望给孩子压力，而“科学”对于孩子来讲，是神奇的未知领域，好玩的科学实验会深深地吸引他们，所以孩子不仅不会感到丝毫的压力，反而会最大限度地满足他们好奇、贪玩的天性。

案例：某 5 岁女孩有一天突然对妈妈讲：“我知道天上的星星为什么眨眼睛了。”妈妈很奇怪，因为从来没有人教过她。而幼儿的解释则更令她奇怪：“因为每颗星星上都有一个人，拿手电筒对我们一会儿开，一会儿关，我们在地球上看，就好像星星在眨眼睛。”这位妈妈不知道怎样对待孩子的解释，只得对她说：“你想得真好，可是事实不是这样的，真正的原因等你长大以后就知道了。”

美国研究者马克·罗森茨韦格等 3 人联合进行了脑变化的对比实验。他们为老鼠创设了两个环境：A 环境是单调、重复、乏味的；B 环境是生机勃勃、丰富多彩的。在 B 环境中，许多物品日日更换，老鼠每天和同伴一起玩耍。几周以后，研究者们发现，B 环境中的老鼠的大脑皮层比 A 环境中老鼠的厚 100%。他们得出如下的结论：繁忙又复杂的外部环境会改变大脑内部的物理结构。

科学实验活动本身具有复杂性、丰富性、新颖性、连贯性和趣味性。幼儿园开展的科学小实验活动，是幼儿感兴趣并且能集中注意力解决某一个问题的操作体验。在参加实验活动的过程中，幼儿不仅与老师互动，而且与小伙伴互动，还与实验材料互动。实验活动不仅能调动幼儿学科学的主动性和积极性，而且能培养幼儿的动手操作能力，还能发展幼儿的观察能力和分析能力，使幼儿的大脑得到开发，促进其思维能力的提高。所以，幼儿学习科学实验的目的，除了开阔视野，更重要的就是培养他们科学的思维方式。经过科学家研究证实，3～10 岁这个阶段，不仅是孩子智力的高发期(8 岁前将完成 80%的智力发育)，更是孩子建立思维、养成习惯的黄金时期。一个人的思维和习惯是从小养成的，而一旦养成，孩子将终身受益，会让他们今后的学习、工作更有效率，头脑更加灵活，能像领袖们一样去分析问题和解决问题。

三、有助于提高幼儿与同伴合作沟通的能力

很多小实验是需要多个幼儿合作才能完成的，每个幼儿负责操作的那一部分都需要认真观察、记录。只有每个幼儿都做好了，最后得出的结果才能达到完美的程度。

实验时小朋友之间合作学习是幼儿之间互教互学、彼此交流知识的过程，也是互爱互助、相互沟通情感的过程；学习的过程不仅直接作用于幼儿的认知发展，并且还通过情意因素促进幼儿认知的发展和沟通能力的提高，不仅使幼儿“学会”“会学”，而且使幼儿“乐学”“好学”。教师要为幼儿提供一定的交流时间，教会一定的交流技巧。小朋友通过组内交流能增进互相理解、联络感情，达到心理上的共融和默契。通过交流可以及时了解同伴的学习情况，从而进行自我调整或相互调整，使合作得以优化。通过交流，还可以提高交际能力，推动幼儿社会化程度的提高。

小班幼儿通过科学实验，勇敢表达自己的想法；中班幼儿通过观察、提问、思考，能表达出自己小组观察的结果；大班幼儿在合作学习中，通过与同伴的共同努力，提出问题、确定目标、制订方案、收集信息资料，并进行分析处理、寻找问题的答案或结论。尽管幼

儿的学习活动不能等同于科学家的研究工作，但是组织形式和探究过程的相似，为幼儿获得科学研究的相关体验提供了基础。

四、有助于幼儿的创新意识升华为创新能力

科学小实验使幼儿的思维处于开放、活跃的状态。在动手操作的过程中，幼儿能够获得直接的感性经验，掌握丰富的科学知识和生活常识。

在实验过程中，孩子虽然想象力丰富，但由于知识水平的限制、经验的不足和操作技能的不娴熟，其想法在成人眼里会显得稚拙、简单。但只要幼儿充满兴趣、积极探索就应该多赞许、多包容，不要用成人的思维标准和眼光来衡量孩子的创新。我们要善于运用语言的惊人力量，选择有意义、积极、正面的语言去鼓励和赞扬。可以这样说：你的想法真不错！你真棒！真聪明！可以试一试，继续努力，你一定会成功的！等等，简明扼要地对幼儿发出语言暗示，教师的鼓励和赞扬会大大激发孩子创新的欲望和激情，鼓励和赞扬是孩子展开想象翅膀的精神动力，能帮助幼儿树立“我也能创造”的信念。面对幼儿的好奇、探索和冒险行为，教师要善于发现，积极保护，千万不能泼冷水或过多地加以干涉和限制，否则会扼杀幼儿的创新激情。幼儿的创新激情只有在成人的既大胆又精心引导下才能得以激发。

幼儿一旦有了创新的意识和灵感，必须通过一定的方法才能实现。要教给幼儿多种创新方法，让他们建立有主见的、独立的、大胆联想的思维方式。要常用科学家的故事鼓励幼儿，如牛顿推理出万有引力、瓦特发明蒸汽机等都是从平时生活中不被人注意的小事加以联想而形成的，这些对孩子今后的学习或者工作都是有帮助的。

教师应设法引导幼儿进行思考，让他们跳出常规的框框解决问题；还应该鼓励幼儿独立完成实验任务，引导幼儿的思维经历单向、多向、正向、逆向、侧向等过程。这样做，能够达到举一反三的效果，促使幼儿的创新能力得到提高。

拓展阅读

几岁开始进行科学启蒙才合适?

虽然说国外的小朋友通常从进入幼儿园(3 岁)就开始学习，也有一些家长在孩子 2 岁多就会陪宝宝阅读相关的科学绘本，但是小朋友的语言认知发展能力是不一样的。一般来说，2 岁时的语言还不足以支撑起稍微复杂的解释，所以比较推荐 3 岁开始科普学习。

孩子的学习是非常重体验的，家长最好采用游戏的方式让孩子体验到科学知识。玩水、玩沙、手工制作、种植植物、饲养小动物，都是适合他们体会科学知识的方式，家长要学会用适合孩子的方式教他们科学知识。

另外，采用绘本和科学小游戏都是好办法，但是要注意用孩子的世界观去解释。一些知识晚一点知道也没关系，重要的是维护好孩子的好奇心，对于他的问题不要置之不理。有了好奇心，孩子在以后的日子里自己会寻找知识，并且乐此不疲。大一些的孩子就可以解释得有逻辑一些，做实验他们也可以懂些了，但要注意年龄适不适合。

本 章 小 结

本章根据国家关于《幼儿园教育指导纲要(试行)》《3～6 岁儿童学习与发展指南》《幼儿园教师专业标准》《教师教育课程标准》等系列文件要求，让幼儿教师了解幼儿的科学和科学实验，掌握幼儿科学教育的主要内容，理解幼儿参与科学实验的重要意义。

推 荐 阅 读

[1] 陈晓芳. 幼儿科学活动设计与指导[M]. 北京：北京师范大学出版集团，2013.
[2] 陆兰，杭梅. 幼儿科学教育与活动指导[M]. 北京：北京师范大学出版集团，2014.
[3] 卜立新. 幼儿科学教育活动设计与指导[M]. 北京：中国劳动社会保障出版社，2014.

思考与练习

一、名词解释

科学　幼儿科学教育　幼儿科学实验

二、简答题

1. 简述幼儿科学教育的特点。
2. 简述幼儿科学实验的意义。
3. 与科学实验相关的具体内容有哪些？

三、论述题

幼儿园科学小实验应注重培养幼儿哪些能力？

【实践课堂】

你认为幼儿能不能像科学家一样做科学实验？

第一章　幼儿园科学实验概述.pptx

知识来源于动作，而非来源于物体。

——皮亚杰

第二章 幼儿园开展科学实验的理论基础

本章学习目标

➢ 熟悉幼儿园开展科学实验的心理学理论基础。
➢ 熟悉幼儿园开展科学实验的教育学理论基础。

核心概念

条件反射理论(conditioned reflex theory) 皮亚杰认知发展理论(piaget’s cognitive development theory) 埃里克森心理社会发展理论(erickson’s psychosocial development theory) 布鲁纳认知发现理论(bruner’s cognitive discovery theory)

引导案例

某幼儿园教师实录

幼儿科学教育中教师的任务就是帮助孩子将一些比较抽象的概念具体化，通过引导孩子探索从而将概念内化。于是我紧抓“感受空气存在”这一活动的重点和难点，设计了《小纸片不怕水》这一活动。整个活动共有两个大环节。

第一个环节引导幼儿探索“利用材料如何让纸片不湿”，帮助幼儿了解密封这一好方法。孩子们对此十分感兴趣，迫不及待地尝试起来。

在第二个环节中，我乘胜追击，提出“如果只使用一个杯子，小朋友你们能让纸片到水底不湿吗？”一下子给了孩子一个难题：没有其他材料帮助，杯子如何被密封起来？孩子们认真地着手进行“如何使用一个杯子让纸片不湿”的实验。由于有了第一次操作的经验，很多幼儿试图用手盖住杯口，防止水进入杯子，很显然，结果宣告失败。有的孩子将杯子漂在水面上，不沉到水底，违反了实验的要求，结果还是失败。当幼儿想尽办法仍然未能解决问题，探索的热情有所减退时，我唤来孩子们围在一起讨论。在我的引导和鼓励下，孩子们的探索欲望一下子被激发出来，他们又投入到新一轮的探索中。不一会儿，就有好几个孩子跑来报喜“成功了”。

案例分析

这个案例为我们提供了一个幼儿园教师带领幼儿开展科学实验的成功范例。

在整个《小纸片不怕水》活动中，孩子是学习的主体，孩子的探究学习是整个活动的核心。活动中有两个递进关系的活动环节，操作从易到难，逐步增加难度。教师在活动中注意引导孩子观察、比较、描述，发现其中的规律。侧重于让每一个孩子得到发展，尽量让每个孩子有发言表述个人见解的机会，充分让孩子去参与，去思索，去动手实践，发挥他们的能动作用，让每一个孩子成为科学学习的小主人，让他们在探索的过程中体验学习的乐趣、成功的喜悦。

同时活动也给了我们一个启示：教师只有真正关注了幼儿的行为，仔细判断幼儿的需要和发展水平，才能为幼儿真正提供一个学习的空间。幼儿园科学活动是以幼儿为主体，让孩子通过动手、动脑、动口，在探索中求发现，求发展，让实践、操作、探索成为孩子认识事物的第一步，继而在实践中发现问题，解决问题的。在这其中重要的是，要把握住孩子们发展的需要和探究难度的这个度。只有把握住了这个度，孩子们才会把兴趣和好奇转化成强大的求知欲望和探索动机，它将推动幼儿积极主动地去发问、探索、体验、尝试，提升孩子的科学经验，提高孩子的科学探究能力，从而真正实现科学教育的深层价值。

学习指导

本章重点介绍在《幼儿园教育指导纲要(试行)》要求下，幼儿园开展科学实验教育的理论基础，包括心理学基础和学前教育学基础。在学习的过程中首先要仔细阅读教材，掌握相关的理论。其次，要结合自己的学习，理解理论基础的深刻意义。

第一节 心理学基础

一、成熟势力说

成熟势力说(也称成熟潜能说)是强调关于儿童生理和心理发展的基因顺序规定的理论。主要代表人物是美国儿科医生、儿童心理学家格塞尔(1880—1961)。他的主要观点有：第一，成熟的重要性。他认为，成熟是通过从一种水平向另一种发展水平突然转变而实现的，支配儿童心理发展的因素是成熟与学习。成熟是推动儿童发展的主要动力。第二，发展的方向性。发展是由上而下、由中心向边缘、由粗大动作向精细动作发展的，呈现波浪形趋势。此外，格塞尔还强调要尊重儿童的天性。

双生子爬楼梯实验

美国心理学家格塞尔曾经做过一个著名的实验：1929 年，他首先对一对双生子 T 和 C 进行了行为基线的观察，确认他们发展水平相当。其中一个实验对象(代号为 T)在他出生后的第 46 周开始练习，每天练习 10 分钟。另外一个(代号为 C)在他出生后的第 53 周开始接受同样的训练。两个孩子都练习到他们满54周的时候，T练了8周，C只练了2周。

这两个小孩哪个爬楼梯的水平高一些呢？大多数人肯定认为应该是练了8周的T比只练了2周的C好。但是，实验结果出人意料——只练了两周的C爬楼梯的水平比练了8周的T好——C在10秒钟内爬上那特制的五级楼梯的最高层，T则需要20秒钟才能完成。其实，第46周就开始练习爬楼梯，为时尚早，孩子没有做好成熟的准备，所以训练只能取得事倍功半的效果；第53周开始爬楼梯，这个时间就非常恰当，孩子做好了成熟的准备，所以训练就能达到事半功倍的效果。

这个实验给我们的启示是：教育要尊重孩子的实际水平，在孩子尚未成熟之前，要耐心地等待，不要违背孩子发展的自然规律，不要违背孩子发展的内在“时间表”，人为地通过训练加速孩子的发展。

格塞尔的观点源自他的双生子爬楼梯实验。格塞尔断言，儿童的学习取决于生理的成熟，成熟之前处于学习的准备状态。

他的成熟势力说引起人们的兴趣和重视，一个重要的原因是他关于成熟研究本身的深刻性和经典的双生子实验。正如有人指出的：“像格塞尔这样，在儿童心理发展的某一方面研究得如此彻底、深刻，还是不多见的。”他对儿童发展具有极大价值，为从事儿童工作的儿科医生、教育家和心理学家提供了宝贵的经验。但是，格塞尔过分夸大了生理成熟的作用，对外在环境与教育的作用关注不足。

二、精神分析学派

精神分析理论，是奥地利精神科医生弗洛伊德(Sigmund Freud，1856—1939)于19世纪末20世纪初创立。精神分析理论是现代心理学的奠基石，它对于整个心理科学乃至西方人文科学的各个领域均有深远的影响。他提出行为的动机源于强大的内在驱力和冲动，如性本能和攻击本能。他还认为成人的行为的根本原因是童年经历所遗留下来的未解决的心理冲突。

(一)弗洛伊德的人格结构和性本能理论

弗洛伊德认为人格结构由本我、自我、超我三部分组成。

本我即原我，是指原始的自己，包含生存所需的基本欲望、冲动和生命力。本我是一切心理能量之源，本我按快乐原则行事，它不理会社会道德、外在的行为规范，它唯一的要求是获得快乐，避免痛苦。本我的目标乃是求得个体的舒适、生存及繁殖，它是无意识的，不被个体所觉察。弗洛伊德认为，儿童的所有活动都是“本能冲动”(不是通过学习获得的倾向)以及原始的反射，是由大量不受约束的精神能量所组成，这些精神能量几乎不顾一切地追求欲望的满足。最初阶段的婴儿会以一种压倒一切的力量追求其欲望的满足，例如，一个处于饥饿中的婴儿不会等待，马上就要吃奶。

自我是人类人格中的理性水平，是在与环境的关系中逐步形成的一种心理组织，是自己可意识到的执行思考、感觉、判断或记忆的部分。自我的机能是寻求“本我”冲动得以满足，而同时保护整个机体不受伤害，它遵循的是“现实原则”，为本我服务。

超我，是人格结构中代表理想的部分，在儿童早期已开始发展，并且主要来自对同性父母的认同。儿童努力像他人一样，接纳别人的价值观与信念，将成人对他们的要求转化为自己的行为，形成规则并自觉遵守，如果自己的行为符合自我理想，个体就感到骄傲，否则个体就感到焦虑。其机能主要在监督、批判及管束自己的行为。超我的特点是追求完美，所以它与本我一样是非现实的。超我大部分也是无意识的，超我要求自我按社会可接受的方式去满足本我，它所遵循的是“道德原则”。

人格中本我、自我、超我分别代表三种不同的力量，本我追求快乐，自我面对现实，超我则追求完美，所以其间冲突是不可避免的。

弗洛伊德还认为人的精神活动的能量来源于本能，本能是推动个体行为的内在动力。人类最基本的本能有两类：一类是生的本能，另一类是死亡本能或攻击本能。生的本能包括性欲本能与个体生存本能，其目的是保持种族的繁衍与个体的生存。弗洛伊德是泛性论者，在他的眼里，性欲有着广义的含意，是指人们一切追求快乐的欲望。性本能冲动是人一切心理活动的内在动力，当这种能量(弗洛伊德称之为力必多)积聚到一定程度就会造成机体的紧张，机体就要寻求途径释放能量。

弗洛伊德将人的性心理发展划分为 5 个阶段：①口唇期；②肛门期；③性器期；④潜伏期；⑤生殖期。

口唇期(0～1 岁)：新生儿的吸吮动作既使他获得了食物和营养，也使他产生快感，因此，口唇是这一时期产生快感最集中的区域，婴儿常会把手指或其他能抓到的东西塞到嘴里去吸吮。弗洛伊德认为，寻求口唇快感到性欲倾向一直会延续到成人阶段，接吻、咬东西、抽烟或饮酒的快乐，都是口唇快感的发展。

肛门期(1～3 岁)：此时儿童的性兴趣集中到肛门区域，排泄时产生的轻松与快感，使儿童体验到了操纵与控制的作用。

性器期(3～6 岁)：在这个阶段，儿童开始关注身体的性别差异，开始对生殖器感兴趣，性欲的表现主要在于“俄狄浦斯情结”，即男孩对自己的母亲有性兴趣(又可称恋母情结)，而女孩则过分迷恋自己的父亲(又可称恋父情结)。恋父(母)情结最终要受到压抑，因为儿童惧怕同性父母的惩罚。

潜伏期(6～11 岁)：进入潜伏期的儿童，性欲的发展呈现出一种停滞或退化的现象。早年的一些性的欲望由于与道德、文化等不相容而被压抑到潜意识中，并一直延续到青春期。由于排除了性欲的冲动与幻想，儿童可将精力集中到游戏、学习、交往等社会允许的活动之中。

只有经过潜伏期到达青春期性腺成熟才有成年的性欲。成年人成熟的性欲以生殖器性交为最高满足形式，以生育繁衍后代为目的，这就进入了生殖期。

弗洛伊德认为成人人格的基本组成部分在前三个发展阶段已基本形成，所以儿童的早年环境、早期经历对其成年后的人格形成起着重要的作用，许多成人的变态心理、心理冲突都可追溯到早期创伤性经历和压抑的情结。

弗洛伊德的理论是第一个综合性的人类行为与人格的理论；强调性本能对人的行为的影响，对禁欲主义进行了有力的反驳；提出了潜意识的概念，拓展了心理学研究的范围；提出儿童的早期经验对人格发展的影响，促进了心理学者对于早期经验、儿童期心理卫生问题的研究。

但他过于夸大潜意识的意义，而贬低意识的地位和作用；过分注重人的本能和性本能，而陷入泛性论的泥沼；所产生的理论也缺乏实证依据。

(二)埃里克森心理社会发展理论

埃里克森(Erik H. Erikson，1902—1994)发展并修正了弗洛伊德的理论，注重自我的作用。他认为人格的发展受到生理、心理和社会三方面因素的影响。他将个体人格的发展划分为顺序固定、相互关联的八个阶段。

1. 基本信任对基本不信任的阶段(0～1 岁)

在第一阶段(即婴儿期)，尤其是生命的前几个月，婴儿的目标是建立起对周围世界的基本信任感。如果婴儿得到较好的抚养并与母亲建立了良好的亲子关系，儿童将对周围世界产生信任感，否则将产生怀疑和不安。信任在人格中形成了“希望”这一品质，具有信任感的儿童敢于希望、富有理想，具有强烈的未来定向；反之则不敢希望，时时担忧自己的需要得不到满足。

2. 自主对羞怯或疑虑的阶段(1～3 岁)

在第二阶段(即幼儿前期)，儿童迅速形成许多技能，比如爬、走、推、拉、抓握等，他们开始重复这些行为，从中得到快感。换句话说，儿童有了自己的意图，开始“有意志”地决定做什么或不做什么。这时，如果父母允许他们独立去做力所能及的事情，适当给予帮助和指导，并赞赏他们的进步和成功，宽容他们的幼稚和失败，那儿童就会有一个舒展的感觉，更加积极地自主探索、独立地做自己的事情。如果父母过分溺爱，或过度保护，以及过分严厉，并常常不公正地使用体罚，儿童就会感到疑虑和体验到羞怯。

在这个阶段，儿童形成的自主性超过羞怯与疑虑，就会形成“意志”的品质。具有意志品质的儿童能够更容易面对羞怯和怀疑的境地，表现出自由选择或自我意志的不可动摇的决心。

3. 主动感对内疚感的阶段(3～6 岁)

到了第三阶段(即幼儿后期)，儿童能进行各种具体的运动神经活动，知觉和肌肉运动更加精确化，也能够更准确地运用语言和更生动地运用想象力。这些技能使儿童萌发出各种思想、行为和幻想，以及规划未来的前景。如果儿童的好奇心和主动性探索活动得到大人的鼓励，提出的大量幼稚问题也及时得到了大人耐心的解答，他就会有一种愉悦的感觉，主动性得到进一步发展，发展出一种自主的意识。

相反，如果父母对儿童的主动性活动采取否定、压制的态度，对孩子的自我创造、想象等进行挖苦、嘲笑甚至辱骂，就会使他们认为自己的游戏是不好的，自己提出的问题是笨拙的，致使儿童产生内疚感、挫败感甚至罪恶感。

如果儿童在这个阶段获得的自主性胜过内疚，就会形成“目的”的品质。有目的的品质的儿童富于想象力和创新性、主动性和进取心，具有正视和追求有价值目标的勇气，不怕失败和惩罚，因为有这种勇气，所以不会为失利、罪恶感和惩罚的恐惧所阻止。随着儿童在前面三个阶段中所遇到的危机得到积极的解决，就获得了希望、意志和目的三个积极的品质。

4. 勤奋感对自卑感的阶段(6～11 岁)

第四阶段是学龄初期。埃里克森认为，儿童在这一阶段所学的最重要课程是“体验以稳定的注意和孜孜不倦的勤奋来完成工作的乐趣”。

这一阶段对儿童勤奋的鼓励来自此阶段的社会重要他人——家长、老师、同学和邻居。如果儿童的学习得不到同伴、家长，特别是老师的认可，有些孩子就会对勤奋产生怀疑——认为勤奋对于自己是没有用的，并放弃了对勤奋的追求。如果儿童没有形成这种勤奋感，他们就会形成一种他们对成为社会有用成员的能力丧失信心的自卑感。当儿童的勤奋感大于自卑感时，他们就有了“能力”的品质。

5. 同一性对角色混乱的阶段(11 至 18 或 20 岁)

第五阶段是少年至青年初期。“同一性”这一概念是埃里克森自我发展理论中的一个重要组成部分，可以把它理解为社会与个人的统一，个体的主我与客我的统一，个体的历史性任务的认识与其主观愿望的统一。它是“一种熟悉自身的感觉，一种‘知道个人未来目标’的感觉，一种从他信赖的人们中获得所期待的认可的内在自信”。如果青年人在这个阶段(即第五阶段)中获得了积极的同一性而不是角色混乱或消极的同一性时，他们就会形成“忠诚”的品质。埃里克森把忠诚定义为“有效地忠于发自内心誓言的能力，尽管价值体系存在着不可避免的矛盾”。

埃里克森特别重视这一阶段，认为儿童到了青年期，生理上已趋成熟，人格的各方面需要重新加以整合。这时的青少年已能把先前各阶段的自我加以综合，从而产生了自我同一性。这是一个重新整合了的新的个体的完形，包括意识和潜意识两方面，既为先前各阶段遗留下来的问题寻求最终的解决，又要自觉地与成人处于平等地位，在心理上积极准备着走向未来。

6. 亲密对孤独的阶段(18 或 20 岁～30 或 35 岁)

第六阶段是青年晚期至成年初期。只有具有牢固自我同一性的青年人，才敢于冒与他人发生亲密关系的风险，因为与他人发生爱的关系，就是把自己的同一性与他人的同一性发生融合。与他人同一性的融合，意味着需要付出，需要放弃或损失一些东西。在这个时期，需要学会与各种人相处。能与他人建立亲密关系的人，才能在恋爱中建立真正的亲密关系。没有形成有效工作与亲密能力的人会离群索居，退回自己的小天地，回避与别人亲密交往，因而就形成了孤立感、孤独感。

如果个人在这个阶段形成的亲密能力胜过孤立能力，他们就会形成“爱”的品德。埃里克森把爱定义为“双方对永久抑制内在分裂机能的相互献身”。

7. 形成创造感(或繁殖感)对停滞感(或自我专注)的阶段(30 或 35 岁～60 或 65 岁)

第七阶段是成年中期。这一阶段发展不了的人往往是自己童年充满挫折和空虚的人，这些人往往也没有建立起自我同一性，他们不懂得怎样去关心孩子。有些人以孩子和家庭的名义，埋头于工作，一味追求事业上的成就；有些人过度“自我专注”，只顾及自我的感受，即使有创造，也完全是为了自己的利益。这类人往往缺乏共情能力，不关心他人的疾苦，内心存在固着或停滞，专注于自我感受，自恋而不自知。没有产生繁殖感的人是以“停滞和人际贫乏”为特征的。

一旦一个人的繁殖感(关心后代和他人)比率比停滞感(自我关注)高，那么这个人会以“关心”的品质离开这个阶段。埃里克森把关心定义为“是一种对由于必然或偶然所造成结果扩大了的关心，它消除了那种由不可推卸的义务所产生的矛盾心理”。

8. 完善对失望的阶段(成年晚期)

这个阶段一般发生在65岁到死亡这段时间里，称为成年晚期，或老年期、成熟期。这是获得圆满感、避免失望感的阶段。

当老人们回顾过去时，可能怀着充实的感情与世告别，也可能怀着绝望走向死亡。

前面七个阶段都能顺利度过的人，在回忆过去时，感觉一生很充实、生活幸福，对社会有所贡献，感到活得有价值，生活得很有意义，能接受自我，正视人生的必然归途。这种人相对可以正视死亡将要来临的事实，产生一种整合感。

相反，前面七个阶段没有顺利度过的人，在回忆过去时，感觉一生无所建树，岁月匆匆，理想未竟，就会感到失望，并厌恶和鄙视自己，一生失去了很多机会，再开始已经太晚，有太多的遗憾和后悔，他们不愿意接受死亡的来临，产生一种失望感。

纵观埃里克森对儿童阶段人格形成的分析，可以看到，前四个阶段的心理社会危机都与自信心的建立有关，是儿童在整个发展阶段中所遇到的主要问题，其本质就是自信心与自尊的建立。若是儿童在发展中获得了自信与自尊，那么他也就会获得基本的信任感、自主性、主动性和勤奋美德，他的一生也会变得完整和健康。

埃里克森的人格终生发展论，为不同年龄段的教育提供了理论依据和教育内容。同时也说明任何年龄段的教育失误，都会给一个人的终生发展造成障碍。

三、行为主义学派

行为主义认为心理学是研究外部行为的科学，人和动物的行为并没有本质的区别。代表人物有美国心理学家华生、斯金纳和班杜拉。

(一)华生的条件反射理论

美国心理学家华生(John B. Watson，1878—1958)是行为主义的创始人。他认为心理的本质就是行为，主张心理学应该摈弃意识、意象等主观的东西，只应该研究行为。他还提出“环境决定论”，否认遗传在个体成长中的作用，将通过条件反射而建立的刺激—反应(S-R)联结作为解释人的一切行为的公式。

华生的条件反射学说从总体上强调了研究对象的客观化和研究方法的客观化，使心理学的研究重点从意识转向行为，推进了心理学研究的科学化进程。但华生片面夸大环境和教育在个体心理发展中的作用，忽视了个体的主动性、能动性和创造性，忽视了促进心理发展的内部动因，坚决排斥对中间心理过程的研究，因此，该理论难以解释个体高级心理过程的发展机制。

(二)斯金纳的操作性条件反射理论

斯金纳操作箱实验①

斯金纳关于操作性条件反射作用的实验，是在他设计的一种动物实验仪器即著名的斯金纳箱中进行的。箱内放进一只白鼠或鸽子，并设一杠杆或键，箱子的构造尽可能排除一

① 林崇德. 心理学大辞典. 上海：上海教育出版社，2003.

切外部刺激。动物在箱内可自由活动，当它压杠杆或啄键时，就会有一团食物掉进箱子下方的盘中，动物就能吃到食物。箱外有一装置记录动物的动作。斯金纳的实验与巴甫洛夫的条件反射实验的不同在于：①在斯金纳箱中的被试动物可自由活动，而不是被绑在架子上；②被试动物的反应不是由已知的某种刺激物引起的，操作性行为(压杠杆或啄键)是获得强化刺激(食物)的手段；③反应不是唾液腺活动，而是骨骼肌活动；④实验的目的不是揭示大脑皮层活动的规律，而是为了表明刺激与反应的关系，从而有效地控制有机体的行为。

斯金纳通过实验发现，动物的学习行为是随着一个起强化作用的刺激而发生的。斯金纳把动物的学习行为推而广之到人类的学习行为上，他认为虽然人类学习行为的性质比动物复杂得多，但也要通过操作性条件反射。操作性条件反射的特点是：强化刺激既不与反应同时发生，也不先于反应，而是随着反应发生。有机体必须先做出所希望的反应，然后得到“报酬”，即强化刺激，使这种反应得到强化。学习的本质不是刺激的替代，而是反应的改变。斯金纳认为，人的一切行为几乎都是操作性强化的结果，人们有可能通过强化作用的影响去改变别人的反应。在教学方面教师充当学生行为的设计师和建筑师，把学习目标分解成很多小任务并且一个一个地予以强化，学生通过操作性条件反射逐步完成学习任务。

美国心理学家斯金纳(Burrhus F. Skinner，1904—1990)在华生行为主义的基础上，用操作性条件作用来解释行为的获得。斯金纳认为，强化作用是塑造人类行为的基础，包括正强化和负强化。人的行为大部分是操作性的，行为的习得与及时强化有关，因此，可以通过强化来塑造儿童的行为。斯金纳提出了操作性条件反射原理，他把行为分成两个部分：应答性行为和操作性行为，两者的区别在于行为是否有目的。

斯金纳发现操作性条件发射，打破了传统行为主义“没有刺激，就没有反应”的观点，强化规律对于行为的塑造、学生的学习控制、课堂教学都有重要的指导意义，为计算机辅助教学在教育上的运用开辟了道路，被广泛应用于各学科的教学中。但他的理论具有明显的机械主义色彩，抹杀了个体的主观能动性。

(三)班杜拉的社会学习理论

以华生和斯金纳为代表的老行为主义受到批评的一个重要原因是，他们忽略了行为的社会因素。美国心理学家班杜拉(Albert Bandura，生于 1925 年)的社会学习理论在某种程度上弥补了一些不足。

班杜拉提出交互作用论。他认为，人的行为，特别是人的复杂行为主要是后天习得的。行为的习得既受遗传因素和生理因素的制约，又受后天经验环境的影响。

他将社会学习分为直接学习和观察学习。班杜拉的社会学习理论所强调的是这种观察学习或模仿学习。在观察学习的过程中，人们获得了示范活动的象征性表象，并进行适当的操作。观察学习的全过程有四个阶段，包括注意过程、保持过程、动作再现过程和动机过程四个部分。

班杜拉的社会学习理论是在前人研究的基础上，特别是行为主义学习理论研究的基础上发展起来的，但他突破了旧的理论框架，把行为主义、认知心理学和人本主义加以融合，以信息加工和强化相结合的观点阐述了学习的过程和机制，并把社会因素引入研究中。他所建立的社会学习理论开创了心理学研究的新领域。但是班杜拉的社会学习理论也有其明显的不足和局限性，这主要表现在以下几点：

第一，班杜拉的社会学习理论缺乏内在统一的理论框架。该理论的各个部分较分散，如何将彼此关联起来，构成一个有内在逻辑的体系，是一个亟待解决的问题。

第二，班杜拉的社会学习理论是以儿童为研究对象建立起来的，但他忽视了儿童自身的发展阶段会对观察学习产生影响。

第三，班杜拉的社会学习理论虽然可以解释间接经验的获得，但对于比较复杂的程序性知识，以及陈述性知识和理性思维的形成缺乏说服力。

第四，班杜拉虽然强调了人的认知能力对行为的影响，但对人的内在动机、内心冲突、建构方式等因素没做研究，这表明其理论本身仍然有较大的局限性。

四、认知主义学派

认知发展理论是瑞士著名的儿童心理学家让·皮亚杰(Jean Piaget，1896—1980)提出的，被公认为20世纪发展心理学上最权威的理论。所谓认知发展是指个体自出生后在适应环境的活动中，对事物的认知及面对问题情境时的思维方式与能力表现，随年龄增长而改变的历程。

(一)皮亚杰的认知发展阶段理论[①]

皮亚杰认为推动儿童心理发展的因素有：成熟、自然经验、社会经验、平衡化。成熟主要指机体的成长，特别是大脑和神经系统的成熟。自然经验主要是指通过与外界物理环境的接触而获得的知识，可分为物理经验和数理逻辑经验。社会经验是指在社会相互作用和社会传递过程中获得的经验，主要有语言、教育和社会生活等。平衡化是指认识或者思维既不是单纯来自客体，也并非单纯来自主体，而是来自主体对客体的动作，是主客体相互作用的结果。

心理结构的发展涉及图式、同化、顺应和平衡。儿童心理的发展就是通过儿童心理或行为图式在环境影响下不断通过同化、顺应而达到平衡，不断从低级向高级发展的一个建构过程。他把儿童的认知发展分为四个阶段。

(1) 感知运动阶段(0～2岁左右)。这个阶段的儿童主要认知结构是感知运动图式，儿童借助这种图式可以协调感知输入和动作反应，从而依靠动作去适应环境。通过这一阶段，儿童从一个仅仅具有反射行为的个体逐渐发展成为对其日常生活环境有初步了解的问题解决者。

(2) 前运算阶段(两岁至六七岁)。儿童将感知动作内化为表象，建立了符号功能，可凭借心理符号(主要是表象)进行思维，从而使思维有了质的飞跃。其特点如下。

① 泛灵论。儿童无法区别有生命和无生命的事物，常把人的意识动机、意向推广到无生命的事物上。

② 自我中心主义。儿童缺乏观点采择能力，只从自己的观点看待世界，难以认识他人的观点。

③ 不能理顺整体和部分的关系。通过要求儿童考察整体和部分的关系的研究发现，

---

① 王莉娅，麦少美主编. 中外学前教育史. 北京：高等教育出版社，2006.

儿童能把握整体，也能分辨两个不同的类别。但是，当要求他们同时考虑整体和整体的两个组成部分的关系时，儿童多半给出错误的答案。这说明他们的思维受眼前的显著知觉特征的局限，而意识不到整体和部分的关系。皮亚杰称之为缺乏层级类概念。

④ 思维的不可逆性。思维的可逆性是指在头脑中进行的思维运算活动，有两种：

一种是反演可逆性，认识到改变了的形状或方位还可以改变回原状或原位。如把胶泥球变成香肠形状，幼儿会认为，香肠变大，大于球状了，却认识不到香肠再变回球状，两者就一般大了。

另一种是互反可逆性，即两个运算互为逆运算，如 $A=B$，则反运算为 $B=A$；$A>B$，则反运算为 $B<A$。幼儿难以完成这种运算，他们尚缺乏对这种事物之间变化关系的可逆运算能力。

⑤ 缺乏守恒。守恒是指掌握概念的本质特征，所掌握的概念并不因某些非本质特征的改变而改变。前运算阶段的儿童认识不到在事物的表面特征发生某些改变时，其本质特征并不发生变化。不能守恒是前运算阶段儿童的重要特征。

(3) 具体运算阶段(六七岁至十一二岁)。在本阶段内，儿童的认知结构由前运算阶段的表象图式演化为运算图式。具体运算思维的特点：具有守恒性、脱自我中心性和可逆性。皮亚杰认为，该时期的心理操作着眼于抽象概念，属于运算性(逻辑性)的，但思维活动需要具体内容的支持。

(4) 形式运算阶段(十一二岁及以后)。这个时期，儿童思维发展到抽象逻辑推理水平。思维特点如下：

① 思维形式摆脱思维内容。形式运算阶段的儿童能够摆脱现实的影响，关注假设的命题，可以对假言命题作出逻辑的和富有创造性的反应。

② 进行假设—演绎推理。假设—演绎推理是先提出各种解决问题的可能性，再系统地评价和判断正确答案的推理方式。假设—演绎的方法分为两步，首先提出假设，提出各种可能性；然后进行演绎，寻求可能性中的现实性，寻找正确答案。

皮亚杰以智力为研究对象，开创了智力研究的先例，也为认知发展心理学的建立奠定了基础；认为人类的学习既强调遗传的作用，也注意到后天活动的功能，对于学习过程的这种解释对学习心理学的发展有重要意义；对教育理论与实践也有重要影响，教育与教学应当以儿童心理学发展的特点为依据而进行。但他的不足之处在于把智力的本质看作生物意义上的适应，把认知视作有机体适应的延伸；把心理内部的平衡作用看作智力发展的决定因素，对外部环境的影响重视不足。

皮亚杰的认知发展阶段理论几十年来经受了许多国家心理学家的实践和检验。虽然很多人对他的研究方法的科学性提出了尖锐的怀疑，但大家一致认为皮亚杰指出的认知发展趋势是普遍存在的。只不过不能对发展的年龄阶段做过于机械的划分。譬如 7～11 岁的儿童处于具体运算阶段只能是一种非常笼统、粗略的估计。在儿童中存在着很大的个性差异，虽然思维发展的阶段不能跨越，但每个儿童思维发展步调是很不相同的。譬如有些儿童在幼儿园时就聪颖过人，被人称为“神童”，但随着年龄的增大，表现也很一般。相反，有些儿童小时候智力平平，但在小学高年级就“突然”开了窍，智力突飞猛进，这种现象在小学中是很常见的。这些观点是很值得老师们的注意的。

(二)布鲁纳的认知发现说

布鲁纳(Jerome S. Bruner，1915—2016)的认知学习理论受完形说、托尔曼的思想和皮亚杰发生认识论思想的影响，认为学习是一个认知过程，是学习者主动地形成认知结构的过程。而布鲁纳的认知学习理论与完形说及托尔曼的理论又是有区别的。其中最大的区别在于完形说及托尔曼的学习理论是建立在对动物学习进行研究的基础上的，所谈的认知是知觉水平上的认知，而布鲁纳的认知学习理论是建立在对人类学习进行研究的基础上的，所谈的认知是抽象思维水平上的认知。其基本观点主要表现在三个方面：第一，学习是主动的形成认知结构的过程。第二，强调对学科的基本结构的学习。第三，通过主动发现形成认知结构。布鲁纳认为发现学习的作用有以下几点：一是提高智慧的潜力。二是使外来动因变成内在动机。三是学会发现。四是有助于对所学材料保持记忆。所以，认知发现说是值得特别重视的一种学习理论。认知发现说强调学习的主动性，强调已有认知结构、学习内容的结构、学生独立思考等的重要作用。这些对培育现代化人才是有积极意义的。

(三)奥苏伯尔的认知同化论

奥苏伯尔(D. P. AuSubel，1918—2008)是美国著名的心理学家，他与布鲁纳一样，同属认知结构论者，认为“学习是认知结构的重组”，他着重研究了课堂教学的规律。奥苏伯尔既重视原有认知结构(知识经验系统)的作用，又强调关心学习材料本身的内在逻辑关系。认为学习变化的实质在于新旧知识在学习者头脑中的相互作用，那些新的有内在逻辑关系的学习材料与学生原有的认知结构发生关系，进行同化和改组，在学习者头脑中产生新的意义。

奥苏伯尔的认知同化论的主要观点是：第一，有意义学习的过程是新的意义被同化的过程。奥苏伯尔的学习理论将认知方面的学习分为机械的学习与有意义的学习两大类。机械学习的实质是形成文字符号的表面联系，学生不理解文字符号的实质，其心理过程是联想。有意义学习的实质是个体获得有逻辑意义的文字符号的意义，是以符号为代表的新观念与学生认知结构中原有的观念建立实质性的而非人为的联系。第二，同化可以通过接受学习的方式进行。接受学习是指学习的主要内容基本上是以定论的形式被学生接受的。

(四)海德和韦纳的归因理论

归因理论是探讨人们行为的原因与分析因果关系的各种理论和方法的总称。它试图根据不同的归因过程及其作用，阐明归因的各种原理。

最早对归因进行研究的是美国心理学家 F. 海德(Fritz Heider，1896—1988)，他认为人类有两类需要，即对周围世界进行理解和控制的需要。认为通过分析可得知人们行动的原因，并可预言人们如何行动。这就是人们进行行动归因的内在原因。

归因可以分成：内归因和外归因，稳定性归因和非稳定性归因。内归因是行为者内在的原因，如人格、情绪、意志等。外归因是产生行为的环境因素，如工作设施、任务难度、机遇等。研究表明，人们总是作比较有倾向性的内归因或外归因。对自己的成绩常作内归因，对他人的成绩出于嫉妒，可能作外归因。稳定性归因是导致行为的相对不变因素，如内在的能力、气质，外在的工作难度等。非稳定性归因是相对易变的因素，如内在的情绪、外在的机遇等。

韦纳(B. Weiner，生于 1935 年)的归因理论主要有下列三个论点：人的个性差异和成败经验等影响着他的归因；人对前次成就的归因将会影响到他对下一次成就行为的期望、情绪和努力程度等；个人的期望、情绪和努力程度对成就行为有很大的影响。

韦纳从认知心理学的角度把成功和失败的原因划分成三个维度，比海德的思想有所发展，并且有助于人们对成就行为的原因进行分析。他认为，我们对成功和失败的归因，会对以后的行为产生重大影响。如果一个人把考试失败归因于缺乏能力，那么以后考试还会预期失败，这是因为能力是一个稳定性的原因；如果把考试失败归因于运气不佳，那么以后考试就不大可能预期失败，这是因为运气是一个不稳定性的原因。

认知派学习理论为教学论提供了理论依据，丰富了教育心理学的内容，为推动教育心理学的发展立下了汗马功劳。认知派学习理论的主要贡献有以下几项。

(1) 重视人在学习活动中的主体价值，充分肯定了学习者的自觉能动性。

(2) 强调认知、意义理解、独立思考等意识活动在学习中的重要地位和作用。

(3) 重视了人在学习活动中的准备状态。即一个人学习的效果，不仅取决于外部刺激和个体的主观努力，还取决于一个人已有的知识水平、认知结构、非认知因素。准备是任何有意义学习赖以产生的前提。

(4) 重视强化的功能。认知学习理论由于把人的学习看成是一种积极主动的过程，因而很重视内在的动机与学习活动本身带来的内在强化的作用。

(5) 主张人的学习的创造性。布鲁纳提倡的发现学习论就强调学生学习的灵活性、主动性和发现性。它要求学生自己观察、探索和实验，发扬创造精神，独立思考，改组材料，自己发现知识、掌握原理原则，提倡一种探究性的学习方法。强调通过发现学习来使学生开发智慧潜力，调节和强化学习动机，牢固掌握知识并形成创新的本领。

认知学习理论的不足之处，是没有揭示学习过程的心理结构。我们认为学习心理是由学习过程中的心理结构，即智力因素与非智力因素两大部分组成的。智力因素是学习过程的心理基础，对学习起直接作用；非智力因素是学习过程的心理条件，对学习起间接作用。只有使智力因素与非智力因素紧密结合，才能使学习达到预期的目的。而认知学习理论对非智力因素的研究是不够重视的。

五、建构主义学派

建构主义学习理论主要是以皮亚杰、布鲁纳、维果斯基等人的思想为基础而发展起来的，是在批判地继承了不同认知学派的学习理论的基础上，逐步发展并形成了自己的理论体系。建构主义对学习和教学做了新的解释，阐明了人类学习的过程的认知规律，形成了全新的学习理论。

建构主义学习理论认为：知识不是客观的东西，而是主体的经验；学习也不是被动地接受，而是主动生成经验。那么，教学就不是传递知识，而是创设一定环境，支持和促进学习者主动建构知识的意义。换句话说，学习是学习者在一定的环境即社会文化背景下，借助教师和学习伙伴的帮助，利用各种资源，通过新旧经验相互作用来形成、丰富和调整自己的经验结构，生成对知识的意义建构的过程。教学则是为学习者创设良好的学习环境，激发学习兴趣，引导他们从原有的经验出发，生成新的经验，建构所学知识的意义。因此，学生是认知活动的主体，是意义的主动建构者；教师则是学生学习过程的组织者、指导者，意义建构的帮助者、促进者和引导者。

在建构主义学习理论的影响下，产生了一系列新的教学模式，如抛锚式教学、交互式教学、随机进入教学、支架式教学、认知学徒式教学等。其中相对比较成熟适合开展科学活动的教学模式有三个，即抛锚式教学、随机进入教学、支架式教学。

1. 抛锚式教学

抛锚式教学又称情境性教学，是指创设含有真实事件或真实问题的情境，学生在探究事件或解决问题的过程中自主地理解知识、建构意义。通过学生和教师对这些事件或问题的探究，教学内容及其进程成为一个动态的、有机的整体，这些事件或问题恰如一个个“锚”。因此，教师要为每一个学习者提供主动作用的空间和机会；提供开放的、充满选择的情境，使学生在此过程中都基于自己的经验背景选择真实性任务，并在真实的环境中直接感受和体验。

抛锚式教学的环节包括：第一，创设情境。使学习能在和现实情况基本一致或相类似的情境中发生。第二，确定问题。在上述情境下，选择出与当前学习主题密切相关的真实性事件或问题作为学习的中心内容。选出的事件或问题就是“锚”，这一环节的作用就是“抛锚”。第三，自主学习。不是由教师直接告诉学生应当如何去解决面临的问题，而是由教师向学生提供解决该问题的有关线索，并特别注意发展学生的“自主学习”能力。第四，协作学习——讨论、交流。通过不同观点的交锋，补充、修正、加深每个学生对当前问题的理解。第五，效果评价。由于抛锚式教学的学习过程就是解决问题的过程，由该过程可以直接反映出学生的学习效果，因此对这种教学效果的评价不需要进行独立于教学过程的专门测验，只需在学习过程中随时观察并记录学生的表现即可。

2. 随机进入教学

随机进入教学是另一种建构主义教学模式。教学要对同一内容，要在不同时间、不同情境，基于不同目的，着眼于不同方面，用不同方式多次进行，以使学习者对同一内容或问题进行多方面探索和理解，并与具体情境联系起来，获得多种意义的建构。随机进入教学不是为巩固知识技能而对所学内容进行的简单重复，而是对所学知识或内容之意义的不断建构。

随机进入教学的环节包括：第一，呈现情境；第二，进入情境；第三，独立探索；第四，协作学习；第五，学习效果评价。

以中班《溶解》的科学实验为例：

呈现情境。教师在科学区创设娃娃饮料厂，引导幼儿参观饮料厂。再向幼儿呈现饮料厂的产品(糖水、盐水)，请幼儿尝尝，饮料是什么味道，思考这味道是怎么来的。在情境中让幼儿了解溶解的现象。

进入情境。引导幼儿主动参与到实验中，探索溶解现象。先让幼儿观察各自桌上摆了什么？它原来是怎样的形状，放在水里后又怎样？它真的没有了吗，还是到哪儿去了呢？依此类推到盐，等等。

独立探索。幼儿在观察、操作中，明白糖、盐等放入水中会溶解。于是继续向幼儿提出问题：沙子、石头、木头等能否溶解？同样是糖，方糖和砂糖哪个溶解得快些？同一种糖放进热水和冷水里哪个杯子的糖溶解得快？通过这些问题，幼儿在亲自操作中理解了影响溶解的因素，既学习了简单的操作技能，又培养了动手能力，发展了观察分析能力。

协作学习。组织幼儿表达和交流各自的探索过程和结果。教师要帮助幼儿用自己的语言表达自己的操作实验过程，发现溶解现象的变化和联系，也可以再实验、再观察；鼓励幼儿把自己的发现、创造介绍给同伴，相互启发。

学习效果评价。教师通过对幼儿在独立探索和协作学习过程中的情况进行鼓励性评价，激发幼儿继续探索的兴趣和欲望，从而促使幼儿自主发现、分析、探究和解决问题。

3. 支架式教学

支架式教学源于苏联心理学家维果茨基的“最近发展区”的理论。支架式教学是意在通过提供一套恰当的概念框架(即支架)来帮助学习者理解特定知识、建构知识意义的教学模式。借助支架，学习者能够独立探索并解决问题，建构意义。这种支架根植于儿童的“最近发展区”，通过其支撑作用，儿童的认知发展不断由实际水平提升到潜在水平。教师的作用就在于使这种支架尽可能完善。

支架式教学的环节包括：第一，搭建支架；第二，进入情境；第三，独立探索；第四，协作学习；第五，学习效果评价。

以大班《娃娃脸》的教学为例：

搭建支架。幼儿已经掌握了按照指定的标准，对物体进行简单分类。教师要帮助幼儿排除物体颜色、大小、形状的干扰，学习按物体的不同特征(颜色、大小、形状)进行三次逐级分类。

进入情境。出示《娃娃脸》图片，让幼儿观察比较：这些图形中娃娃的脸有什么不同呢？如按照脸的大小或肤色或脸型分类，分别又是几个呢？通过问题将幼儿引入一定的情境，让幼儿沉浸在探索之中。

独立探索。幼儿通过观察比较，找出娃娃脸的不同之处(大小、肤色、脸型)；分别按大小、肤色、脸型分类，数出每种类别的个数。

协作学习。在独立探索的基础上，把全班幼儿分为若干小组，引导幼儿开展协作学习。每组幼儿将几何图形板合作进行分类，分类要求是：先按大的和小的分，然后按圆的和方的分，再按颜色进行分类。从而学习按物体的不同特征(颜色、大小、形状)进行三次逐级分类。

学习效果评价。教师根据幼儿在独立探索和协作学习中的情况，对幼儿分类技能的学习进行鼓励性评价。按照幼儿接受水平，灵活掌握分类次数，鼓励幼儿投入到分类活动中去，并请各组的幼儿说说逐次分类的结果。

第二节 学前教育学基础

一、近代学前教育理论

(一)夸美纽斯的学前教育思想

在世界教育思想史上，17 世纪捷克伟大的资产阶级民主教育家夸美纽斯(J. A. Comenius,

1592—1670)的学前教育思想占有重要的地位。

夸美纽斯依据儿童的年龄特征，设计了一个理想的四级学制。第一级是婴幼儿期(0～6岁)，儿童在“母亲的膝前”即母育学校接受教育。《母育学校》是历史上第一部论述学前教育的专著，集中体现了夸美纽斯的学前教育思想。他认为，每一个家庭都可以称为一所学校，孩子的母亲便是主要教师。

在《母育学校》中，夸美纽斯以满腔的热情，把儿童比作“上帝的种子”，比作比金银珠宝还要珍贵的“无价之宝”，并警告那些欺侮儿童的人，要他们像尊敬上帝那样去尊敬儿童。夸美纽斯还把儿童比作一面镜子，在它里面，人们可以注视谦虚、有礼、亲切、和睦以及其他基督徒的品德。在夸美纽斯的儿童观中，虽然还表现出宗教思想对他的束缚，但毕竟已从根本上不同于中世纪的儿童观，表达了夸美纽斯将未来新社会的理想的实现寄于新生一代的热切愿望。

关于学前儿童的教育内容方面，夸美纽斯教育思想中最有特色的部分，是他在西方学前教育思想史上，第一次为 6 岁以下的儿童的智育提出了一个广泛而详细的教学大纲。这个大纲包括自然、光学、天文学、地理学、年代学、历史学、家务、政治学、辩证法、算术、几何学、音乐、语言等学科。他强调“应当把一个人在人生的旅途中所应具备的一切知识的种子播植到儿童身上”。夸美纽斯相信，通过这种启蒙性质的教育，就可以为儿童奠定各门科学知识的最初步的基础。

在教学方法方面，夸美纽斯从他的唯物论的感觉论出发，特别强调在教给儿童初步知识的过程中，始终依靠儿童自己的亲身观察。如学习光学，可以观察月亮、颜色、天空、树木、花草，照镜子，等等。在夸美纽斯的幼儿教学法中，他还注意到由近及远，由易到难，强调要循序渐进。

夸美纽斯对于学前儿童的游戏、玩具和作业也有许多宝贵的意见。在西方学前教育思想史上，夸美纽斯是第一个从幼儿的年龄特征来论证上述诸方面问题的教育思想家。他认为，儿童天性好动，他们血气旺盛不许他们静止。所以，对他们不应加以限制，而应使儿童常常有些事情可做，像蚂蚁一样不停地干事情。他甚至规定了这样一条原则：“凡是儿童喜欢玩的东西，只要对儿童没有什么损害，那么就应该让他们去玩而得到满足，而不应该阻止他们。因为儿童不活动比起不得闲，对身心两方面的损害更多。”他认为给儿童以活动的自由有三大好处：一是锻炼身体增进健康，二是运用和磨炼思想，三是使四肢五官趋于灵活。

在西方学前教育史上，夸美纽斯还编写了第一本学前儿童所使用的教材《世界图解》，这是历史上第一部对幼儿进行启蒙教育的看图识字课本。图画书中的内容和《母育学校》中提出的广泛的教学大纲的内容相对应，可以配套使用。这种图画书有三个用处：①它可以帮助事物在心理印下一个印象；②它可以使孩子们养成一种观念，认为从书本上面可以得到快乐；③它可以帮助他们学习阅读。上述原则都体现在夸美纽斯的《世界图解》之中。这本书在 1658 年出版以后，被迅速译成欧洲各国的文字，流行二百多年之久，教育了一代又一代的儿童。当今我国广为儿童喜爱的识字卡片、看图识字之类的东西，实始于《世界图解》。《世界图解》及其编写原则之所以长久以来为人重视，正是因为它们切合了幼儿心理发展的特点。

夸美纽斯坚持教育适应自然的原则，要求教育符合儿童的身心发展特点和教学的客观规律。他总结自己多年的教学经验，提出了教学应遵循的几大原则，如直观性原则、循序渐进原则、启发儿童的学习愿望和主动性的原则等。同时，夸美纽斯是世界上最先提出学校教育应当实行班级授课制的人。班级授课制的实施极大地提高了教学效率，对教育的发展和普及产生了重大影响。

(二)卢梭的教育思想

卢梭(Jean-Jacques Rousseau，1712—1778)是18世纪法国启蒙运动的著名思想家，反封建的勇猛战士。卢梭在教育方面的代表作是《爱弥儿》，通过这部名著，卢梭对摧残儿童身心的封建制度和封建教育做了猛烈的抨击和无情的揭露，阐发了他提出的教育思想。

卢梭教育思想的核心是自然教育理论，自然教育的目的是培养自然天性充分得到发展的“自然人”，这种人实际上就是自食其力的小资产阶级上层人物。这种思想强调教育必须顺应儿童天性发展的自然历程，即遵循儿童身心发展的特点，同时还要尊重儿童的个性特点。卢梭对此进行了论证，他将教育理解为“自然的教育”“人的教育”和“事物的教育”，后二者在遵循前者的基础上实现三者的协调一致。卢梭的自然教育理论存在着天性至上，把教育视为自然生长等偏激的观点。但在当时这种思想有着巨大的反封建教育的进步意义，这种强调儿童是教育主体的思想，开了现代教育理论的先河，他的论证初步触及遗传、环境、教育对人发展的作用问题。

从培养自然人的目的出发，卢梭强调了劳动教育，视劳动教育为培养新人不可缺乏的途径，希望儿童通过参加生产劳动，不但获得劳动的知识技能，而且培养起对劳动和劳动人民的热爱，这些思想不但在当时是进步的，今天也仍有意义。

关于智育，卢梭认为让儿童学习的知识要有用处，应是儿童的智力所能理解的；在他看来，教学的基本任务在于发展儿童获取知识的能力、培养好奇心和兴趣；他提出的教学方法包括直观教学、发现式教学等。

综观卢梭关于教学的论述，其中虽不免有片面、偏颇之处，但也包含着不少真知灼见。卢梭反对封建文化，他根据自然教育理论，认为儿童在12岁以前要远离封建文化的影响，不要学习书本知识，而是进行感觉教育，让儿童在各种活动中发展自己的感觉器官。卢梭的感觉教育把发展感官与读书学习截然分开，当然有失偏颇，但他站在唯物主义感觉论的立场，强调感觉训练，在西方近代教育史上第一次详细论证了外感官教育的意义、内容和具体方法，不仅具有历史意义和价值，其中很多见解仍有益于今天的教育实践。

卢梭的教育思想难免有时代的和阶级的局限性，而且他的观点非常激进，但应该指出，他在与封建教育的搏斗中提出的新教育理论，为现代教育思想的发展奠定了基础。

(三)裴斯泰洛齐的教育理论

瑞士的裴斯泰洛齐(Johan H. Pestalozzi，1746—1827)，1798年创办斯坦兹孤儿院，收容流浪孤儿，突出特色是实施爱的教育和实施劳动教育。在教育史上，裴斯泰洛齐第一个提出“教育心理化”的口号。贯穿在裴斯泰洛齐全部教育观点和教育活动之中的是爱的教育。其代表作是《林哈德和葛笃德》。裴斯泰洛齐建立了学科教学法，奠定了初等学校各科教学法建立的基础，被称为“初等教育之父”。他在要素教育的基础上，进一步确立了初等教学法，包括语文教学和算术教学。

1. 关于“爱”的教育的内容和方法

爱的教育：就是道德教育。目标是使儿童具有博爱精神，即爱人类和爱上帝。在家庭中，父母要给予孩子充分的母爱和父爱，特别强调母爱的作用。在学校，引进母爱精神，使爱的教育进一步深化；教师要像慈母一样热爱教导儿童，与儿童共同生活，通过良好的示范，感化儿童；全面关心儿童生活、学习，精心塑造“儿童的心智”；把慈爱和威严结合起来，才能塑造一个“完善的人”。

2. 家庭教育的内容

裴斯泰洛齐认为，母亲是孩子的天然教养员，拥有对孩子的最高教育权，教育孩子是母亲的天职。父母最了解孩子，他们知道自己孩子的个性和能力，在孩子的教育方面最有发言权，也最适宜进行自然的教育。教育应从摇篮开始，应从儿童生下来的时候开始，因为人的力量和才能从他诞生的时刻就需要培育发展。家庭教育应包括四个方面：体育、德育、智育和劳动教育。他还提议在家庭中父母要给孩子充分的母爱和父爱，而且从孩子刚出生时就要体现出来，以便孩子体会深厚的母爱和父爱，从而在内心萌发出“爱”的种子。

裴斯泰洛齐把家庭教育作为整个教育体系的基础，甚至提倡学校教育和社会教育都要以家庭教育为榜样，以至设想家庭教育取代学校教育。由此可见，裴斯泰洛齐非常重视家庭教育。他认为爱在儿童教育中占据重要地位。儿童最初的教育，都是从母亲那里得到的，如爱的教育和宗教教育。

裴斯泰洛齐力图探索出一套符合儿童心理特点的，并使每个母亲都可运用的简化教学法，从而使每个家庭都可以对儿童实施初等教育。但他过分强调家庭教育，显然片面。其宗教和道德看法，反映其唯心主义世界观和阶级的局限性。

要素教育是裴斯泰洛齐教育理论的精华、核心。教育过程必须从一些最简单的因素开始，逐渐转向复杂的因素。德育、智育、体育和劳动教育，不同的方面有不同的要素，各育都能找到一定的最简单的要素作为实施教育的起点。体育和劳动教育的要素，是儿童身体关节的活动；道德教育的要素是儿童对母亲的爱，扩展到对他人的爱、爱上帝、爱人类，上升到“博爱”境界；智育的要素是“对事物产生的一种最初的印象”，即对事物的形状、数目和名称三个基本点的印象。说明裴斯泰洛齐已经看到教学与儿童心理发展的关系。在社会意义上，要素教育的方法简单易行，集中体现了他教育民主化的要求。

二、现代学前教育理论

(一)福禄贝尔的教育思想

弗里德里希·威廉·奥古斯特·福禄贝尔(1782—1852)，德国教育家，被公认为是 19 世纪欧洲最重要的教育家之一，现代学前教育的鼻祖。他不仅创办了第一所称为“幼儿园”的学前教育机构，他的教育思想迄今仍在主导着学前教育理论的基本方向。福禄贝尔的教育思想与实践对世界各国幼儿教育的发展起到深远的影响。

福禄贝尔认为，游戏是儿童的内在本能，尤其是活动本能，因而对儿童的教育，不应加以束缚、压制，也不应揠苗助长，而是应当顺应其本性，满足其本能的需要，如同园丁顺应植物的本性，给植物施以肥料，配合以合适的日照、温度。如此，蕴含在人里面的神性将得以在人性里逐步被唤醒而体现出来。

根据上述观点，福禄贝尔认为，游戏和手工作业应是幼儿时期最主要的活动，而知识的传授只是附加的部分，穿插其中。幼儿园上课只需要用口语，不需要学习文字。而教师最主要的责任，是妥善地加以指导、设计各种游戏活动。

在教育中他主张要适应儿童的发展，遵循儿童的本性，而且注重以儿童的自我活动为主，教师只为儿童提供条件，而不干预儿童的活动，充分发挥了儿童的主体性，并且重视各种游戏。福禄贝尔认为，“游戏是儿童发展的最高阶段”，它是“人在这一阶段里最纯洁的、最神圣的活动”。福禄贝尔是教育史上第一个承认游戏的重要价值，有系统地把游戏活动列入教育过程的教育家。而且在教育实践中，福禄贝尔一直重视对游戏的研究，他认为游戏是儿童认识世界的工具，相当重视手工材料和教具的准备，所以制作了一套供儿童使用的教学用品，称为“恩物”，意为“上帝的恩赐”。它最大的价值在于可以帮助幼儿认识自然及其内在规律。他也重视环境的设置，主张幼儿园必须设置花坛、菜园、果园。

福禄贝尔提出人性教育。他认为人类生命的发展是由几点连续进行的，所经历的从婴儿、幼儿、儿童、少年、青年，到成年、老年的各个发展阶段，连续地在内部进行，彼此是有关联的。福禄贝尔曾批评一般父母，说有的父母对青少年时期的儿女，要求他们的行为各方面要像青年。福禄贝尔特别期望父母不要对自己的子女有如此错误的要求，生命的发展具有连续性，这样的要求会妨碍他们未来的种种发展。福禄贝尔曾特别强调，对正常的儿童，不能从小就施与特殊的教育。

在人性教育基础上，福禄贝尔最强调的是宗教心、道德性的萌芽。福禄贝尔说幼儿期的感情，特别是幼儿的微笑是共同感情最初的表现。这社会性的感情是联结在父母、兄弟、姐妹精神的基础上，就是说，共同感情是真实的宗教心的最初萌芽和发端，是由母亲培育的。

福禄贝尔独特的幼儿教育学体系对 19 世纪后半叶到 20 世纪初期的世界幼儿教育产生了广泛而深刻的影响，所以被大家称为“幼儿教育之父”。

(二)蒙台梭利的教育方法

蒙台梭利(Maria Montessori，1870—1952)是欧洲“新教育”运动中一位重要的代表人物，是继福禄贝尔之后的又一位杰出的幼儿教育家。同时，她还是意大利史上第一位女医生，意大利第一位女医学博士，女权主义者，蒙台梭利教育法的创始人。

1. 儿童自发性学习行为

蒙台梭利的教育方法是其在从事儿童工作过程中，根据所观察到的儿童自发性学习行为总结而成。

(1) 儿童存在着与生俱来的“内在的生命力”，简称“内在潜力”。这种生命力是一种积极的、活动的、发展着的存在，它具有无穷无尽的力量。

蒙台梭利认为，生长是由于内在的生命潜力的发展使生命力显现出来，生命力量是按照遗传确定的生物学的规律发展起来的。教育的任务是激发和促进儿童的“内在潜力”的发现，并按其自身规律获得自然的和自由的发展。她主张不应该把儿童作为物体来对待，而应作为人来对待，儿童不是成人和教师进行灌注的容器，也不是可以任意塑造的蜡或泥。

教育家、教师和父母应该仔细地观察儿童、研究儿童，了解儿童的内心世界，发现“童年的秘密”，热爱儿童，尊重儿童个性，在儿童自由和自发的活动中，帮助儿童实现智力的、精神的、身体的和个性的自然发展。蒙台梭利的教育理论和方法是建立在较少(或尽量减少)干预儿童主动(或自发性)活动的基础上的。她的培养目标是：运用科学的方法，促进“人类的潜能”的发展，使他们能够独立思考、独立判断和独立工作，并能适应现代科学技术和工业发展的时代潮流，保持社会文明和科学进步，成为促进人类和平的强有力的新一代。

(2) 儿童是发展着的个体，儿童的发展是个体与环境交互作用的结果。

由于儿童内在生命力的驱使或生理和心理的需要而产生一种自发性活动，从而不断地与环境交互作用而获得经验，积累经验，促进儿童生理和心理的发展。所以，儿童的发展是一个连续的不断前进的过程，前一个阶段的充分发展是后阶段的基础，后一阶段的发展是以前各个阶段充分发展的积累和延续。这种发展随着儿童生命岁月的增长，从无意识逐步进行到有意识，从自发活动进行到自由选择性活动；但是，儿童的无意识(或下意识)的自发活动在发展进程中始终都存在着，只是生命的本能冲动在逐步减少，而心理的内在需要在逐步增加。

蒙台梭利强调儿童早期的环境经验对于以后阶段发展的重要性，尤其是对儿童智力发展的重要意义。“特别重视丰富儿童的早期经验，重视儿童早期教育”，是她在罗马圣罗伦佐“儿童之家”试图解决难民儿童受文化剥夺问题的教育改革实验研究中得到的重要结论。

2. 儿童发展的敏感期

感觉训练和智力发展是蒙台梭利研究的重点，她从生物学在动物实验中发现“敏感期”得到启示，促使她观察和研究儿童各年龄阶段的感觉活动及其心理特征，从而发现儿童心理发展和学习过程中也存在着“敏感期”，并指出儿童心理发展过程的“敏感期”的含义是：在不同发展阶段，儿童表现出对于某种事物或活动特别敏感或产生一种特殊兴趣和爱好，学习也特别容易而迅速，是教育的最好时机。但是，这种现象经过一定时间便随之消失。因此，教师和父母必须随时留心观察儿童的实际生活及其表现，发现和把握儿童在各个阶段出现的这种心理现象，并及时地进行引导、帮助和鼓励。

蒙台梭利对儿童心理发展过程中的各种敏感期及其呈现和延续的时间进行了充分的研究，她认为儿童各种敏感期的出现具有一定的顺序性和延续性，儿童就是通过经历一个又一个敏感期不断得到发展的。蒙台梭利对各种敏感期的看法如下。

第一，语言的敏感期。

蒙台梭利认为，语言的敏感期是从出生后 2 个月开始到 8 岁，其中 1 岁半至 2 岁半是语言敏感期的高峰时期。儿童在学习语言的过程中，先是对人的声音感兴趣，在感受声音的基础上，对词、复杂的语法结构产生兴趣。也就是说，在这敏感期内，孩子都经历牙牙学语，说出单词将两个以上单词组成句子的阶段，后来进步到模仿更复杂的句子结构的阶段，最后学习复杂的语法形式和谈话技巧。

第二，感觉的敏感期。

蒙台梭利认为，感觉的敏感期是从出生到 6 岁，其中在 2 岁至 2.5 岁达到高峰。她指出，孩子在 2 岁时对细微的物体，如对成人注意不到的小东西发生兴趣，并给以极大的注意，这种对细节的关心不仅使儿童有选择地注意周围的环境，而且引发了幼儿的有关活动，从而使幼儿的感觉更加敏锐。蒙台梭利认为儿童在感觉的敏感期内，可以毫不费力地学习几何形体，辨别色、方向、声音的高低以及字母的形体等。而这些均可以为以后更高层次的智力发展奠定基础。

第三，秩序的敏感期。

秩序的敏感期是蒙台梭利最先发现并论述的现象。蒙台梭利认为，在儿童的生长过程中，秩序的敏感期在儿童人格的形成中具有非常重要的意义。它最早出现于儿童 2 岁左右，大约持续两年，3 岁左右表现最为明显。环境中的所有物体是否放在平常习惯放置的地方？一天的各种活动是否按照自己已经熟悉和习惯的顺序进行？这些问题对于处于这一时期的儿童来说都是非常重要的事情，他们最大的喜悦是将物品整齐地放回原来的位置。

在蒙台梭利看来，如果儿童在秩序的敏感期内形成了良好的秩序感，那么，他终生都将是一个规范、有序和温和的人；反之，如果错过了秩序的敏感期，再想培养一个规范、有序、有条不紊的人，就会变成难以企及的事情。

第四，运动的敏感期。

蒙台梭利认为，运动的敏感期处于出生到 4 岁之间。在这段时间中，儿童喜欢活动而且其动作逐渐完美，为以后的发展奠定基础。如果能在这一时期完全熟练某一动作，不仅对身体、精神的正常发展有所帮助，而且对儿童的人格形成也有影响。反之，如果这一时期缺乏运动，就会导致儿童对运动缺乏自信、性格上缺乏协调性和精神上的不满足。

蒙台梭利指出，在这一时期内，儿童开始时是喜欢爬，然后是学习行走；到 1.5 岁至 3 岁时，他们又喜欢经常地抓握东西，如打开、关上、放进、拿出、搭好、推倒；等到 4 岁左右时，儿童又喜欢闭着眼睛靠手触摸来辨认物体，并用手和身体做各种较为复杂的动作。

第五，工作的敏感期。

在蒙台梭利教育法中有一个非常重要的概念——“工作”。简言之，蒙台梭利所谓的“工作”就是儿童在有准备的环境中和环境相互作用的活动。蒙台梭利认为儿童必须通过自己的“工作”才能使自己达到心理的健康发展，她认为儿童“工作”的敏感期是 3 岁到六七岁，在这一段时间里，儿童像一个“工作狂”以令人惊讶的热情投入“工作”。蒙台梭利不仅仅把“工作”的敏感期看作是一个独立的敏感期，更认为“工作”是各种敏感期的主要特征，是儿童得到各种发展的基础。蒙台梭利关于儿童发展具有敏感期的思想，是她儿童观思想的重要内容，是她儿童观思想中颇具特色的部分。在她的学说中，没有哪一部分比敏感期更重要，更具独创性。在她之前的卢梭、裴斯泰洛齐、福禄贝尔等人也都对儿童早期教育的重要性进行过记述，但只有蒙台梭利从敏感期的角度展开论述了儿童早期教育的意义，并形成了自己独特的关于敏感期的教育思想和实践体系，为早期教育有效地适应儿童的特点，发挥儿童的主动精神提供了理论和实践依据。

3. 儿童心理发展具有阶段性

蒙台梭利认为儿童是处在连续的和不断前进的发展变化之中的，而且这种发展变化是有阶段性的。儿童在其发展变化的每一阶段都表现出与另一阶段明显不同的特点，前一个阶段是后一个阶段的准备，为后一个阶段奠定基础。蒙台梭利特别论述了儿童发展呈现阶段性的特点。根据对儿童认真的观察和研究，她把儿童心理发展划分为三个阶段。

第一，幼儿阶段(0～6 岁)。这一阶段是儿童为适应环境而自我改变并转换形象的时期。根据儿童是否有意识地适应环境，这一阶段又可以分为两个时期，即 0～3 岁无意识地适应环境的时期和3～6岁有意识地适应环境的时期。

① 幼儿前期(0～3岁)。这一时期是儿童身心各种能力发展的奠基，在这一时期，儿童在无意识之中通过旺盛的“吸收性心理”的作用，大量感受和吸收周围的环境信息，获得大量的关于周围环境的印象和心理各方面的进步。幼儿出生后的几周之内，由于身体活动尚未旺盛，因而最初获得的仅是感觉的使用，在获得感觉的使用以后，幼儿便开始使用感觉器官去吸收他能接触到的外部世界中的一切。在各种感觉发展的基础上，幼儿到1岁左右，区别于其他动物的最大特征是直立行走和语言开始出现了。直立行走使儿童能够更大限度地扩大自己的环境，使用手握、拉、压等系列为运用工具做准备的技能得以发展。语言的出现和发展使儿童能够把存在于环境中的事物和自己的需求表述出来，从而得以和周围的人进行交流。在语言出现以后，言语能力更是随着儿童的成长而突飞猛进，2岁的儿童已经能够尝试着与人进行最初的语言交流，到3岁时，儿童已经基本上理解了周围人们经常使用的语言，并能和周围的人进行简单的交流。

② 幼儿后期(3～6岁)。蒙台梭利认为，自然在儿童3岁时，划了一条分界线，儿童3岁以后便开始有意识地吸收环境，有意识地吸收环境的最典型的表现就是从这时开始儿童有了成为一生回忆的记忆。

蒙台梭利认为这一时期是儿童在前一阶段发展的基础上各种能力进一步得到发展的时期。她认为这一时期的儿童不像前一时期那样仅仅依靠感觉，更主要的是依靠手的活动有意识地吸收环境，他们有意识地用双手不停地做事，触摸和把握各种东西，有选择地模仿成人的动作，并通过这些活动一步一步地发展自己的心理，直至获得较为完整、系统的心理发展，使各种心理现象初步形成体系。同时，蒙台梭利认为这一时期是儿童学习欲望十分强烈的时期。她认为儿童在3岁时会有书写的爆发，在这之后的一段日子里，儿童对读、写、算，以及动物学、植物学、地理、历史知识表现出极大的兴趣和学习愿望。他们为了明了许多问题而不断地提出问题让成人解答，是什么，为什么，怎么回事，是这个时期的孩子经常提出的问题。另外，蒙台梭利把这一时期说成是性格形成的时期，认为儿童在各种能力得到发展并初步形成系统的基础上，稳定的性格特征在这一时期就开始出现了。

第二，儿童阶段(6～12岁)。蒙台梭利认为这一阶段是儿童在安宁幸福的心态下开始有意识地学习的阶段，是儿童增长学识和艺术才能的阶段。这一阶段儿童的主要特征为：其一是要求离开过去那种狭小的生活圈子，其二是开始具备抽象思维能力，其三是产生道德意识和社会感。因此，蒙台梭利要求扩大他们的生活范围，把对他们的教育从早期的感觉练习转向抽象的智力活动，并用道德标准和社会规范来要求他们。

第三，青春阶段(12～18岁)。蒙台梭利认为这一阶段是儿童社交关系的敏感时期。在这一阶段，儿童强烈地意识到自己是社会“团体的一员”，并开始具备自尊心、自信心。因此，蒙台梭利主张在个体发展的青春期，必须重视对他们进行社会性训练，帮助他们学习适应社会，成为合格的社会公民。

4. 感觉教育

感觉教育在蒙台梭利教育体系中占有重要的地位，并成为她的教育实验的主要部分。蒙台梭利基于对感觉的极大重视，使感觉教育在她所提出的运动、感觉语言和智力操练这一程序教学结构中处于十分重要的地位。

蒙台梭利的感觉教育包括触觉、视觉、听觉、嗅觉和味觉等感官的训练。触觉训练在于帮助幼儿辨别物体是光滑还是粗糙，辨别温度的冷热，辨别物体的轻重和大小、厚薄、长短以及形体。她认为，由于幼儿总是通过触觉来认识周围事物，所以，在各种感觉训练中，触觉练习是其主要方面。视觉训练则在于帮助幼儿鉴别形状、颜色、大小、高低、长短及不同的几何形体。听觉训练主要使幼儿习惯于辨别和比较声音的差别，使他们在听声训练过程中培养起初步的审美和鉴赏能力。嗅觉和味觉训练注重提高幼儿嗅觉和味觉的灵敏度。蒙台梭利希望通过这种感觉训练，使幼儿成为更加敏锐的观察者，增进和发展他们的一般感受能力，并且使他们的各种感觉处于更令人满意的准备状态，以完成诸如阅读和书写等复杂的动作。

蒙台梭利的感觉教育遵循着一定的原则和方法。她认为，感觉教育的实施应当遵循循序渐进的原则，根据幼儿在敏感期的特点，把肌肉练习作为感觉训练的基础，把对各种感觉的发展作为教育的重点，同时，应当根据幼儿的个体差异去采取与之相适应的具有连贯性的步骤和方法，使感觉教育同读、写、算等教学活动联系起来，使之达到由简到繁的过渡。蒙台梭利还认为，感觉教育应当遵循自我教育的原则，提倡幼儿根据自己的能力和需要进行学习，使幼儿在感觉训练中通过自己的兴趣、需要和能力去进行自由选择、独立操作、自我校正，去努力把握自己和环境。所以，在她所设计的教具中设有专门的“错误检验”系统，使儿童在操作过程中能根据教具的暗示进行“自我教育”，同时，她还通过限制感觉教育指导者的活动去增强幼儿活动的积极性和主动性。蒙台梭利进行感觉教育主要采取了提供教具的方法，按照由易到难的原则编排教具材料的顺序，并使每种教具分别训练幼儿的一种特殊的感觉，通过有针对性的、分步骤的反复练习去增强幼儿对物体的特殊性能的感觉能力，去识别接触到的变换着的物体，去增进各种感知能力。

蒙台梭利对20世纪的教育，特别是学龄前儿童教育的影响十分广泛，几乎遍及世界上每一个国家和地区。她的事业激起了人们巨大的热情，先后在美国和欧洲的许多国家兴起了蒙台梭利运动，并纷纷建立了蒙台梭利学校和蒙台梭利学会。她的教育理论和教学方法也为当时的公立中小学普遍采用，她的学生和追随者遍天下。

(三)皮亚杰的儿童道德发展理论

皮亚杰的儿童道德发展理论认为，儿童的道德发展是一个由他律逐步向自律、由客观责任感逐步向主观责任感的转化过程。

皮亚杰通过观察儿童的活动，用编造的故事同儿童交谈，考察儿童的道德发展问题，得出了三大研究成果，写成《儿童的道德判断》(1932年)一书。具体观点如下。

(1) 儿童的道德发展既非天赋，也不是社会规则的直接内化，而是受主体与客体相互作用的强度影响。换言之，儿童的道德发展是人的自然天赋与相应的社会因素相互作用的结果。

(2) 儿童的道德发展不仅取决于他对道德知识的了解，更重要的是取决于儿童道德思维发展的程度。儿童的道德思维的发展是一个自主的理性思维发展过程。儿童是自己道德观点的构造者。

(3) 儿童的道德发展是一个有明显阶段特点和顺序性的过程，与儿童逻辑思维的发展具有极大的相关性。

皮亚杰认为，作为儿童道德发展基础的思维结构具有以下四个特点：第一，儿童道德发展的每个阶段都是一个统一的整体，而不是一些与孤立的行为片断相对应的道德观念的总和。第二，在道德认知发展过程中，前一阶段总是融合到后一阶段，并为后一阶段所取代。第三，每个儿童都为建立他自己的综合体积极努力，而不只是去接受社会文化所规定的现成的模式。第四，道德认知发展的先前阶段是后继阶段的必要的组成成分。各阶段的连续顺序是固定不变的，而且是普遍的。

皮亚杰将儿童的道德发展划分为四个阶段。

第一阶段为“自我中心阶段”或前道德阶段(2～5 岁)。前道德阶段属于道德判断之前的阶段，儿童只能直接接受行为的结果。此时，儿童道德认知不守恒，也不懂规则对社会行为的约束性。该阶段儿童缺乏按规则来规范行为的自觉性，在亲子关系、同伴关系、价值判断等方面均表现出自我中心倾向。

第二阶段为“权威阶段”或他律道德阶段(6 岁至七八岁)。他律是指道德判断的标准受儿童自身以外的价值标准支配。特点如下：

① 儿童认为规则、规范是由权威人物制定的，不能改变，必须严格遵守。

② 对行为好坏的评定，只根据后果，而不是根据行为者的动机。

③ 视惩罚为天意，认为惩罚是客观世界维持道德秩序的手段，赞同严厉惩罚。

④ 单方面遵从权威，有遵从成人标准和服从成人规则的义务感。

该阶段儿童表现出对外在权威绝对尊重和顺从，把权威确定的规则看作是绝对的、不可更改的，在评价自己和他人的行为时完全以权威的态度为依据。

第三阶段为“可逆性阶段”或初步自律道德阶段(8～10 岁)。该阶段儿童的思维具有了守恒性和可逆性，他们已经不把规则看成是一成不变的东西，逐渐从他律转入自律。

第四阶段为“公正阶段”或自律道德阶段(10～12 岁)。自律是指儿童的道德判断受其自己的主观价值标准所支配，即外在的道德标准内化于己。这个阶段的特点主要有：

① 认识到规则具有相对性，是可以改变的。规则是人们根据相互间的协作而创造的，可以按多数人的意愿进行修改。

② 对行为好坏的判断依据着重于主观动机或意图，而不只是后果。

③ 逐渐运用公正的标准——互惠考虑人际关系。既考虑自己的利益，也考虑他人的利益。这被认为是自律道德的核心。

④ 主张温和而恰当的惩罚，与特定行为相配合，要符合逻辑，对错误有补偿作用。

(四)陈鹤琴的“活教育”思想

陈鹤琴(1892—1982)，浙江省上虞人，中国著名儿童教育家、儿童心理学家、教授，中国现代幼儿教育的奠基人。主要教育著作有：《儿童心理之研究》《儿童心理学》《家庭教育》《活教育的教学原则》等。

陈鹤琴自 1940 年在江西办幼师时开始提出“活教育”思想，经过几年的教育实践，直到 1947 年他在上海逐步整理出“活教育”的思想体系，包括三大纲领：目的论、课程论、方法论。

1. “活教育”的目的

陈鹤琴说：“活教育的目的就是做人，做中国人，做现代中国人。”他认为做一个人、做一个中国人、做一个现代中国人是要有条件的。“活教育”的目的就是要使受教育者具备这些条件。

第一，要具备健全的身体。他认为一个人身体的好坏，对于他的道德、学问及从事的事业有很大影响。中国人身体素质不好，一向被人讥笑为“东亚病夫”，因此具备健全的身体更为重要。

第二，要有建设的能力。当时中国“凡百俱废，急切需要的是各种建设”，而过去的教育培养的人不重视建设的能力，所以“活教育”重视建设的能力，“要把它培养起来”，以便适应国家建设的需要。

第三，要有创造的能力。他认为中国人本来具有很强的创造能力，无论是文化或制度，在古代的中国就已经很好，只是近几百年来因循苟且不知创造。“及至科举一兴，思想就格外受到束缚，一般文人学士，摇笔呐喊的能力本领虽有余，而创造的能力则不足。时至今日，我们亟须培养儿童这种创造能力”，他一向认为儿童本来就有很强的创造能力，只要善于启发诱导、教育和训练，创造能力是可以培养起来的。

第四，要有合作的态度。他认为中国人个性强，往往各自为政，在团体活动中，常缺乏合作的态度。“所以我们对于小朋友要从小就训练他们能合作团结，才能使他们配做一个新中国的主人翁”。

第五，要有服务的精神。他说：“如果我们训练的儿童，熟知各种知识和技能，可是不知服务，不知如何去帮助人，那这种教育可以说全无意义。”他认为“活教育”的目的，就是要教育儿童知道应该帮助别人，知道为大众服务，具备服务的精神。

2. “活教育”的课程

陈鹤琴批评旧教育是“死教育”，课程是固定的，教材是呆板的，不问儿童是否了解，不管与时令是否适合，只是一节一节课的教，这样的教育只能培养“书呆子”。“活教育”则反其道而行之，要向大自然+大社会学习。他说，“大自然，大社会，都是活教材”，“活教育的课程是把大自然+大社会做出发点，让学生直接向它们去学习”。

陈鹤琴提出了适合我国国情的幼稚园课程编制应遵循的十大原则：①课程的民族性；②课程的科学性；③课程的大众性；④课程的儿童性；⑤课程的连续发展性；⑥课程的现实性；⑦课程的适合性；⑧课程的教育性；⑨课程的陶冶性；⑩课程的言语性。陈鹤琴修订并形成了新的课程结构：节日、五爱教育、气候、动物、植物、工业、农业、儿童玩具、儿童卫生。陈鹤琴还提出了三个具体的课程编制方法：圆周法、直进法和混合法。

他认为“大自然+大社会”才是活的书，直接的书；而书本上的知识却是死的书，间接的书。活的书比死的书要好，直接的书比间接的书要好。间接的书本知识只能当作学习的副工具，普通话、常识、算术都是副工具，它们只能作为“活的书”的一种补充。所以他说：“现在我们在这里主张大家去向大自然+大社会学习，就是希望大家能把过去‘书本万能’的错误观念抛弃，去向活的直接的知识宝库探讨研究。”

他的“活教育”课程大致有五类，亦即所谓的“五指活动”，具体为：儿童健康活动(包括体育、卫生等学科)；儿童社会活动(包括史地、公民、常识等学科)；儿童自然活动(包括动、植、矿、理化、算术等学科)；儿童艺术活动(包括音乐、图画、工艺等学科)；儿童文学活动 (包括读、作、写、说等学科)。

3. “活教育”的方法

陈鹤琴在对学前儿童心理和教育长期研究的基础上，提出了适合学前儿童发展的课程组织法，即“整个教学法”。陈鹤琴认为，“整个教学法，就是把儿童所应该学习的东西整个地、有系统地去教儿童学。”因为学前儿童的生活和发展都是整体的，外界环境的作用也是以整体的方式对儿童产生影响的，所以为儿童设计的课程也必须是整个的、互相联系的，而不能是相互割裂的。具体化后即为游戏法，同时要照顾儿童不同的发展水平，而采用小团体式教学。

“活教育”的教学不重视班级授课制，而重视室外活动，着重于生活的体验，以实物为研究对象，以书籍为辅佐的参考。即注重直接经验，不重视间接知识。“活教育”把直接经验当作人们进步的最大动力。所以“活教育”的教学过程分为四个步骤：第一是实验观察，第二是阅读参考，第三是发表创作，第四是批评研讨。要求每个学生准备一个工作簿，在工作簿上编他自己的教材。教师的责任是：引发、供给、指导、欣赏。

“活教育”根据儿童生活的需要及儿童的学习兴趣，组织儿童活动场所。在第一阶段是小动物园、小花园、小游艺场、小工场、小图书馆；在第二阶段是小动物园、小农场、小社会、小美术馆、小游戏场；在第三阶段是儿童工场、儿童家场、儿童科学馆、儿童世界、儿童艺术馆、儿童运动场、儿童服务团。以上是在校内组织“活教育”的方式，校外大自然+大社会则是更为重要的活动场所。

陈鹤琴提出了方法论和十七条教学原则。虽然已经过去很久了，但是对于我们的教学仍然有指导和借鉴的意义。方法论是：“做中教，做中学，做中求进步。”十七条教学原则如下。

(1) 凡儿童自己能够做的，应当让他自己做。

(2) 凡儿童自己能够想的，应当让他自己想。

(3) 你要儿童怎样做，你应当教儿童怎样学。

(4) 鼓励儿童去发现他自己的世界。

(5) 积极的鼓励胜于消极的制裁。

(6) 大自然、大社会是我们的活教材。

(7) 采用比较教学法。

(8) 用比赛的方法来提高学习的效率。

(9) 积极的暗示胜于消极的命令。

(10) 采用替代教学法。

(11) 注意环境，利用环境。

(12) 分组学习，共同研究。

(13) 教学游戏化。

(14) 教学故事化。

(15) 教师教教师。

(16) 儿童教儿童。

(17) 精密观察。

以上“活教育”的三大纲领是针对旧中国旧教育传统的弊病提出的。他认为旧中国的教育制度是抄袭外国的，空谈理论，教学脱节，读死书，读书死，书本至上，不求进步，学生缺乏创造性，没有“动手”的能力。因此他提出了“活教育”的思想体系，在当时是有积极意义和进步意义的。

拓展阅读

蒙台梭利经典语录

(1) 母亲和幼教老师所产生的爱，近乎神。

(2) 人类的高贵来自你就是你，你不是别人的复制品。

(3) 反复练习是儿童的智力体操。

(4) 儿童不会自己判断自己，他是以别人对他的态度来判断自己的。

(5) 儿童通过自立获得身体的独立；通过自由地使用其选择能力获得意志上的独立；通过没有干扰的独立工作获得思想上的独立。

(6) 生命的纪律是秩序；智力的纪律是专注；行为的纪律是顺从。

(7) 成人应该敬畏儿童。

(8) 只要准备一个自由的环境来配合儿童生命的发展阶段，孩子们的精神与秘密便会自发地显现出来了。

(9) 我们现在看到的最错误的想法便是以为身体活动就只是身体活动而已，以为它不具有更高层次的功能，其实，心智的发展必然和身体动作相配合，而且是相互依赖存在的。

(10) 成人无法直接帮助儿童形成自己，因为那是自然而成的工作；但是成人必须懂得细心地尊重这个目标的实现，也就是提供儿童形成自己所必要的而他自己却无法取得的材料。

(11) 我看见了，我忘记了。我听到了，我记住了。我做过了，我理解了。

本章小结

《3～6 岁儿童学习与发展指南》中科学领域的目标指出：幼儿的科学学习是幼儿在解决实际问题的过程中，尝试发现事物间的异同和联系的过程。幼儿在对自然事物的科学探究和运用数学解决实际生活问题的过程中，不仅获得了丰富的感性经验，充分发展形象思维，而且在感知具体事物基础上初步尝试归类、排序、概括、抽象，逐步发展逻辑思维能力，为其他领域的深入学习奠定了基础。

那么，幼儿园要开展科学实验是离不开理论基础的。不管是心理学基础，还是教育学基础，都是教育工作者和研究者必须掌握的知识，必须高度重视。

推荐阅读

[1] 王莉娅，麦少美. 中外学前教育史. 北京：高等教育出版社，2006.

[2] 刘金花. 儿童发展心理学. 上海：华东师范大学出版社，1997.

[3] 福禄贝尔. 人的教育. 孙祖复，译. 北京：人民教育出版社，1991.

[4] 桑标. 儿童发展心理学. 北京：高等教育出版社，2009.
[5] 王晓明. 教育心理学. 北京：北京大学出版社，2015.

思考与练习

一、名词解释

最近发展区　　抛锚式教学　　陈鹤琴“活教育”

二、简答题

1. 蒙台梭利的教育理论有哪些？
2. 行为主义学派有哪些理论？
3. 简述夸美纽斯的教育理论是什么。
4. 简述埃里克森人格发展 8 个阶段是什么。

三、论述题

1. 福禄贝尔的教育思想对今后的教育有何启示？
2. 请结合实际阐述皮亚杰对当下教育教学的影响。

第二章　幼儿园开展科学实验的理论基础.pptx

在科学上最好的助手是自己的头脑，而不是别的东西。

——法布尔(法国)

第三章　幼儿园科学实验过程技能

本章学习目标

- 了解科学实验过程技能，包括基本技能和综合技能。
- 掌握观察、推断、预测、分类、测量的基本方法。
- 简单学会确认变量、制表作图，假设、分析论证等实验方法和技能。

核心概念

科学实验过程技能(scientific experimental process skills)　基本技能(basic skills)　综合技能(comprehensive skills)　观察(observe)　推断与预测(infer and predict)　分类(classify)　测量(measure)　确认变量(confirm variable)　制表作图(draw charts)　假设(hypothesis)　实验论证(experimental argumentation)　分析结论(analyze conclusion)

引导案例

沉与浮

幼儿园中班科学实验，教师为幼儿提供了各种物品，如鹅卵石、瓶盖、小铁球、泡沫塑料块、皮筋、糖纸、乒乓球等，引导幼儿先用各种感知方法猜测哪些物体能够浮在水面上，哪些物体沉到水底下，并将自己的猜测记录下来。当孩子们猜测结束后，他们最急于做的事就是找来水进行验证。当他们发现自己的猜测与验证不一致时孩子们表现得非常兴奋。欢欢自豪地说："老师，我说瓶盖会沉到水底，亮亮说瓶盖会浮在水面上，结果经过验证我猜对了！"亮亮不服气地说："瓶盖是进了水才沉下去的！"在孩子们意犹未尽、兴趣盎然的时候，活动结束了，在活动延伸部分，为孩子们提出了新的探索内容：如何让沉下水的物体浮上来，让浮起来的物体沉下去，引申了活动内容。

案例分析

本案例教师备课时要开动脑筋，在材料投放上，充分考虑了材料的可变性，如：瓶盖(不进水时浮在水上面，进水以后可以沉到水底)。又如：沉在水底的铁球，坐着“瓶盖小船”就可以浮起来。通过操作可变性材料，增强了幼儿的探究兴趣。在活动形式上，教师充分考虑了幼儿的参与性与合作性。例如：幼儿自愿结合两人一组，由于活动空间宽松，使幼儿能够合作投入做实验，互不干扰，在获得知识的同时，合作、商讨、谦让意识也得到增强。在活动指导中，教师注意自身的参与性，与幼儿融为一体，成为幼儿实验的伙伴，对幼儿的提问、需要及时回答并给予帮助，针对幼儿的发现及时引申实验内容，引导幼儿积极投入地参与实验游戏，在玩中培养幼儿科学实验的最基本的思维方法与操作技能。

学习指导

本章重点介绍幼儿园科学实验过程必须具备的一些最基本的思维方法与操作技能，包括基本技能：观察，推断与预测，分类，测量；综合技能：确认变量，制表作图，假设，实验论证，分析结论。综合科学实验技能并不是完全独立于基本过程技能，它们是基本实验技能的发展，也是基本实验技能的综合应用。

第一节　观　　察

一、观察及观察的特点

观察是幼儿认识世界，获得知识的重要途径。幼儿的观察认识活动就是以观察为主要认知手段，让幼儿探索客观事物、现象的特征，发展幼儿的科学认知、培养科学情感、形成科学态度、训练科学方法的一种科学启蒙教育活动。观察是科学探究的开始，是外界信息输入的窗口。中国伟大地质学家李四光说“观察是得到知识的一个首要步骤”。巴甫洛夫的座右铭是“观察，观察，再观察”。通过观察，科学家获得大量感性材料，为下一步科学探究打下基础，进而掌握规律性的知识。

(一)观察的概念

观察是借助于人的各种感觉器官对周围环境有意识地进行感知。观察的一个很重要的特征是必须完全依赖于人的某一种感官，譬如我们说玫瑰花是红的(视觉)、自来水是凉的(触觉)，西瓜是甜的(味觉)，等等。一般讲观察借助于的感觉器官有 5 种——视觉、触觉、味觉、听觉、嗅觉。严格来讲，人的感官不止这 5 种，如人的平衡感，肌肉抽拉感，压力感，方向感等，但视觉、听觉、味觉、嗅觉、触觉，尤其是对幼儿园阶段的儿童是最基本的感觉。

观察可分为定量观察与定性观察，定量观察是借助测量工具并用数字表述观察结果，例如一元钱硬币厚度为 2mm，一个 1 岁小朋友身高 75cm，一支铅笔直径是 10mm，等等。定性观察是仅对事物的特征进行描述。幼儿在日常生活中大量的观察是定性观察。我们在发展幼儿定性观察的基础上要同时努力发展他们的定量分析的技能。观察不仅是推断与预测的依据，更是整个科学实验技能发展的基础。幼儿对外部世界的观察远早于开口说话，但对如何全面、有目的、仔细地来感知世界仍需大量细微而持久的培养。

(二)幼儿观察的特点

1. 缺乏稳定性

由于幼儿神经系统还不够发达，幼儿一般很少会自觉地为某一目的而进行观察，常容易受到无关事物和细节影响，被自己所喜欢的、感兴趣的物品所吸引。3～4 岁儿童一般会在观察过程之中忘掉观察任务，4～6 岁儿童观察的目的性有所提高。

教师可以给孩子提出一些具体的观察目标，任务描述得越具体，孩子观察的目的越明确，观察的效果就越好。

2. 持续时间短

幼儿的观察时间，受幼儿对观察物品喜爱程度的影响，但随着年龄增加，稍有改善。在一个实验中，3 岁左右的幼儿持续观察图片的时间只有五六分钟，随着年龄的增长，时间会有所延长，6 岁时大约能达到 12 分钟。对于他们不感兴趣的对象，观察时间会更短，有时不到一两分钟。

教师要尽可能选择能引起他们足够兴趣的观察对象，或者选择的观察对象要在某一方面具有显著特点，易于训练幼儿的观察能力。

3. 缺乏系统性和概括性

幼儿不善于将观察的对象整体与局部间、局部与局部间相联系，只能得到所看见的单一部分。幼儿的观察从最初的杂乱无章逐渐发展成为有组织、有系统的综合的知觉过程。科学家通过研究发现，3 岁幼儿在观察图形时，其眼球运动的轨迹是杂乱的，4～5 岁幼儿的眼动轨迹越来越符合图形的轮廓，可见，幼儿在观察物体时尚缺乏系统性；同时，幼儿观察时往往也发现不了事物之间的内在联系和本质特征，缺乏概括性。

教师可以教给孩子一些有效观察的方法，引导孩子遵循一定的规律和线索，更有效地观察事物，比如在寻找两幅图画的不同点时，可以引导孩子遵循一定的方位顺序来观察并做适当标记，而不要毫无顺序地胡乱比较。小班儿童不善于从整个事物中发现内在联系，即系统性较差，但随着年龄增长，会有所提高。

4. 不够独立、盲目随从

儿童观察时容易受同伴和老师的影响，缺乏独立性，有时所表达的内容自己都无法理解，会盲目地跟随他人的观点，盲目重复。

教师要鼓励幼儿大胆说出自己的观察结果，及时表扬，要引导幼儿敢于发表与众不同的观点，说出别人没发现的地方。

二、培养幼儿良好的观察习惯

从小有意识地培养幼儿良好的观察习惯是十分重要的。良好的观察习惯包括以下几项。

(一)观察的客观性

科学必须以客观事实为基础来探索事物客观规律。任何观察结果都应直接来源于人的感官，不能渗入任何个人主观的判断，“求实，客观”是培养科学实验过程技能的基础，更是科学精神的精髓。而且观察结果的客观性与正确性，尤其对定量观察不仅直接关系到科学实验的方向，在很大程度上更关联到实验的成功与否。教师在科学教育教学活动中培养幼儿的观察、实验、动手能力，都来源于实践，必须从小教会幼儿尊重客观事实。

在引导幼儿观察时，力求让幼儿的多种感觉器官参与认识活动，培养观察兴趣。教师还可用自己的情感和语言来感染幼儿，教会他们客观表达自己的所见所闻。如观察水果时，可以让幼儿用眼睛看、用手摸、用口尝，从而认识各种水果的形状、颜色和味道，用自己的语言如实描绘出来。

幼儿园教师要积极主动地为幼儿提供一些观察条件，可在幼儿园增设自然角、种植园地，设置科学发现室、图片展览等，也可以带幼儿到大自然中去，认识大千世界，亲眼看看破土而出的各种各样的禾苗与小草，亲耳听听优美动听的蝉鸣鸟叫，亲手摸摸饱满飘香的麦粒谷穗，亲口尝尝凉而爽口的雪花冰块，从而认识春夏秋冬四季。带幼儿参观商场、动物园、公园，还可以按季节组织幼儿郊游，参加一些画展、花展等有趣的活动，让幼儿在实践活动中进行观察，提高观察能力。

(二)观察的全面性

观察事物不能只注重个别的“点”，要学会以点带面，把零碎的、看上去并无关联的孤立事情放在整体中去感知，教会幼儿有目的、全面、细致地观察。寓言故事“盲人摸象”就形象地表述了这个道理。教师要引导幼儿有目的、全面而细致地观察某一事物，必须遵循由近及远、由表及里、由局部到整体或由整体到局部，由明显特征到隐蔽特征的观察原则。如：观察大公鸡，可先引导幼儿观看鸡头、鸡身、鸡脚，以后再进一步观察公鸡和母鸡有什么异同，边看边引导，还可提出一些问题让幼儿回答，这样幼儿的观察力就会得到很大的提高。再如：观察苹果，如果学生可以同时使用味觉、嗅觉、视觉、听觉、触觉去感受，其观察效果显然比只使用一种感觉要强很多倍。更主要的是，幼儿能比较全面地、深刻地把握苹果的特性。教师应尽力为幼儿提供良好的环境和观察对象，训练幼儿观察的全面性。

(三)观察的持久性

在引导幼儿观察事物时，要帮助孩子了解观察的目的，鼓励孩子认真观察，不要轻易放弃，轻易离开被观察物。特别是幼儿自主观察能力低，更需要家长加以指导，鼓励孩子观察到的每一个新发现，从而能够坚持下去，达到观察的目的。学会能够有耐心、长期观察事物的发展与变化，而不是“走马观花”。

有价值的科学发现绝不可能只是一两次简单的观察结果。著名的科学家竺可桢几十年如一日地观察物候，记录各种植物花开花落的日期，他从24年(1950—1973年)的物候记录中发现了太阳黑子活动周期和植物花开花落等物候之间的关系。只有一丝不苟和持之以恒的科学态度才能有所收获。

伟大的科学家居里夫人为了发现放射性元素“镭”，亲自从10吨的沥青废渣中才提纯出10毫克的这种新物质。她的这种刻苦顽强、矢志不渝的科学精神为我们每一个人树立了光辉的榜样。

达尔文花了 5 年的时间，历经千难万阻，登荒岛，翻野岭，含辛茹苦详尽观察了世界各地千姿百态的奇花异草、千差万别的飞禽走兽，并在这基础上自己建立养殖园，经过近二十多年的科学实验写出了《物种起源》，对生物的进化提出了自己独特的见解。

(四)观察的敏锐性

对事物的发展要随时保持“警戒”的敏感心态，科学上的成功往往在于你能否把握住“稍纵即逝”的机遇。而且在观察时不要被一些表面现象所迷惑，要学会从最细小的深处去仔细观察。这往往是成功观察的关键所在。教师和家长都会给孩子讲牛顿从苹果下落的现象领悟出地球引力这个故事，而单摆定律的发现也有类似的故事：有一天伽利略坐在教堂里，看到从教堂屋顶悬下的吊灯随风左右摇摆。他发现吊灯的大小虽不同，但只要它们从屋顶悬下的长度相同，它们摆动的速度就是一样的。在这个基础上，他总结出了“单摆定律”。这个小故事同牛顿的苹果故事一样，揭示了敏锐的观察能力在科学实验中的重大意义。当然，这些优良的观察习惯也不是孤立的，它们往往是相互联系、互为因果的。譬如观察的客观性是一切观察习惯的基础。没有客观的观察，空谈观察的持久性、艰苦性或全面性是毫无意义的。又如，只有对事物进行细微的观察才能敏锐地抓住“稍纵即逝”的机会。

所以，我们在培养幼儿优良的观察习惯时，要注意各种心理品质的相互联系和全面发展。在培养孩子的观察力时，要切记保护孩子的好奇心。在幼儿被任何事物或物体吸引的时候，教师都应该因势利导，引导孩子仔细观察其被吸引物体或事物。无论孩子在观察什么，切忌粗暴打断，应避免不做任何解释引诱幼儿离开被吸引物。要引导幼儿把类似的事物进行对比来观察，通过比照，获取知识，然后加以印证，这样来激发孩子的观察兴趣，培养孩子的求知欲。随着幼儿的成长，要逐步培养幼儿自主观察的能力，并要求孩子能通过长期的观察，持之以恒，达到积累更多的知识的目的。

三、课堂中幼儿观察活动指导

小班观察认识活动参考案例

活动名称： 观察认识交通工具

活动目标： 1. 认识多种交通工具。

2. 了解各种车辆的用途。

3. 知道简单的交通规则。

活动准备：

1. 物质准备：PPT 课件。

2. 知识准备：幼儿认识马路上普遍的交通工具。

活动过程：

(一)谈话导入

师：小朋友们，今天早上你是坐什么车来幼儿园的呀？(幼儿自由回答)

师：除了刚才说的这些，马路上还有很多不同种类的车呢！我们一起来看看，好吗？

(二)认识多种交通工具及其用途

1. 出示警车图片，幼儿观察。

提问：

(1) 这是什么车？(警车)

(2) 它是什么颜色的？什么样子的？

(3) 警车是用来干吗的呢？(抓坏人)

2. 出示救护车图片，幼儿观察。

提问：

(1) 这是什么车？(救护车)

(2) 它是什么颜色的？什么样子的？

(3) 救护车是用来干吗的呢？(抢救病人)

3. 出示洒水车图片，幼儿观察。

提问：

(1) 这是什么车？(洒水车)

(2) 它是什么颜色的？什么样子的？(像下雨一样)

(3) 洒水车是用来干吗的呢？(向路面上洒水和冲洗马路，把马路上的灰尘洗掉，让空气变得清新)

4. 出示邮政车图片，幼儿观察。

提问：

(1) 这是什么车？(邮政车)

(2) 它是什么颜色的？什么样子的？

(3) 邮政车是用来干吗的呢？(运送信件)

5. 出示吊车图片，幼儿观察。

提问：

(1) 这是什么车？(吊车)

(2) 它是什么颜色的？什么样子的？(长长的手臂)

(3) 吊车是用来干吗的呢？(盖楼房时运重物的)

6. 再次观看图片，巩固对车辆的认识。

(三)猜谜游戏

师：小朋友们都很聪明，能认识各种各样的车。现在老师要换个方式考考你们，那就是我们来玩一个猜谜的游戏。请听清楚老师的题目，然后回答是什么车。明白了吗？

第一个：会向路面上洒水的，把马路洗干净的车是什么车？(洒水车)

第二个：有长长的手臂，能运重物的车是什么车？(吊车)

第三个：抓坏人的时候，警察会开来的是什么车？(警车)

第四个：有人生病了，可以救命的是什么车？(救护车)

第五个：可以送信、送邮件的是什么车？(邮政车)

(四)认识信号灯，学习简单的交通规则

各种各样的车都会给我们的生活带来许多方便。但是开车一定要注意安全，必须遵守交通规则。

出示交通标志：红绿灯，知道“红灯停，绿灯行，黄灯亮了等一等”。

(五)游戏结束

播放音乐《开汽车》，指导幼儿听音乐做游戏，巩固对红绿灯的认识。“小朋友们，今天老师指挥交通，你们都来当小司机，我们一起去马路上开汽车，好吗？”

第二节 推断与预测

一、推断与预测及其特点

推断是人们根据个人的经验和知识对观察结果的理解与解释。预测是对未来可能发生的事情做一定的假设和推断。推断是人们对外界事物的反应，是人思维活动的结果，它有很强的主观性，这是它与观察之间的本质区别。观察是看到的客观事实，观察有一定的专一性，比如看到太阳从东边升起、西边落下；而推断与预测却有多重性，譬如，你看到邻居家有搬家公司的人正在搬东西，我们可以推测“邻居要准备搬家了”“邻居家是不是要重新装修呢？”这些都是很合理的推测。推断与预测是科学探究中思维活动的开始，也是人们最基本的思维技能。帮助幼儿正确地掌握推断与预测技能是科学教育的根本任务，正确区分观察与推断之间的区别比较困难，需长期反复的练习。表 3-1 是这两者简单的比较。

表 3-1 观察与推断的比较

观 察	推 断
客观	主观
借助于感觉器官(利用视觉、听觉、嗅觉、味觉、触觉)	借助于个人的经验和知识
结果专一性	结果多重性

二、培养幼儿推断与预测中的技能

人的大脑发育是有规律可循的，当幼儿长到一定年龄的时候，他们的思维会逐步开阔，慢慢形成自己的意识。判断推理能力，是人所具备的一项重要技能，是需要教师正确教给孩子的，除了以上讲的要注意区分观察与推断之间的区别外，学龄前儿童的思维特点是具体形象性，抽象逻辑思维还处于萌芽状态。怎样针对这种特点培养孩子的判断推理能力呢？具体要把握好以下几点。

(一)扩大幼儿视野

要注意开阔孩子的眼界，不断丰富孩子的感性知识和经验，以促进孩子判断推理能力的发展。幼儿的生活经验狭窄，而思维的特点是具体形象性，所以，幼儿掌握概念，判断事物，必须从充分感知、获得经验、丰富表象入手。感知是认识的开端，脱离感知的语言讲授，是不可能使幼儿形成概念的。在日常生活中，教师要尽量创造条件，让孩子亲自看一看，听一听，摸一摸，尝一尝，闻一闻，玩一玩。从多方面去感知对象，从而比较全面地了解事物本质。例如，让孩子动手将水冻成冰块，并通过看、摸、拿、尝，放在水里，摔在地上等，多方面感知冰具有冷、滑、硬、透明、脆、能够浮在水面、遇热化成水等特征。

课堂案例：视听嗅味触实验(五组)

课堂实例 1　种子的观察(视觉)

把黄豆、花生等不同种子浸泡以后要幼儿观察种子，讲出植物种子三个基本组成部分，并比较各类种子的相同点与不同点。

课堂实例 2　“衣架上的座钟声”(听觉)

取一个钢丝衣架，把它系在一根绳子(或粗毛线，大约 80cm 长)的中间，两头分别缠绕在左右手的食指上，把两个食指塞住耳朵孔，弯下腰让衣架去撞击椅子或桌面。你会听到意想不到的清脆悦耳的座钟声。这也说明了声音在固体上的传播速度和效率大于在空气中的传播速度和效率。

课堂实例 3　“你吃的是什么东西”(味觉与嗅觉)

把幼儿分成两组。第一组要求幼儿蒙上眼睛，给他们吃一些平常吃的东西，如苹果、梨、芹菜等。第二组幼儿也同样蒙上眼睛，也给他们吃一些平时常吃的东西，但在吃的时候必须捏住鼻子，然后比较两组学生猜对的概率。幼儿会很有趣地发现，捏住鼻子小组猜对的概率要小。这说明嗅觉在人们进食时的作用。这个实验也说明多种感知觉的共同作用。这也是人在伤风塞鼻时吃东西无味的原因。

课堂实例 4　舌部的味觉区(味觉)

准备两小杯水，一杯加入糖，一杯加入盐，让学生用棉花秆两头蘸不同的溶液，放在舌头的不同区域，体会舌部不同区域对甜咸敏感度的不同。

课堂实例 5　“你能猜出袋里是什么东西吗？”(触觉)

在一个布袋中放入不同物品，学生事先不知道是什么东西，要求幼儿仅凭手的感觉来讲出物品的名称。这个实验可在不同组中同时进行，规定时间看哪一小组能正确讲出物品的名称多。

(二)引导幼儿认识事物间的简单联系

任何事物本身都有着一定的逻辑结构。这是由事物内在联系所决定的。因此，逻辑思维是事物自身的逻辑性在人类头脑中的反映。幼儿借助表象进行的“原始”逻辑思维也同样是事物自身的逻辑性在幼儿头脑中的反映。幼儿在与客观事物相互作用、相互联系，对事物进行观察、认识的过程中，不断改造、重组头脑中的原有的经验模式。通过这种“改造”和“重组”建立起新“模式”，产生新“结论”的过程正是判断、推理的过程，其目的是使认识顺应客观现实的内在逻辑性。根据幼儿心理发展水平，帮助幼儿认识事物间的联系，重点应是认识事物间的直接因果关系。间接关系和其他非因果关系由于其推理层次较多，从一个判断到最后一个结论性判断需要经历较复杂的思维程式，难度也较大。而直接因果关系在事物间千丝万缕的联系和错综复杂的关系中，是最明显、最直接、最适合幼儿观察和认识的。例如：树木的变化与四季变化的关系、地球转动与日升日落的关系、声音与物体的关系、物体数量与重量的关系等。对于幼儿来说，把握了因果关系，也就把握住了客观事物发展、变化和相互作用的基本关系，这是认识事物间联系的十分重要的一步。认识事物间的联系，首先，成人要善于引导幼儿去观察。陈鹤琴先生曾说：“观察是获得知识的基本方法，而精密的观察则是开启真理宝藏的钥匙，握着这把钥匙，我们便能接近科学的真理。”其实，在敏锐的观察力背后起支撑物作用的往往是正确的判断力。其次，成人要善于运用语言指导。语言指导对幼儿的认识活动起着导向、促进和调整作用。再次，成人要适时地帮助幼儿进行总结、概括，引导其得出正确的结论。从而帮助幼儿建立起一种基本观念，即有原因必有结果，有结果必有原因。

虽然推断与预测是人们主观思维活动的结果，但这并不是说你可以漫无边际地猜测与想象。推断的结果必须是以观察结果为依据的。推断一般是以人们过去的生活经验和知识为出发点对观察结果的解释与理解。显然，如果过去经验和知识不足(儿童的致命弱点)，或所依据的经验是错误的，必将导致不合理的推断。教师要注意引导幼儿进行观察比较训练，了解事物之间鲜明的本质区别，以锻炼幼儿的分辨能力。比较是区别事物异同的过程，是归纳分类的前提。教师要引导幼儿比较事物的差异，以突出事物的鲜明特征；比较事物的相同点，以归纳事物的共性。这两者相辅相成，从而更加鲜明地突出事物的本质，有效地促进幼儿正确概念的形成。

(三)帮助幼儿掌握日常基本概念

概念是思维的“细胞”，有了概念才能进行判断和推理，并在此基础上进一步获得知识，发展多种能力。由于概念与语词有密切联系，而且必须借助语词来表达和巩固，语词意义不断深化的过程，也是概念不断扩大和深化的过程。因此，帮助幼儿掌握日常基本概念，要对幼儿进行语词训练。语词训练的目的不仅是达到准确地发音、流畅地表达，重要的是通过语词的学习和应用去掌握概念——语词的实际含义。《儿童右脑智力开发》一书的作者品川嘉也说：“语言这东西就是这样，脱离开概念，无论怎样学，用的时候，也不易随心所欲，得心应手。”现实生活中，许多教师和幼儿家长往往单纯地把幼儿语言表达是否流畅，是否会讲许多话作为衡量幼儿智能发展水平的指标，甚至盲目陶醉于幼儿能背多少诗和顺口溜等。然而问题的关键不是看幼儿能说多少话，而是看幼儿能理解多少话。

事实上，幼儿会说的，不一定都理解；不会说的，不一定就不理解。这一点应当引起幼儿教师和家长们的足够重视，否则将顾此失彼，得不偿失。在语词训练中应当坚持一个原则，即形象、直观。法国哲学家卢梭曾说：“在达到理智的年龄前，孩子不能接受抽象的观念，而只能接受形象。”因此，在帮助幼儿掌握概念时，应尽量借助于具体、生动、直观的形象。例如，有个孩子问妈妈什么叫“飘落”，妈妈取来一张小纸片，抛向空中，指着缓缓飘落的纸片对孩子说：“你瞧，这就是飘落”，孩子马上说：“树叶、毛毛也会飘落。”幼儿就是这样通过具体、直观形象的事物掌握概念的。这种直观形象的教育方法还可以巧妙地运用在对幼儿进行的行为准则、道德规范的教育中。诸如，什么是“文明”，什么叫“友爱”，等等。幼儿在与具体、直观、形象的事物千百次接触中，不但理解了抽象的概念，而且逐步学会了由具体到一般的概括方法，也为进一步发展判断、推理能力奠定了基础。

注意锻炼提高孩子口头语言的表达能力，帮助孩子用词语来概括总结事物。认识事物的本质之后，还必须引导孩子用词语加以概括，使孩子将零散的表象整理成概念，从而更加明确概念。

例如，种子发芽的实验，便要帮助孩子用词语加以总结概括：“种子发芽需要水、空气和适当的温度。”只有帮助幼儿掌握了一定数量的概念，才能进行抽象逻辑思维，提高幼儿的判断推理能力。

(四)推断也是“学习”的过程

推断不仅取决于观察结果，而且也取决于幼儿已有的经验和知识。因此推断就是一个“学习”过程。

教师在科学课堂实验中，要用问题及讲解有意识将“老”的经验及知识与“新”的经验有机地联系起来，使幼儿在积累新的经验与理解新的知识时更容易。引导孩子多做运用概念的练习，锻炼提高幼儿的正确判断推理能力。运用是真正掌握的标志，教师应经常因势利导地给幼儿提出一些问题，让他们思考和回答。

例如，带幼儿户外活动时，天气阴了，教师可问：“你看看天能不能下雨？”如果观察不出，借此机会告诉他：“像今天，天阴得厉害，蜻蜓飞得又很低，会下大雨。”让幼儿找找下雨前的征候，如蚂蚁是不是在搬家，水管子外面是不是有水珠，等等。此外，还要经常给幼儿布置一些任务，让他设法解决。例如做“看图改错”的游戏，叫幼儿指出其中不符合情理的错误，这是锻炼提高幼儿判断推理能力的好方法。

判断、推理能力，是保证思维活动的效率以及顺利完成思维活动的个性心理特征，是逻辑思维能力的构成要素。在传统的幼儿教育中，人们较为注重对幼儿的记忆、观察、想象、语言表达等能力的培养和训练。这固然十分必要。但遗憾的是这种培养、训练往往过于表层化、简单化，始终在一种常识的层面上徘徊。一些教师和幼儿家长过于注意幼儿思维的直观形象性，以为在此阶段，幼儿只有被动识别事物、机械反映事物的能力，或误认为，判断、推理属纯抽象逻辑思维范畴，没有意识到抽象思维需要逻辑，而直观形象思维也同样需要逻辑。成人对幼儿思维能力认识的过分僵化，导致了对幼儿思维能力的低估，从而忽视了幼儿的能动认识、理解事物的能力——借助表象进行简单的逻辑思维的能力。心理学的研究已经证实，没有逻辑的思维是不存在的，只不过不同水平的思维其逻辑形式化、规则化的水平不同。有的有完整的逻辑形式，有的没有完整的逻辑形式；有的符合逻辑规则，有的不符合逻辑规则。另外，即使所谓“真正的逻辑思维”也不可能在幼儿的某个年龄段突然产生，它必是一个由量变到质变，由简单到复杂的渐进过程。行为主义学派认为，人后天学习所获得的是一系列的条件反射(也称习惯)，认知学派认为学习的结果是认知结构的变化，但从我们的角度看，无论幼儿获得了什么，均为判断、推理能力的形成与发展奠定了基础。

(五)训练幼儿动手操作，解决实际问题

英国科学家德·波诺(Edward de Bono，生于 1933 年)认为：思维是人脑的一种技能，就像手的操作是人手的技能一样，通过一定的训练，思维能力就能得到提高。幼儿的大脑通过实践活动和言语活动获得丰富的信息后，会以一定的方式加以处理，而处理信息的方式是与一定的思维结构有关的；一定阶段的幼儿在实践中产生一定的认知，形成一定的思维结构；这种思维结构是可变的，它与外界新对象、新信息之间存在着不断的同化与顺应的矛盾，正是这个矛盾不断地推动着幼儿思维的发展。幼儿在千百次实践中发展着对客观事物的认识、判断和推理能力，经过千百次实践，他才终于明白：小块积木在上，大块积木在下，将更加稳固，并渐渐学会以此进行类推，解决各种相似问题。我们的任务就是让幼儿“学会”这种类推，无数类推的积累将在幼儿头脑中逐步建立起相应的认知结构，成为构筑幼儿思维大厦的一块块基石。列宁说：“人的实践经过千百万次重复，它在人的意识中以逻辑的格固定下来。这些格正是而且只是由千百万次的重复才有着先入之见的巩固性和公理的性质。”幼儿思维发展过程从某种意义上说，正是人类思维演进历程的“重演”。让幼儿亲自动手操作，解决实际问题，既可以是一种在成人指导下的，有计划、有目的的

实践活动，也可以是幼儿以游戏方式自主进行的实践活动。但无论是哪一种活动，成人都应该为其提供必要的条件和环境。这些实践活动应当成为幼儿教育的主要途径，其意义不仅在于发展幼儿的动作系统，提高其手、眼、脑的协调性，同时还在于促使他们将实践成果以“逻辑的格固定下来”。我们不可能直接去构筑幼儿的思维大厦，但我们却可为幼儿构筑思维大厦创造必要的条件，帮助幼儿获得哪怕是最简单的判断、推理能力，使他们那种只能借助表象进行的，然而，却往往被人们忽视的最简单的逻辑思维能力得到及时、充分的发展；同时也为幼儿教育寻觅一个新的着眼点，这便是我们的任务所在。

三、课堂中幼儿推断与预测活动指导

大班观察认识活动参考案例

活动题目： 神秘的足印

活动目标： (1) 帮助幼儿认识观察与推断的区别。

(2) 帮助幼儿认识到相同的观察数据可能导致多种合理的推断。

材料准备： PPT(见图 3-1～图 3-3)

图 3-1 案例材料(PPT 图片之一)

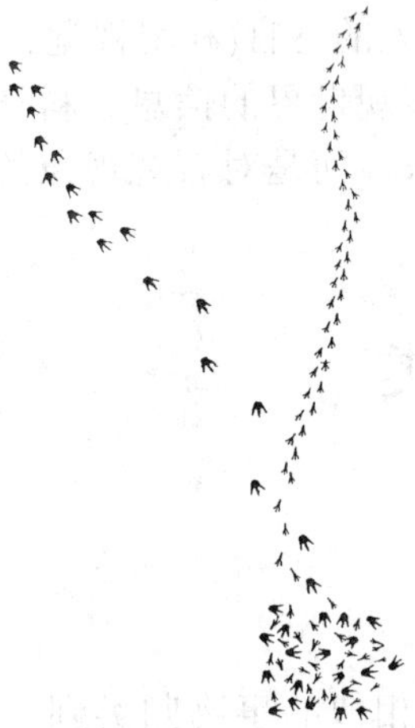

图 3-2 案例材料(PPT 图片之二)

图 3-3 案例材料(PPT 图片之三)

活动过程:

(1) 教师展现第一幅图片(见图 3-1)，然后问幼儿：“你观察到了什么？”孩子们可能会回答：“鸟(或其他动物)的足印”或“两只鸟(或其他动物)互相走近留下的足印”，等等。接受所有的答案并在黑板上列出。

(2) 继续“鸟的足印”的故事，教师问孩子们：“你能看见鸟吗？”或“你怎么知道这是鸟留下的足印？”因为无人能在此时观察到鸟的踪影，所以“鸟的足印”只是一种推理而非观察。让幼儿如实地记下“观察”的结果。可接受的答案如：“图片上有两行不同形状和大小的黑印记。”正是因为它们很像我们熟悉的鸟的足迹，于是我们推断这些黑印记为鸟的足印。这些印记也完全可能是任何一种不知名的动物或“恐龙”留下的，可能是两种不同的动物，也可能是两只不同年龄的同种动物(孩子与父亲或母亲)。甚至连“大个动物留下较大的足印”一说也仅是推理而已。重要的是告诫学生如何区分科学观察与推理。

(3) 教师可以继续追问幼儿：“这两只动物为什么走向同一地点？”幼儿可能会回答：两只动物可能因为发现了同一水源，也可能动物甲攻击动物乙，或者是幼年动物与成年动物(父或母)相互走近……

再次强调对同一问题(“这里曾经发生了什么？”)存在多种同样可能的推理或解释。

(4) 教师将第二幅图片(见图 3-2)置于投影仪上，然后问幼儿：“你观察到了什么？”有的孩子可能会回答：“两行黑印记看起来渐渐靠近并混合在一起”，这属于一种观察。有的孩子则可能说：“两只鸟打起来了”，这属于一种推理。教师应指出观察与推理的区别，同时提出其他同等合理的可能性。

(5) 最后，教师将第三幅图片(见图 3-3)置于投影仪上并问孩子们观察到了什么。这时孩子应能较轻松地区分观察与推理的差别，一种典型的回答可能是：“只有较大的黑印记留在图片上，较小的看不见了。”然后教师可继续追问：“你的推理是什么？”回答可能多种多样：如动物甲被动物乙吞食；动物甲飞走了，只留下动物乙；动物甲被动物乙背着行走；等等。就仅有的证据而言，这些推理都是合理的，人们无法肯定到底发生了什么，除非找到当时在场的“证人”。

总之，观察与推理是科学的基础。科学观察是指通过人的感官(利用视觉、听觉、味觉、嗅觉、触觉)或科学仪器(人的感官的延伸)而获得的关于客观世界的信息。科学推理则是对观察到的现象的解释。科学推理不是人脑凭空的任意想象，而是对客观现象的合乎逻辑推理的解释，同一现象可能有多种解释。

第三节 分　　类

一、分类及分类的特点

(一)分类的概念

分类(categorization or classification)就是把某些特征相似的事物归类到一起的科学方法。对事物进行分类后，它们之间的关系就会变得更加清晰。

现代认知心理学的专家强调，衡量儿童智力的一个很重要的指标是他的分类能力。幼儿学会分类对他将来在辩论、推理、形成数的概念方面有十分重大的意义。所以，为培养幼儿的思维方面的能力，教师要教会幼儿学会正确地分类。

(二)幼儿分类的特点

幼儿分类具有以下特点。

1. 能根据事物表面的和简单的特征进行分类

3 岁左右的幼儿会倾向于按照事物的表面特性进行分类，如把具有同样颜色或形状的物体放在一起，而不是把具有共同性质的物体归为一类。例如，幼儿会倾向于把苹果和皮球放在一起，而不是把苹果和香蕉放在一块，原因是苹果和皮球都是圆的。在知觉特征和概念特征同时存在的情况下，对于幼儿来说，知觉特征往往会成为占优势的分类标准。

2. 能根据事物内部特征来进行分类

随着年龄的增长以及分类经验的积累，幼儿能根据事物内部特征对事物进行抽象概括和分类，但脱离不了具体的情景或功用。4 岁以后幼儿一般能根据事物内部特征来进行分类。例如，有幼儿会把“飞机”和“火车”放在一起，显然他们是从两者的作用去分类的，当然也可能会有幼儿把“飞机”和“鸟”放在一起，因为“它们都有翅膀，都会飞”。在此，成人要特别注意不要简单地认为只有符合成人标准的分类才是对的。幼儿往往会根据自己的想法进行分类，分类的依据也会不断改变，因为幼儿分类标准的确定往往受其认知经验和生活经验的影响。例如，幼儿常常会把蜘蛛和蜘蛛网归为一类，而不会把蜘蛛和小甲虫归为一类，这是因为在日常生活中幼儿就是按照这种功能关系将有关事物联系在一起的。在功能关系和概念关系同时存在的情况下，功能关系往往会成为幼儿采用的占优势地位的分类标准。

3. 能够抽象出事物的多种属性或特征来分类

幼儿对分类多样性的理解需要经历一个过程，随着经验的积累，开始根据本质属性对事物进行分类，能够抽象出事物的多种属性或特征，但是他们对一个物体可以同时属于多个类别的理解较困难，如婴儿的手套既可以归为婴儿装，也可以归为冬装。对事物多种属性或特征的理解水平，往往要随着幼儿分类经验的不断积累和思维抽象性水平的不断提升才能慢慢得到提高。

二、幼儿常见分类的方法

科学研究中的分类有很多方法，适合幼儿特征的最基本的分类方法有三种：顺序排列法、集合法、配对和分组法。

(一)顺序排列法

顺序排列法就是把一些事物按照某一个属性，譬如按事物的大小、轻重、形状，按次序，依次排列。例如，老师按幼儿的身高从最高到最矮的顺序排列。顺序排列法比较简单，幼儿一般不会有太大的困难去理解，但有一点要特别注意的就是所划分的属性必须有统一的标准(最好是有统一的度量单位)。例如，再小的牛犊也要比最大的公鸡大，因此“大”“中等”“小”一般地说就不宜作为所划分的属性的标准。再如，我们在用顺序排列法来表述各个国家每平方米房价情况时，如果不用统一货币单位，这种排列显然是没多大意义的。顺序排列法最简单的表示方法就是通过箭头来表示。例如，我们把10个同学按他们高矮排列(厘米)。

(二)集合法

集合法就是按事物某一个或几个相类似的特点将被分物归纳到一起，这种分类法可以从小班开始训练。儿童在用“集合法”分类时，一开始总是注意事物的外部的相似之处，如形状、颜色、重量等。一般地说，从外表上将事物加以分类对学龄前儿童来讲并不是一件太困难的事，教师应注意引导他们从这种关注外部的相似之处转移到关注内部的相似之处，要有意识地引导他们将事物从内部加以分类。

大约 3 岁之前，幼儿对集合的感知是笼统模糊的，往往没有明显的集合界限，即在感知集合中的元素时尚不能精确判断其数量，对集合的范围和界限没有形成意识。例如，如果有人在一堆物体中拿走其中一个，他们往往不会有知觉。3 岁以后，幼儿通常能逐渐在集合的界限之内感知集合的整体。在这个时期，幼儿往往会关注集合中排在第一个和最后一个的物体，而对排列在中间的物体则较少关注。如让儿童在画有 5 个盘子的卡片上对应摆放苹果时，他们往往不会遗漏第一个和第五个盘子，可能会疏漏处于中间位置的盘子。同时，幼儿在分放物体的时候，往往习惯于用右手放右边的物体，用左手放左边的物体。同样，对于这个年龄阶段的幼儿来说，相比直线式排列的集合数图，他们更容易将空间封闭排列的集合数图作为一个集合来感知。

4 岁幼儿已能关注到集合中元素的数量问题，幼儿对集合数量从不精确的感知到精确数数是一个跨越。此时，幼儿已能通过点数等方式较正确地数出集合中元素的数量。此外，幼儿还能对一个集合中的元素与另一个集合中的元素进行比较，一一对应的能力也在这个阶段得到了发展。幼儿对于包含关系的理解往往要晚于相等关系。集合间的包含关系是关于整体与部分之间的关系，涉及对类包含观念的理解。相对而言，小年龄幼儿对全集和子集之间的类包含关系的理解存在一定的困难，如桌子上摆放着一盆花，有 4 朵白花、2 朵红花，如果问一个 4 岁左右的幼儿“花多还是白花多”，他很有可能会回答是白花多，因为在幼儿的头脑中尚不具备对花与白花之间的类包含关系的抽象理解。随着年龄的增长，幼儿对类包含关系的理解能力也在逐步发展。4 岁左右的幼儿还不能理解全集和子集的包含关系，5 岁儿童能初步理解，但准确率不高，5 岁以后，幼儿对类包含关系的理解能力会逐步发展与提高。

有研究表明孩子在 5 岁半左右已经开始有能力看出事物内在的相似之处。如果把各种图画分给这个年龄阶段的孩子，然后叫他们进行分类。他们一开始会把椅子、梯子、桌子和书架的图画归为一组，称为“家具”，把自行车、汽车和卡车都叫作“交通工具”或“人们乘坐的东西”。内在的相似之处由于它们反映的是各种数据、现象或事件的概念的内涵，就需要学生有比较高的概括和推理能力，在思维上处于一个更高的水平。更重要的是，它还为他们发展想象能力和创造能力提供了很好的机会。这实际上也是皮亚杰理论中从具体的形象思维到抽象逻辑思维的过渡，从更深的意义上讲这也是幼儿教育中发展幼儿思维能力的最根本的任务。

对事物进行分类的训练不仅有利于幼儿学会分析与综合，而且更有利于幼儿对概念进行迅速、深入、系统的理解。对于幼儿来说，他们不可能通过成人的“学术化”讲解去把握概念的内涵和外延。对事物的属性，幼儿只能通过实际、具体的操作活动去慢慢领悟。例如，“人”这个概念，所反映的当然不是人的高、矮、胖、瘦、黑、白等表面的东西，也舍弃了男、女、老、少的区别，只剩下区别于其他动物的特点，让幼儿进行这种抽象显然是不现实的。类似的思维活动如果不通过分类训练，那么就只能靠幼儿在漫长的生活岁月中去自发地慢慢发展了。而分类训练的突出特点在于它可以使幼儿迅速、深刻、系统地把握事物的本质属性，认识此事物与彼事物的异同，并将幼儿的概括活动同化于实际行为动作之中。

(三)配对和分组法

1. 让幼儿学会配对

配对训练本是训练幼儿能够“求同存异”，认知同类物品，帮助幼儿建立对一定的逻辑思维关系的认知。使用“有一定逻辑联系的内容”的卡片，例如“母鸡”和“鸡蛋”，“冰糕”和“冰箱”，“奶牛”和“牛奶”，“玉米粒”和“爆米花”等。大家一定明白了，这些物品都有着一定的逻辑联系，但是从外观看千差万别。卡片内容一开始需要幼儿认知完成，可以直接对幼儿说明。例如“鸡蛋是谁生的？”“冰糕放在哪里？”“爆米花是用什么做的？”等等，并且辅助幼儿进行“配对”。这个训练所用的卡片内容丰富，极易引起幼儿的兴趣。通过大量此类逻辑思维“配对”的练习，幼儿也将慢慢自主地思索如此“配对”的原理所在。接下来就是日常的泛化，例如“蝌蚪是青蛙生的”这种一开始难以理解的问题，也能够迎刃而解了。

2. 让幼儿学会分组

教师准备不同色彩、不同大小的小球，如大红球、大黄球、小红球、小黄球等混在一起，让幼儿进行区分(你也可以选择用黄色的乒乓球和白色的乒乓球)。

幼儿有时有自己的分类标准，他不一定按教师的想法去做。比如，有时按颜色分，还没弄完，又改成按大小分，分类的结果比较混乱。这个时候，教师可以教会宝宝，如何按统一标准进行分类。在只按颜色分类中，大小红球分一类，大小黄球又是另一类。按大小进行分类时，大的黄球和红球分一类，小的红球和黄球分成另一类。幼儿经过如此练习后，就懂得了“相同”与“不相同”，“一样”与“不一样”的道理。

当幼儿掌握了这样简单的分类，教师可以提升分类的难度，再加入第三种球，如白色的大球和小球，对分类的对象和数量进行增加，可以按大小、颜色的原则进行同时分类。教师甚至还可以备上不同大小、形状、颜色的纸板，如大小三角形、正方形、圆形，分别有黄、红、绿等颜色，或者使用纸板做成多种植物、动物模型，如花草、树木、瓜果、蔬菜等，让幼儿玩的时候，把图片混合打乱，根据教师给出的要求，让幼儿进行归类训练。例如，让幼儿对花草、树木、瓜果、蔬菜、几何图形等进行分类排队。这个熟练后，为提升幼儿的兴趣，可以让他玩更复杂的游戏，如在限定时间内挑出具有相同特征的图片，同时，教师也可以分组，让幼儿之间进行比赛，看谁能按照规则完成得又快又好，教师对比赛获胜的幼儿可以进行一定的精神或物质奖励。这样可以很好地锻炼幼儿的思维能力、条理性、灵活性、敏捷度等。

对小班幼儿可以让他们去分辨蔬菜和水果；对中班幼儿可以教他们哪些衣物是戴在身上的，哪些衣物是穿在身上的，对大班幼儿可教他们哪些动物是卵生的，哪些动物是胎生的，哪些动物是哺乳类。

总之，教师用心去寻找，分类练习可以是花样繁多的，还可以采用各类图片、画册、玩具、实物、游戏等训练幼儿的分类能力和思维能力。在分类中，你可以让幼儿大声说出自己心目中的分类标准，让幼儿知道自己哪种分类是合理的。对幼儿的分类能力训练可深入到生活的方方面面，可经常对幼儿提出日常生活中所遇到的、所涉及的问题，如手套、帽子、袜子、口罩有何相似之处，电脑、电视机、电话属哪一类，空气和水为何对人如此重要，等等，此类问题，可以让幼儿学会分辨和思考，学会仔细观察新事物，增加思维的敏捷性，同时在生活中增长很多技能和知识。

三、培养幼儿的分类能力

具体可采取以下方法来培养幼儿的分类能力。

1. 利用日常生活中的各种机会引导幼儿发现事物的共同特征，培养抽象概括能力

生活中有各种机会可以作为幼儿学习集合与分类的契机。在设计有关集合方面的数学活动时，教师应当联系幼儿的日常生活经验，以具体问题或情景为背景开展活动，而不是进行概念教学。例如，可利用“鞋子对对碰”“木偶在谁那儿”“抓鱼”“猜猜我是谁”等活动组织幼儿开展有关集合与分类的学习。首先，这类活动的材料需来源于幼儿的生活；其次，这类活动要分别聚焦于集合与分类核心经验的某个要点，但不必像集体教学活动那般结构化、系统化，要允许幼儿通过重复游戏慢慢体悟、逐渐提升。

总之，教师可以利用日常生活中的合适机会让幼儿开展有关集合与分类的学习：可以是随机性事件，也可以是教师预设的活动，还可以是幼儿自发的游戏活动，等等。

2. 根据幼儿不同的年龄特点开展适宜的集合与分类教学活动

一般来说，小班幼儿可要求他们按事物的外部特征或量的差异进行分类，因为这些特征比较容易被观察到，并且小班幼儿通常对事物特征的辨认先于归纳概括，因此，教师可以让小班幼儿先开展匹配活动，然后再进行分类活动。在设计活动方案时，教师应注意与幼儿的生活经验相联系。例如，在“熊来了”的集体教学活动中，教师请一名幼儿扮演大黑熊，当“大黑熊”走进森林时，教师发出指令，所有幼儿赶快回到各自的“家”，“女孩子(或戴帽子、穿皮鞋、扎辫子、戴眼镜的小朋友)请躲到红家”，“男孩子(或不戴帽子、穿运动鞋、不扎辫子、不戴眼镜的小朋友)躲到黄家”……最后，教师启发幼儿分别观察同一个家里的人都有哪些共同特征，可以提示幼儿仔细观察性别、衣着、饰品等外在特征。通过游戏活动，幼儿初步感知到，具有某些共同特征的对象可以形成一个集合。又如，集体活动“抢椅子”将一一对应的方法巧妙地结合在游戏情景中，幼儿可直观而具体地感受一一对应的方法，并借此比较两组物体的多、少或一样多。

比较是数学学习中最常用到的方法之一。对学前儿童而言，感知集合及其元素、学习分类、分析两个集合之间元素的一一对应及其关系都需要有比较的过程，因此，在设计有关集合与分类的数学活动时，可有意识地引导幼儿学习比较的方法。

当然，除了游戏，操作也有助于小班幼儿感知和学习集合与分类。教师应尽可能为小班幼儿提供人手一份的操作材料，并在活动中遵循以幼儿参与体验和操作为先，以教师归纳和提升为后的原则。

对中大班幼儿来说，分类活动的重点可以放在"按照几种特征来分类""按照事物内在的、物理的特性来分类"以及"感知集合间的包含或相等关系乃至两个集合间的交集、并集"等方面，随着幼儿经验的积累，也可以尝试引导幼儿学习同时按两种标准分类，如要幼儿找出既是红色又是木制的纽扣。例如，在集体教学活动"动物分家家"中，教师提供幼儿熟悉的各种动物(有陆生的、水生的、两栖的，还有鸟类等)卡片，帮助幼儿通过区分动物特征—归类—为不同类的动物命名—感受不同类动物的共同特征—感受交集动物等步步深入的活动，感受和理解交集的概念。

感知集合间的包含或相等关系以及两个集合间的交集、并集等概念对幼儿更好地理解集合概念以及学习数的组成和加减运算具有积极的意义。但幼儿理解集合间的抽象关系有一定的困难。因此，在教学中，重点是帮助幼儿感知，而不是直接讲解概念。无论是游戏还是操作，教师都可通过设疑或小结的方法帮助幼儿将感性经验上升为理性知识，这方面需要教师有目的、有计划地加以设计。

3. 教师提供可从多维度感知的操作材料，引导幼儿的分类学习

首先，教师可提供便于幼儿多维度感知的操作材料。例如，教师提供(也可和幼儿一起收集)大小、形状、颜色、材质、图案均不同的纽扣，启发幼儿思考讨论：这些纽扣中哪些是相同的，把它们挑出来。教师可引导幼儿仔细观察、比较，帮助幼儿找出共同点，引导幼儿正确分类。一般说来，可供多维度感知的材料需根据幼儿的实际能力有梯度地提供，小班幼儿适宜提供可从一个维度感知的材料，以后随着幼儿能力的提高，再酌情提供可从两个(或以上)维度感知的材料。

其次，在幼儿操作过程中，教师可分层提出学习要求，一般顺序为："找相同"(即在一堆材料中找出具有相同特征的材料)→"分类准备"(即匹配活动)→"自由分类"(需尝试说出理由)→"层级分类"(体验分类的多样性)→"交集分类"(即理解同一物品可按不同标准归入不同类别)。教师可以运用适宜的引导策略帮助幼儿明确分类标准，特别是对小年龄幼儿，可以运用"请你按照……来分类"之类的语言帮助他们找到分类标准。之后，可以鼓励幼儿自己确定分类标准。例如，小班区角活动"刺猬背果子"可侧重在"匹配"，中班区角活动"迷迷转"可侧重在"自由分类并说出理由"，大班区角活动"动物大世界"可侧重在"层级分类"，以帮助幼儿在渐进式的操作活动中不断积累经验，提升对集合与分类概念的认知水平。

值得一提的是，可用于分类的操作材料除了实物、图片之外，幼儿喜欢的绘本故事也可加以利用。如动物系列丛书《动物为什么有皮毛(耳朵、鼻子……)》，以及在夸张的故事情节中渗透了集合与分类思想的《毛毛虫的鞋》《粗糙的和光滑的》《三只熊》等，都可成为幼儿分类学习的材料，让幼儿在感兴趣的活动中主动探究和学习。

四、课堂中幼儿分类活动指导

(一)大班科学实验活动

活动题目： 垃圾哪里去了

活动目标：

1. 了解垃圾的危害，知道怎样进行垃圾分类，熟悉分类的方法。
2. 鼓励幼儿从自身做起，爱护身边的环境，将垃圾放在指定的地方。

活动准备：

1. PPT。
2. 塑料杯。

活动过程：

1. 了解垃圾的含义，知道它的危害。

(1) 了解垃圾的含义。

师：(出示垃圾图片)这是什么？什么是垃圾呢？

小结：垃圾是指没有用，准备扔掉的东西。

(2) 了解垃圾的危害。

师：你在哪里见过垃圾？你看到的垃圾是什么样的？能闻到什么气味吗？有垃圾的地方给人们的感觉是什么样的？垃圾对人类、动物、植物有什么影响？

小结：垃圾腐臭时会散发出难闻的气味，不仅破坏风景，侵占土地，使人们生活的地方越来越小，而且垃圾中还会滋生病毒、病菌，招惹蚊虫，让人生病。

2. 了解垃圾的来源，认识可回收标志。

(1) 了解垃圾的来源及处理办法。

师：哪些地方会产生垃圾？(工厂、菜场、餐馆、宾馆、办公室、家庭、超市等)

师：垃圾最后都跑到哪里去了？

小结：垃圾被倒入垃圾桶后，由环卫工人收集起来运走。大部分会被埋到填埋场，填埋场就是专门把垃圾倒入一个地方再用泥土把垃圾埋在里面。填埋场既占地方又不利于环境保护，有的垃圾送到焚化炉焚化，但焚化的时候会排出有害气体。

(2) 出示垃圾箱图片，认识可回收标志。

师：你见过这样的垃圾箱吗？为什么要把它分成几部分呢？

师：垃圾箱上面有什么标志？(可回收标志与不可回收标志)你觉得哪个是可回收标志？为什么呢？

小结：有些垃圾是可以回收利用的，因为它们是用大自然中宝贵的材料制成的。可回收垃圾就是收回来后经过加工还可以做成其他的东西。

(3) 出示实物垃圾的图片，了解垃圾的分类。

师：你知道我们的生活中哪些垃圾是可以回收再利用的吗？为什么？

师：(出示垃圾图片)老师这里有一些垃圾，你知道该怎么进行分类吗？(先请一些幼儿进行初步的分类)

(4) 出示垃圾分类的标志。

师：刚刚我们进行了初步的分类，这些都是可回收利用的垃圾，有可乐罐、旧报纸、汽水瓶、橡胶等这么多类型，老师这里还设计了分类标志，我们一起来看看。

金属：这一类可回收物有可乐瓶、易拉罐、废铁等。回收后送到工厂，可以再生为各种金属物品。

纸张：利用旧报纸、包装盒、纸盒等做原料可以制成各种餐巾纸、纸盒等。

玻璃：汽水瓶、酒瓶等玻璃瓶经过清洗、消毒后可以重复使用。

塑料、橡胶：如塑料制的酸奶瓶、废轮胎等经过加工可以制成其他塑料、橡胶制品。

小结：回收利用废物可以节约能源，废物回收利用得越多，送往填埋场的垃圾就越少，把可再生利用的废品送到回收中心，可以减少污染，为环保出一份力。

3. 激发幼儿爱护环境的情感。

(1) 进行实验。

师：为什么说不能乱丢垃圾呢？(幼儿自由回答)

小结：因为有的垃圾丢在地上不会腐烂在泥土里，这样就占去了土地。

师：老师这里有几个塑料杯，我们将塑料瓶盖、玻璃、弹球、铁钉、糖纸、香蕉皮、废菜叶、树叶分别放入塑料杯中装好泥土，我们每天观察，过段时间再来看看哪些东西腐烂了，哪些东西没腐烂。待会儿下课后我们把塑料杯放到自然区角去。

(2) 活动延伸。

师：小朋友回家后和爸爸妈妈讨论，日常生活中哪些东西是由垃圾再生材料制成的。

(二)大班数学实验活动

活动名称：计数练习——《出牌配对》

活动目标：练习数的不同组合形式，为学习10以内的计算做准备。

材料准备：扑克牌一副；要点：以“8”为例。

活动过程：

(1) 教师与孩子一起把扑克牌中的红桃、方块、梅花、黑桃，四花色中的每种印有数字1～7的牌(数字1显示为A)取出来，共28张。

(2) 教师用一张白纸写上数字8摆在一边，交代今天的玩法是凑8。

(3) 将28张(数字为1～7的各4张)牌洗好，然后从中任意抽出一张扣放在8的标志旁边。两人协商好先后开始抓牌。

(4) 各自将手中的牌进行整理，从中选出可以组合成8的牌，抽出放在自己的前面。

(5) 数手中所剩牌的数量，谁剩的牌多谁先出牌。

(6) 抽取对方的一张牌，再在自己手中的牌中找一找，是否有与所抽取的牌合起来是8的，如有就取出放在前面。

(7) 轮流抽牌，谁手中的牌先被抽完，谁为胜利者。

活动延伸：回家和父母利用纸牌练习。

第四节　测　　量

一、测量及其特点

测量就是人们借助于各种不同类型的工具对周围世界的一种定量观测，也是一种通过数学语言与别人进行交流的工具。幼儿园阶段是幼儿测量能力发展的重要阶段，也是幼儿科学教育的一部分。通过开展测量活动，帮助幼儿在对物体的探究中不断获得感性经验，不断培养和丰富幼儿的探索技能，从而使幼儿建构系统的科学学习方法。幼儿的测量可分为两大类：非标准测量和标准测量。

测量是幼儿数学学习的重要内容，也是幼儿认识周围世界的重要途径。幼儿的测量能力是从非标准测量逐渐向标准测量过渡的，我们要了解不同年龄段幼儿测量能力的发展特点，在实际教学过程中做到“因材施教”，有效引导幼儿进行测量活动。

在科学研究中使用的测量方法和内容有很多，但对幼儿而言，多长(长度)、多大(体积)、多重(重量)、多热(温度)、多久(时间)不仅是幼儿日常生活中常常要遇到的问题，更是他们发展实验技能中最主要的 5 个方面。

(一)非标准测量

非标准测量在我国通常称为自然测量，即使用一些非标准化的自然物(如棍子、手掌、笔、杯子、积木等)作为计量单位进行测量。

幼儿最开始接触测量方法是直接比较测量，即将两个物体进行比较，直接得出物体的大小、长短、重量。长短和大小可以直接“目测”得到。

2 岁幼儿能对大小不同物体做出正确反应，能按成人的语言指示选择大的或小的物体。3～4 岁的幼儿能正确区分物体的大小和长短，可用相应的简单词汇表示。

4 岁是形成非标准测量能力的关键年龄。4 岁半开始，是幼儿可以使用非标准单位进行测量的转折点。4 岁半后，幼儿可以将多个非标准单位叠加起来表征物体的长度，从而比较两个物体的长短。如教师引导幼儿用脚掌依次量出门与黑板的长度，并对门和黑板进行比较。4～5 岁对不同大小物体能依次作出区分和排列，如通过直接比较，幼儿能对三组高度不一样的积木塔进行排队。5～6 岁幼儿能从一组物体中找出相同大小的物体，能认识物体的粗细、厚薄、高矮、宽窄、轻重等，并能用相应词汇表示。

总之，小班和中班阶段学习的测量是非常粗浅的自然测量，引导幼儿学习测量时，可以采用一一摆放的方法(即选择等长的量具一个接一个地摆放在测量对象需要测量的地方)。如测量书的边长，用长度相同的小棍逐一进行摆放，并帮助幼儿认识书的边长就是 5 根小棍的长度。这样有助于幼儿在计量单位和测量对象之间建立起等量关系。当幼儿能熟练运用测量物首尾相连摆放测量的方式时，可以逐渐过渡到用一个标准长度单位测量，通过将一个自然物“首尾相接”地摆放、拿起，再接着前一个的位置摆放，这样的方法来进行连续的测量，幼儿需要在头脑中想象出这条绳子的长度和几根小棒的长度相等，从而得出测量结果。幼儿可以选择不同的测量工具，但需要掌握测量时量具之间不能重叠或有空隙，量具应从头开始摆放直至末端。在测量的最后，还要引导幼儿用数字表示测量结果，帮助幼儿进一步理解 10 以内数的实际意义以及计数与量的关系。

(二)标准测量

标准测量是指运用通用的标准化的测量单位(如米、升、公斤等)作为计量单位进行测量。4～6 岁儿童处于从使用非标准单位测量向使用标准工具测量发展的过渡时期或完全把标准工具当作非标准测量工具来使用。如幼儿大班时期，教师会更多地向幼儿渗透标准测量的要领，帮助幼儿认识并理解标准测量。同时，教师也会帮助幼儿认识各种各样的标准测量工具，如为幼儿提供测量长短的米尺、卷尺、皮尺、木匠尺等。

二、培养幼儿的测量能力

具体可采取以下方法培养幼儿的测量能力。

(一)养成良好的测量习惯，培养正确的科学态度

测量作为数学的一部分，对幼儿园的幼儿来说，是一个漫长探索的过程。在成人看来，测量是十分简单的事情，自然会想到用尺子，但在幼儿的世界里则不然，对于幼儿来说，要解决测量这个问题并不容易，他们要花很多的时间来练习。我们更要注意培养幼儿从小像科学家一样，具备那种仔细、谨慎、一丝不苟的工作作风和科学态度。对幼儿来说，一开始就更多地关注生活经验中的数学问题，建构初步的数概念，体会数可代表不同的意义，也关注事物的那些可观察的特征。我们要做的是如何把这些抽象的东西传授给幼儿，让他们去理解应用。通过这些活动，让幼儿经历测量的过程，了解测量在生活中的用途与意义，初步接触 “长度”“宽度”等数学概念。从测量概念发展的角度来看，他们不但能模仿测量的行为，使用“比较长、比较短”等浅显的数学语言，而且还能掌握正确的测量方法。增强幼儿的测量意识，培养幼儿的测量能力，有助于幼儿养成实事求是的科学态度。

(二)激发孩子测量的兴趣

为了让幼儿知道测量是怎么一回事，我们首先应该从激发幼儿的兴趣入手。如在“各种各样的杯子”的活动中，我们为幼儿准备了牙签、小棒等非标准测量工具，先引导他们通过看、摸等多种手段安排测量活动。然后让幼儿通过用一定的方法、工具进行比较、测量，了解杯子的特征。有的幼儿用牙签量了杯底的直径，有的幼儿用筷子量了杯口的直径，还有的幼儿用小棒量了杯子的高度。通过直观的测量，幼儿不仅对杯子有了更全面的、更准确的认识，而且对测量产生了浓厚的兴趣。

(三)教给幼儿正确的测量方法

幼儿年龄小，生活经验不丰富，要掌握正确的测量方法有一定的难度，因此，在实际的工作中，我们要有目的、有计划地分阶段安排测量活动，通过示范、讲解，让幼儿学会正确的测量方法。

第一阶段，运用手、脚等自然体对物体进行简单的测量。比如户外活动，老师会跟幼儿们一起抱大树看看几个人才能抱得过来，这也是一种测量方式；还有用脚步测量场地；等等。他们觉得很有趣，就完全积极地参与到活动中来。

第二阶段，正确运用非标准测量工具对物体进行测量。比如：老师用小棍测量某一物体，每个幼儿都会从家里拿来不同的小棍来作为测量的工具。测量小朋友的身高，就用小棍一个挨着一个的方法来测量。除了测量身高，还可以测量桌面的长和宽。有的幼儿用围巾测量，都是很有趣的，可以大胆想象测量工具和方法。再比如用绳子测量杯口的周长时总量不好，教会他用大拇指和食指紧紧捏住绳子的一头，另一只手拿起绳子沿着杯口绕一圈，这样绳子围起来的大小正好是杯口的大小。有了一定的这样的生活测量基础，等孩子大一些再用尺子测量对孩子来说就很简单了。

第三阶段，认识部分标准测量工具，并运用这些工具对物体进行测量。提供多种测量

工具和被测量物体，让幼儿掌握多种测量方法，培养他们多角度的思考问题的能力。如在“认识尺”的活动中，教师先让幼儿观察、比较各种尺的异同，了解尺的用途。接着，教师让幼儿选择自己喜欢的尺，测量自己感兴趣的物体。于是选择皮尺的幼儿学着裁缝的样子给小朋友量衣服，选择直尺的幼儿测量桌椅、门窗……这样，幼儿的思路开阔了，他们就认识了各种各样的尺，初步学习了各种尺的使用方法。为幼儿提供多种被测量物体，也有助于幼儿全面认识事物，灵活地运用各种测量方法。如在“认识温度计”的活动中，在安全的情况下，教师先让幼儿用温度计测量一下冰凉的水和一盆温度较高的水。接着，教师又让幼儿测量两杯温度不明显的水。幼儿通过测量，很快就能辨别出哪盆水温度高，哪盆水温度低。有了以上的测量经验，孩子们就能灵活地使用温度计测量室内和室外的温度了。正如《幼儿园教育指导纲要(试行)》所强调的：“生活是幼儿园课程的源泉。”

(四)学会准确表达测量的结果

表达测量结果是测量活动中必不可少的活动内容，它能让别人理解测量得到的结果，同时使自己对事物的测量也因表达而更加深刻。

1. 语言表达

幼儿在刚开始学习测量时，往往只会操作而不会表达测量的结果。由此教会幼儿逐步用完整的语言表达测量结果非常重要，如“我用筷子量了钢琴的高，它有五根筷子连起来那么高。”引入标准测量工具后，我们要求幼儿在测量某一物体后，能使用“厘米”这一单位说出这一物体的长和宽。在测量过程中，我们要留给幼儿充足的时间，让他们相互交流自己的测量结果，然后从中引导、帮助，使幼儿在相互模仿、相互学习中，学会精细地、完整地用语言表达测量结果。这就是恰当地把数学跟生活紧密地联系起来，而测量的整个过程孩子都在行动中和不断的思考中。对幼儿来说测量是一个重要的数学概念。生活中到处都可以让孩子放手去做，因为生活中的绝大部分物体都有其各种可测量的性质，让孩子思维更形象、具体化。比如：让孩子用积木测量饭桌面的长度，用一块一块积木来测量等。

2. 书面表达

随着标准测量工具的引入，幼儿们不满足于用语言表达测量结果，而是需要一种更准确、更科学的表达方式。于是，有的幼儿开始记录测量结果，对此我们要因势利导，让幼儿根据已有的知识、经验对物体进行测量、记录，但对如何记录不要规定统一的模式，幼儿就会三五成群，分工合作。比如让幼儿测量椅子以后，他们就画了一张椅子，并用数字把测量的结果写在椅子的旁边；对人体进行测量后，他们就把测量结果，如头围、腰围、臂长、身高等，以数据形式写在画像旁边。这些记录方法看起来稚嫩，但体现了幼儿丰富的想象力、创造力。

中国现代著名儿童教育家陈鹤琴先生说过：“大自然，大社会，都是活教材”，倡导“做中教，做中学，做中求进步”。陈鹤琴认为，“做”是孩子学习的基础，“做”是教学的基本原则，科学活动应以“做”为出发点和核心。幼儿测量身边的生活物品，家里用到的，他们都可以拿来测量、对比、分析、记录等。幼儿在家里可以满屋子地测量，然后用自己的方式记录下来，如在纸上画圈圈、写数字等。是的，让幼儿去选择一个他自己喜欢的测量物品去测量，这样做的目的，积累的不仅仅是空间认知经验，还有更重要的是积累了各种解决问题的经验，并激发了其探索精神与愿望。很简单的测量中，会产生意想不到的教育意义，一切先从兴趣开始引导。幼儿在反复测量的过程中不断发现问题并予以解决，就是在这样的过程中，幼儿的兴趣被激发，幼儿的测量活动才能继续进行下去，并且逐渐对测量有了初步的认识，掌握了测量的基本方法。由于测量技能本身的要求，幼儿对于测量的方法、技巧还较难掌握，有赖于我们的示范和指导。整个测量的核心就是幼儿测量着重在于行动和过程，因为这是对他们的真正提升，通过测量凸显解决问题能力的培养。这也是一个深化的内容测量，不要觉得很简单，对他们而言就是一种宝贵的一手经验、解决问题能力的培养，更是以后学习能力的提高。

在测量活动中，幼儿的测量意识不断地得以增强，幼儿的测量能力不断地得以提高，在测量中，同时也促进了幼儿的操作能力、认识态度、语言表达能力、认识能力、绘画能力、合作能力等诸方面的发展。

三、测量中的注意事项

(一)精确测量中的“不确定数位”的确定

在科学领域中测量精确度的确定是很重要的，它不仅直接关系到科学结果的精确性与正确性，也关系到科学成果交流的科学性与规范性。在幼儿阶段，培养幼儿对精确度的概念理解比较难，可以在大班初步尝试。

1. 长度的不确定数位

在幼儿科学实验中，测量的数据一般保留一位 “不确定数位”。那什么是“不确定数位”呢？我们先来看一个例子(参见图 3-4)。

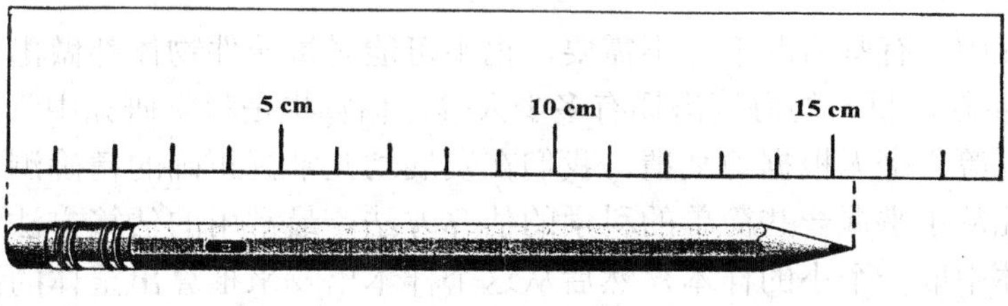

图 3-4　用直尺测量铅笔长度

从图 3-4 中很显然我们可以看出这支铅笔的长度是大于 15cm 的，所以在这个观察结果中，十位数与个位数我们称之为“确定数位”。从图 3-4 中我们凭肉眼很难确定这支铅笔是 15.5cm 还是 15.4cm，只能凭猜测。这十分位数就称为“不确定数位”或称为“猜测数位”。根据保留一位不确定数值法则，对这支铅笔的测量结果可以写成 15.5cm，也可以写成 15.6cm，甚至 15.0cm 或是 15.9cm。有人会问为什么不能更精确地写成 15.65cm 呢？多保留一位不确定数位在理论上讲是站不住脚的。表面上看保留两位不确定数位它的精确度提高了，但问题是既然十分位数已是不确定了，或者说是猜测的结果，再增加一位不确定数位有何科学意义呢？

如果每个人都遵守这个法则，就会帮助我们在读别人测量结果时对数据的精确度有更深的了解。例如，3.0cm 与 3cm 从数学角度讲它们的数值相同，在科学上的意义就会不同，它们反映了两个不同的精确度。3.0cm 表示十分位数是不确定数位，个位数值是确定数位，也就是说它的精确值应为 3.0～3.9cm。而 3cm 则表示个位数是不确定数位，所以它的精确值为 0～10cm。

2. 液体体积的读数

在测量液体体积时，尤其是水，由于液体表面张力的作用，表面呈圆弧形，我们称之为“弯月面”，如图 3-5 所示。正确的读数应以“弯月面”底部为依据，而且眼睛必须与弯月面的底部呈水平。这是正确测量液体体积的关键。

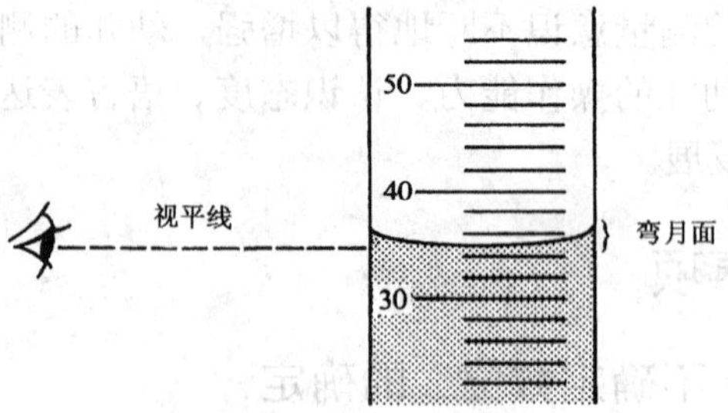

图 3-5　液体体积的读数

3. 测量中平均值的使用

我们必须让幼儿认识到，即使借助于精确的科学仪器，测量中人为的误差也是在所难免的，所以对同一事物要多次测量然后取平均值，这是一种十分有效的提高测量质量的方法。我们要求幼儿在测量中，尽量重复多次测量然后求出平均值。

(二)不精确测量

在科学研究中，有些情况下并不需要，也不可能对每一件物体都做出精确的测量。例如 1 斤米有多少粒，夏天的海滨浴场有多少人等。估算也是科学研究中常用的一种测量方法。但估算并不等于毫无根据地乱猜，我们在发展幼儿掌握正确的精确测量技能的同时，也有必要让幼儿从小掌握一些简单的科学的估算方法。最常用的估算方法是样本法，也就是先在一个整体中取一个小的样本，然后从这个样本出发来推算出整体的读数。我们可以用样本的重量、体积来估算，也可以用样本的面积和长度来推算。

课堂实例　你能猜出多少人在这图片上吗？

(1) 取出一张含有非常多人在内的图片(如：天安门前的升旗仪式，夏天的海滨浴场……)。

(2) 用复印机复制多张。

(3) 要求学生把人群的区域划分成均匀的格子(注意只在有人的地方划分格子)。

(4) 数出总的格子数，再在人群密度不同的地方挑选 3～4 个方格。

(5) 数出每个选出格子中的人数，取平均值。

(6) 平均值乘以总的格子数就是总的人数。

四、课堂中幼儿测量活动指导

幼儿园大班科学实验课

活动题目： 测量桌子

实验分析： 测量是一个比较传统的科学内容。以往的测量活动大多是教师为幼儿提供一定数量的测量工具，如筷子、绳子、粉笔、吸管等，让幼儿进行测量的，他们的思维就大多被局限在教师所提供的工具内，创造性得不到充分的发挥。然而，在现实生活中，可供幼儿进行测量的工具有很多，有的甚至我们成人都想不到，但是幼儿却能够去发现。

活动目标：

1. 幼儿能创造性地使用各种工具进行自然测量，初步掌握正确的测量方法，并记录测量结果。

2. 幼儿能积极动脑，解决测量过程中遇到的问题。

3. 学会与他人合作进行测量，体验合作的快乐。

活动准备： 蜡笔、纸人手一份

实验设计理念： 本活动从幼儿的实际生活出发，将幼儿身边的事物“桌子”作为科学探索的对象，引起幼儿的兴趣，让他们自己动手、动脑，自主地探索、发现、操作，进而创造，从而获得测量的正确方法与经验，从中体验经过他们自己探索发现而获得的成功，让幼儿真正成为学习的主人！

活动过程：

(一)导入活动，引起幼儿探索的兴趣

师：小朋友们，你们看，我们教室里有好多桌子，我们天天都要用到它，可是你们知道这些桌子有多长吗？那就让我们自己动脑去量一量吧！

《纲要》中指出：“科学教育应密切联系幼儿的实际生活进行，利用身边的事物与现象作为科学探索的对象。”在幼儿生活中，可以用来进行测量的工具有很多，因此活动一开始我们以幼儿日常生活中最常用的桌子来导入，直接进入正题，通过问题“桌子有多长”一下子调动起幼儿的兴趣，让孩子寻找身边的测量工具并积极地去动手操作，解决疑问。

(二)幼儿自己动脑寻找量具进行测量

师：量完后提问，具体如下。

1. 你刚刚是用什么量的？(幼儿介绍自己使用的量具)

2. 那你是怎么量的呢？请你来给大家示范一下。(请多个幼儿回答并示范)

3. 你觉得他的这种方法怎么样？(每请一个幼儿示范后，让其他幼儿评价一下)

4. 教师与幼儿一同总结，从而得出正确的测量方法：从左往右或者从上往下开始测量；如果长度不够，做好标记，再从标记处接着往下量。

教室里可供幼儿进行测量的工具有很多，幼儿纷纷寻找测量的工具，有的孩子用的是自己的手，有的用的是蜡笔盒，等等，他们用自己的方法、自己的工具去初步感知测量，充分发挥了孩子们的自主性与创造性；而交流的过程则是让孩子大胆地说出自己的做法，教师始终支持孩子的活动，只作适当的引导，不同的做法其实是孩子智慧的碰撞，最终孩子在交流评价的过程中找到了正确的测量方法。这样的过程让幼儿感到是他们自己在获得经验，获得知识，而不是老师说教、灌输给他们的。真正感受到了科学探究的过程和方法，体验了发现的乐趣。

(三)幼儿第二次操作：再次测量桌子的长度，并记录测量结果

师：现在老师要请你们用和刚刚不一样的方法，再去量一量桌子的长度，然后把你用的测量的工具和测量的结果记录下来。你记录的结果要自己看得懂，别人也要看得懂。

1. 幼儿进行测量，教师进行观察指导。

2. 你是用什么量的？怎么量的？你量的结果是怎样的？(让幼儿出示测量记录表)

3. 你们有没有发现什么问题呢？为什么同一张桌子，你们量了之后记录下来的结果不一样呢？(幼儿讨论后回答)

4. 教师小结(边演示边操作)：虽然测量的工具不同，但是测量出来的桌子的长度还是一样的！

5. 介绍常用的测量工具，如直尺、卷尺等。

本环节是对上一环节的巩固。有了第一次的测量经验，这次就容易多了，因而我们在这一环节增加了难度，让幼儿用和第一次不一样的方法测量，而且还要记录。记录的过程也是幼儿创造力和能力的体现，因为幼儿由于能力差异，记录的方式会不一样。活动在此逐渐深入，引导他们发现问题，即“为什么同一张桌子测量记录的结果却不一样”，然后在讨论的过程中找出问题的答案：原来是测量的工具不一样，但桌子的实际长度是不会变的。教师同时适时地引入生活中常见的测量工具，拓宽孩子的经验。教师始终都是让幼儿自己去发现问题、解决问题，只在关键时刻用问题来引领幼儿，起一个“推一把”的作用。

(四)幼儿自由选择测量对象，进行测量并记录

师：我们生活中，还有许多东西可以去量一量，你还想量什么呢？在量的时候，把你量的对象、量时用的工具和量的结果都记录下来。你还可以和别人对照一下，同一样东西，量的结果一样吗？如果你一个人有困难的话，你可以找好朋友一起去测量。

1. 幼儿自由测量，教师观察并指导。

2. 幼儿之间相互交流测量的过程。

3. 集体交流评价。

4. 教师总结。

孩子们在学会测量并记录之后，兴趣就更大了，为此，教师应适时地满足孩子的需要，让孩子去量自己想量的东西，只是孩子们测量的范围更广了，教师也应给予孩子更多的自主空间和选择的权利：你还想量什么？同时鼓励幼儿进行合作测量：如果你一个人难以完成的话，可以和好朋友一起去测量，让孩子从中体验合作的快乐、共同解决问题的快乐，使同伴之间的关系更为融洽。

(五)活动延伸

1. 让幼儿回家测量家里的东西并记录下来带到幼儿园与同伴交流。

2. 可以用一些常用的测量工具进行再次测量。

活动延伸部分的内容，给予了孩子更广阔的探究空间，鼓励孩子将刚刚掌握的方法应用到实际生活中，将科学与现实生活紧密联系了起来。

第五节　记录实验结果

记录信息，即在科学活动中孩子们用他们自己的语言记录活动过程。在科学活动中，幼儿的记录是指幼儿把自己的发现、实验的过程和结果，用图画、表格、文字等符号来表示。它在幼儿园科学教育活动中，有其独特的作用：记录可以促使孩子更细致地观察，更

认真地思考，使他们通过个人、同伴、集体等多种方式，将零散的知识、经验系统规范化。在一次次记录与实验的对比中调整自己的认知，形成自己的科学知识和经验，为最终形成科学的概念，认识科学的规律，奠定基础。记录活动是动手与动脑相结合的表现。教师指导幼儿要详细地将实验过程记录在记录单上，以便于在谈论环节帮助幼儿再现客观事实，提供表达和交流的素材。记录的方法多种多样，可以用数字、表格，也可以画成图，或用文字表述等。记录可以有个人、小组和集体等不同形式，教师要指导幼儿把握好记录的时机和内容，以免错过重要信息。

一、幼儿科学实验记录的好处

幼儿进行科学实验记录的好处具体如下。

(1) 在科学实验中记录实验结果是幼儿实验探究必不可缺的环节，记录可以帮助幼儿对实验操作结果进行分析、整理和归纳。教师在教学过程中，通过设计记录表、有效地指导幼儿进行记录，可以使幼儿热爱操作，喜欢做小实验，发展幼儿的操作能力、猜测能力和思考能力，使幼儿学会有效操作、探索和学习。

(2) 记录可以吸引幼儿的观察兴趣，激发幼儿持续观察、探索的愿望，在观察记录中获得成就感。教师要做的是保护孩子的好奇心，引导幼儿细致观察。

(3) 记录获得的信息能使幼儿关注探究过程和事物的变化，把抽象的信息变成具体的图表，有助于幼儿在尊重客观事实的基础上得出结论；记录获得的信息还有助于幼儿将原有的认知与当前的操作结果相比较，调整原有的认知，促进新经验的主动建构；记录有助于幼儿同伴间的交流和经验分享，使幼儿获得更多的视角，了解更多的观点和不同的发现。

(4) 记录能让幼儿更好地表达自己，幼儿通过记录可以多角度地探索发现事物，有利于他们运用艺术、文学的语言等形式，甚至用他们自己的语言和形式，来表达他们对世界的认知。

二、幼儿科学实验记录单的类型

科学活动中，记录单的设计要根据活动内容、幼儿的年龄特点与记录经验而进行设计。通常记录单的类型有以下几种。

(一)空白式

幼儿的记录单是一张白纸，它的最大优势是可以为幼儿的自主、自由表现提供较大的空间，但可能出现记录缺乏条理的问题。此类型比较适合大班幼儿操作，同时也要求幼儿有一定的记录经验。

(二)表格式

在记录单上设置表格，每格内都有具体的记录要求，表格中的内容均用幼儿易懂的图示或符号表示。表格式记录单有助于幼儿明确记录的内容要求，记录的条理性较强，不足之处是对记录的自主、自由性有一定的限制。此类型记录单适合所有幼儿操作。

(三)清单式

清单式的记录单是一种特殊的表格记录单。当实验对象或实验材料较多，但实验的结果只有“是”和“否”两种答案时，宜选用清单式的记录单。如科学活动《吹泡泡》中，让幼儿实验记录哪种材料能吹出泡泡，哪种材料不能吹出泡泡。此种记录单类型适合中大班幼儿操作。

三、幼儿记录实验结果的注意事项

幼儿记录实验结果的注意事项具体如下。

(一)鼓励幼儿用自己的方式进行记录

明确实验记录单是为了提高教学的有效性而达到本节活动的教学目标而设定的。教师最好不要对幼儿的记录形式提出统一的要求，而应鼓励幼儿用自己的方式进行记录。当然，随着年龄的增长，经验的丰富，教师应引导幼儿学习运用更快捷、更方便，且易于他人阅读和理解的记录形式，如通用的图示、符号、数字等。

(二)让记录最大限度地为幼儿活动服务

科学小实验的记录形式有三种：个人记录、小组记录和集体记录。幼儿的个人记录表现出幼儿个体对事物、现象及关系的理解。幼儿集体记录经常是在幼儿个人记录、小组记录的基础上产生的，也有不适合个别记录或小组记录，或者比较难记录的情况下，在老师的帮助下进行集体记录，在经历一系列的探究之后所获得的学习成果和达成的共识。幼儿从个人记录到小组记录再到集体记录的经历，能使幼儿初步感受知识的产生和经验的获得从个别到一般的概括化和普遍性的过程。

(三)记录表的设计要符合幼儿的年龄特点与发展水平

幼儿记录按记录方式可以分为描述性记录和统计性记录。描述性记录是幼儿科学记录常用的方式，它是用绘画方式描述所观察到的事物或现象。如画影子活动中，孩子分别拿着相同的物体在早、中、晚时在太阳下描绘影子的变化，感受影子在不同时间的变化。统计性记录则是用各种表格的方式记录获得的信息。如物体的溶解实验中，统计有多少人认为会溶解，有多少人认为不会溶解，等等。在中班上学期，幼儿的小肌肉发展有限，应该以集体记录为主，主要是让幼儿初步认识记录表，在教师的记录中感知记录的方法。中班下学期的幼儿，一方面小肌肉发育有了一定的基础，动手能力也有了一定的发展，教师就可以设计简洁、易懂的图表，让幼儿用做标记的方式在操作后进行记录。

进入大班的幼儿，由于有了中班的记录基础，教师就可以开拓更多不同形式的记录方法。描述性记录是大班幼儿科学记录常用的方式。如观察月亮活动中，幼儿每日观察后分别记录下每天月亮形状的变化，感受月亮在一个月中的变化。最后启发幼儿观察自己的记录、同伴的记录，发现月亮变化的规律。大班幼儿有了一定的书写和绘画基础后，完全可以扩展到采用图画、符号、表格、简单的文字等多种直观形象的方式来进行记录。

(四)幼儿记录单的再利用

在科学小实验中，幼儿记录的结果可以成为很好的区域环境材料，每个幼儿的记录结果贴在墙上，便于同伴之间交流实验方法，重温实验过程，对比实验结果。记录结果还可以装订成册，成为幼儿很好的“成长记录袋”。可以让家长也参与进来，共同指导和促进幼儿活动记录的实施。最后，可以建立长期研究记录评价机制，以评价、珍藏科学小实验记录为内容，让幼儿珍藏、积累自己的研究记录，感受到自己的点滴进步，展示自己学习科学的轨迹，增强他们学科学、爱科学、用科学的兴趣。

总之，幼儿园科学活动中的幼儿记录是幼儿园科学教育活动中的重要组成部分，记录是幼儿思维的再现，是证据的获得，是评价的依据。在素质教育的背景下，教师要注重落实包括科学记录为典型环节的任何一个细节，让科学记录在幼儿科学兴趣培养和科学素养的提高中发挥更重要的作用。我们还需要不断探索、总结，以便更准确地把握科学记录的规律，促进幼儿科学教育的发展。

四、课堂中幼儿实验记录的活动指导

幼儿园大班科学课：会飞的气球玩具

活动目标:

1. 引导幼儿观察、感知、探究和发现空气的存在，观察空气流动后会形成风并产生动力推动物体的现象。

2. 学会观察记录的方法，引导幼儿利用空气流动产生动力这一原理尝试制作会飞的气球玩具。

3. 激发幼儿热爱科学以及探索新知的愿望。

活动准备:

气球，记录卡片，画纸，水彩笔，剪刀，双面胶。

活动过程:

1. 活动导入。

师: 小朋友们大家好, 你们看这是什么呀? (出示未吹气球, 引起注意)那谁会吹气球呢? (邀请小朋友上台尝试)

2. 活动展开。

(1) 让幼儿观察气球是怎么飞的，学习制作观察记录卡片。

师：我们一起来观察一下这个气球与刚才的气球有什么不一样啊？(让幼儿一一回答，教师归纳总结)

师：那如果我现在松开手，气球会怎么样呢？(引导幼儿猜想，并回答)

师：好啦！那我就让小朋友们自己来实验一下吧，看看吹起来的气球松开手之后会是什么样子的。

(让幼儿自主从材料盒中取气球实验，教师在旁边指导)

师：好啦！小朋友们，我们的实验结束了，请回到自己的座位上，我们一起讨论一下松手后气球是如何飞的，好不好？(让幼儿一一回答，教师总结)

师：那么我想问一下小朋友，每一次松手后，气球飞的方向都一样吗？(让幼儿回答，教师总结)

师：那现在老师再给你们一次机会，认真观察一下它有什么规律好不好？但是这一次呢我有一个要求(出示记录卡片)，要你们把每次做的实验记录在卡片上。

(教师分发记录卡片，并示范如何记录：记录气球是怎么放的，然后是怎么飞的)

(幼儿实验，教师指导)

师：现在我要请小朋友来介绍一下他做的记录了！(教师提问，让幼儿展示)

(2) 教师演示，并揭示其中的原理。

师：为什么气球朝上放的话，就往上飞，朝下放的话就朝下飞呢？(引导幼儿思考，并一一回答)

(教师在白板上画图示意，并总结规律)

(3) 根据原理尝试制作会飞的气球玩具。

师：今天我们用会飞的气球做游戏好不好玩？那能不能用它来设计成什么玩具呢？大家都动脑筋想一想。(让幼儿举手回答，越多越好)

师：老师在这里准备了好多材料，根据你所想的，选择你需要的材料，咱们一起做玩具好不好？(教师观察并指导幼儿制作)

3. 活动结束。

气球玩具成果展示。

师：来，我们看一下有哪位小朋友愿意介绍一下自己制作的玩具？

(让幼儿一一介绍自己的作品，并展示给其他小朋友看，也可以同伴间相互交换分享)

活动延伸：

让小朋友回家后向爸爸、妈妈讲一讲：气球为什么会飞？是怎么飞的？并制作更多的气球玩具和其他小朋友一起分享。

第六节　综合实验技能

综合科学实验技能主要包括确认变量，制图列表，假设论证及分析结论。要求幼儿园小班和中班的幼儿掌握综合实验技能是很困难的，但对大班幼儿来说相对容易些。

在教师引导下，幼儿掌握了上述基本科学实验技能之后，再进一步发展高一层次的综合科学实验技能。

一、理解什么是变量

确认变量是发展综合科学过程技能的第一步，首先来看什么是变量。变量是相对于定量而言，简单说就是在科学实验中数据会随外界环境变化而变化的一种数量。譬如水的温度会随气温改变，小孩的身高会随年龄改变而增高，这里水的温度及人的身高都是变量。相反定量就是不管什么情况都保持恒定的一种数量。譬如说水在1个大气压下0℃时会结冰。又譬如圆周率不管圆的大小，都是3.1415926。这里水在正常状态下的冰点以及圆周率都是定量。在科学实验中，最常遇到的，也是最基本的有三种变量：自变量、应变量和控制变量。要清楚地理解这三种变量的含义及这三种变量之间的关系。

研究表明，变量的确定对于幼儿来讲会有一定困难。要使幼儿能真正理解这三种变量的概念及三者的关系，我们决不能仅靠课堂讲解，而主要是依靠幼儿自己在科学探究中主动参与，逐步体验与领会。

什么是自变量呢？自变量(independent variable)，又称操作变量(manipulated variable)，从定义上讲就是实验者可以自由操作的变量，换句话说实验者有主动权任意改变这个变量的数值。而应变量(responding variable)是应着自变量改变而改变的一种变量。它的变化只是对自变量变化的一种反应。很显然，它没有改变的主动权，它的改变完全是被动的。有没有改变的主动权是应变量与自变量的根本差异。当然，世界上的事物是非常复杂的。在绝大多数的情况下，应变量的改变是因为自变量的改变。例如，阳光会影响植物生长，但这不是唯一的影响植物生长的因素，许多其他因素(水分、肥料、泥土等)也都会影响植物生长情况。所以我们如果要自变量仅仅与应变量直接发生关系，或者我们要使应变量改变完全是因为自变量的改变造成的，我们就要把其他会影响应变量的变量“控制”起来，保持不变。而这些变量就称为“控制变量”(controlled variable)。

课堂小实验：温度对食盐在水中的溶解量的影响。在这个实验中，温度是自变量，幼儿可以自主地规定水的温度，例如选定10℃、20 ℃、30℃、40℃等来测试盐的溶解量。这里有一点我们必须提到，虽然实验者有主动权选定测试的温度，为了今后制图列表及分析的方便，一般这些数据应有系统地、整齐地改变(例如在上述例子中每隔10℃)。而每次达饱和后食盐的溶解量(克)是应变量，它的变化随着温度的改变而改变，而不由实验者所控制。或者说实验者没有主动权来改变它。当然在一定温度下，食盐能溶入水中的克数还会受其他因素的影响。显然，水越多溶入的盐也越多。(还有一些因素如盐的纯度、空气的压力等都会影响食盐溶解量)如果我们感兴趣的仅是温度对食盐溶解量的变化的影响，我们就要“控制”这些变量，使它们在每次自变量(温度)改变时保持不变(每次都溶入100mL水中，每次溶入的食盐都用相同的盐，等等)。

二、学会制表作图

(一)规范的制表作图

规范的制表作图第一步就是给实验标题命名。标题不同于实验问题。实验标题一般必须明确包括自变量与应变量的关系，而且也要包括1～2个主要的控制变量。例如，在上述温度对食盐溶解量的影响实验中，我们就可以把标题写成“温度在100mL水中对食盐溶解量的影响”。

表格是作图的依据，在科学研究领域中虽不能说绝对规定，一般对表格的格式有统一的写法。我们必须从小让幼儿养成良好的制表习惯。

(二)作表的一般格式

作表的一般格式如下。

(1) 实验课题写在表格上方。

(2) 自变量写在表格左边，自变量的名称写在列首。

(3) 应变量写在表格右边，应变量的名称写在列首。

(4) 测量值的单位要在自变量及应变量名称后面用括号注明，不能跟在每个数值后面。

(5) 自变量要有系统地整齐排列，一般从小到大。

例如：食盐溶解量实验的表格如下。

温度在 100mL 水中对食盐溶解量的影响

温度(°C)	食盐溶解量(克)
0	40
10	51
18	70
25	89
30	138

(三)幼儿如何制表作图

教会幼儿制表作图，具体应做好以下几点。

1. 设计合理有趣的记录表格，并给表格取有趣的名字

一份合理清楚的记录表格是幼儿观察记录成功的前提条件。表格或图形的形式就像是幼儿从形象到抽象的一座桥梁，起到了画龙点睛的作用，教师在设计表格时，一定要根据活动内容设计适宜的记录表格，既要考虑科学活动逻辑思维的需要，又要顾及幼儿形象思维的特点。一定要保证表格新颖、美观、实用、图文并茂，让小朋友一目了然，操作自如。根据幼儿的年龄特点，特别是小班的幼儿，如果我们给表格取上富有童趣的名字，可以让幼儿在活动中记住自己还有记录的任务，并自然而然地喜欢上记录。

比如：小班的科学实验课认识图形，让幼儿认识圆形、三角形、正方形。教师在活动场地上画一个有三种图形的表格，取名就叫《送图形宝宝回家》。

2. 对幼儿的记录要求需循序渐进

针对幼儿的年龄特点，小班幼儿，可以用实物、玩具、贴画等做记录，也可以选择集体记录的方式。到中班后，可以让幼儿多运用表格进行记录，逐步培养幼儿的逻辑思维能力。如幼儿只需在对应的表格内打“√”或“×”来表示自己的探索过程，幼儿较容易掌握。以后逐步增加难度，要求幼儿理解表格行、列的关系，才能在相应的表格内进行记录。

比如在大班有个典型科学探究实验《睡莲花开》，探究不同材质的纸吸水性的不同。记录表的设计前两行均可用笔记录，第三行就可以用相应的不同质地的纸粘贴来记录。

3. 创设条件，便于幼儿记录

幼儿园开展科学活动时，由于操作材料较多，幼儿记录表格如何摆放才能便于幼儿更好地记录，往往成了老师头疼的问题。我们开展活动时，一般来说，在进行猜想记录时，采取集体呈现，个别记录的方式；在操作活动中，如果操作不影响幼儿记录时，尽量将记录表和操作材料放在一起，便于幼儿记录，以免幼儿忙于操作、实验，而把记录的事忘到了脑后。当操作材料与记录表格在同一桌面有冲突时(如玩水，易弄湿记录表等)，就应将操作材料和记录表格分开，但不能相距太远，尽量挨在一起，教师应及时提醒幼儿，将观察

到的实验结果记录下来。如果有条件的幼儿园，可以专门制作相应的操作台，将实验区和记录区有机结合。

4. 有机整合各种活动方式提高记录能力

在幼儿园的各种活动中，并不是只有科学活动才有记录，如数学活动中，记录也存在，分类统计中就可以让幼儿统计记录物体的数量，测量中可以让幼儿记录所测量的长度与自己使用的测量工具。还可以在与幼儿讨论区角规则时，根据幼儿讨论情况分别用画图列表的方式列出来。其实在无形中幼儿也学习了记录方法，提高了幼儿对记录的兴趣。每月教师发评估手册，让孩子的家长写反馈，其中有一栏是孩子自己说的，很多孩子说“我不会写呀”，教师可以教孩子用自己的方式表达，有的人就用画画的方式，这样幼儿也练习了记录的方法。

三、明白假设的定义与特点

科学实验在开始科学研究和调查之前，往往要对结果做一个预测。这种预测不仅是对实验结果的期望，更重要的是在进行科学研究时，能更清楚地确定各变量之间的关系，更明确研究方向。这种对实验结果的科学预测我们称为“假设”。假设不同于我们前面讲过的基本技能中的推断/预测，更不同于“猜测”。具体讲，假设有下列特点。

(1) 推断/预测的结论基于某一特定的事物或时间，所以带有很大的特殊性及局限性；而“假设”是描述两个变量之间的一般关系，所以，带有很大的普遍性、科学性与可推广性。

(2) 推断/预测只是个人的一些主观看法和判断，要不要论证，能不能论证并不重要。而假设解释的是两个变量之间的一般关系，有很大的普遍推广意义，所以必须要论证。这是它与推断/预测之间一个很大的区别。不经过论证的假设在科学上没有多大意义。

(3) 假设中最好包含有自变量、应变量和控制变量，及三者之间的关系。假设一般不能被证明，只能被“支持”或“拒绝”。

(4) 假设经过论证被支持以后，经过反复考验最后上升到科学理论，所以我们讲假设是科学理论发展最强大的原动力。

四、实验实施和结果分析

(一)实验实施的一般步骤

确立了科学假设以后，下一步就是动手做实验了。实验实施实际上也就是假设论证的过程。下面我们从一个例子来看这个过程。

课堂实例：阳光对植物生长的影响

第一步，确定变量：自变量是阳光，应变量是植物的高度。

第二步，设定假设：阳光照得越多，植物长得越高。

第三步，除了自变量以外，罗列所有会影响应变量的变量，如植物、土壤、浇水量、温度、肥料等。将所有这些“控制变量”在整个实验过程中保持不变。(用同一种植物，用

同样的土壤，每天浇同样的水，保持一样的温度，都不用肥料或用相同的肥料)

第四步，设计实验步骤，实施计划。取三盆同样高的植物，一盆植物每天照 30 分钟阳光，第二盆植物每天照 60 分钟阳光，第三盆植物每天照 180 分钟阳光。这个实验持续 30 天。

第五步，记下实验结果，制表作图。

要教会幼儿在实验实施过程中注意以下几点：

(1) 在实施科学实验的同时，也要注意对幼儿科学态度的培养。要求幼儿以科学家严谨、仔细、客观、坚韧、刻苦的精神为榜样，防止任何敷衍了事、马马虎虎、主观、虎头蛇尾的工作态度。

(2) 在整个实验过程中，要自始至终地、严格地把握“控制变量”的恒定性。

(3) 每次自变量改变后，应变量的变化要反复测试，然后求其平均数。

(4) 认真做好记录，最后有 2 位幼儿同时记录，随时核对，在实验中可拍些照片或录像，这对今后分析数据及交流汇报会有很大帮助。

(二)结果分析

正确分析数据与图表是科学结论的保证和基础。关键在于借助图表及表格来描述随着自变量的变化，应变量的变化趋势和情况。实验结果有两种形式：实验数据拒绝假设，或实验数据支持了假设。

(三)结论

在分析完图表和表格后，我们必须对整个实验做最后结论，并在这个基础上做一个简单的讨论。结论是整个实验的归结，是整个科学研究的总结。

五、综合实验案例指导

案例：操场上的三棵树

(一)幼儿好奇，自己提出了问题

格雷姆女士教授儿童科学课。秋天的一个上午，她班上的几个孩子兴奋地将她拉到窗前，指着外面说：“看啊，操场上那三棵树怎么啦？” 格雷姆女士看到那三棵并排生长的树，第一棵的叶子掉光了；中间那棵的叶子颜色参差不齐，黄多绿少；第三棵却是绿叶茂密。孩子们问道：“这三棵树过去看上去是一样的，为什么现在变得这么不同呢？” 格雷姆女士也无法回答他们。

(二)猜想与假设：孩子们根据已有的知识和经验，对观察的现象作假设性解释

格雷姆女士知道，按照课程计划，要到明年春天才学习植物，不过她认为这正是让孩子们去调查植物生长情况的好机会，因为问题是孩子们自己提出来的，所以会特别激励他们去寻求答案。虽然格雷姆女士并不十分有把握，但她还是决定尝试一下，让孩子们在她的引导下进行探究。毕竟他们去年观察过种子在不同条件下的生长情况，多少积累了一些探究的经验。于是，格雷姆女士说：“孩子们，你们认为那三棵树为什么会变得如此不同呢？”立刻，孩子们纷纷举手发言，提出了各自的看法：

(1) 与光照有关；

(2) 一定是水太多的缘故；

(3) 这三棵树现在不同，可过去它们看上去是一样的；

(4) 秋季到了，有些树的叶子会比其他树掉得早一些；

(5) 地下有有毒物质；

(6) 三棵树年龄不同；

(7) 有害虫吃树叶；

(8) 一棵树比另两棵要老一些。

(三)制订简单的调查计划

当孩子们列举出足够多的观点时，格雷姆女士便鼓励他们进一步思考：在这些看法中，哪些可以进行调查，哪些只是描述？然后，她让孩子们根据各自的看法分成不同的小组，例如“水”组、“季节”组、“害虫”组，等等。她要求每个小组制订计划，开展一次简单的调查活动，寻找证据来回答他们的问题。在孩子制订调查计划时，格雷姆女士倾听他们的设想，并让各小组向全班小朋友说明他们的设想。通过这种迅捷、公开的现场评价，使孩子们反思自己应对问题的过程，完善自己的设想，提出更好的研究方法。

(四)实施调查研究：通过调查、观察、搜集信息，获得证据，进行解释

接下来的三周，孩子们利用课余时间开展调查研究。各小组充分利用各种资源，搜集有关树木特性、生长过程及其周围环境的信息。“树龄”组最快找到了问题的答案，他们跟学校有关人员取得联系，找到了购树的原始单据，并且到苗圃去核实，结果发现，这三棵树品种相同，树龄相差无几。对这样较早完成调查的小组，格雷姆女士就请他们加入到尚未结束的小组中去。

“水”组的孩子几乎每隔一小时就察看一下三棵树周围的地面，他们轮流值日，并记录下每个人的观察。他们记录的数据足以向全班报告：“掉光叶子的那棵树几乎一直淹在水里；中间那棵有时淹在水里；而绿叶茂密的树周围地面潮湿，但从来没有淹在水里。”有一位小朋友回忆说，以前他家栽种的天竺葵叶子变黄的时候，妈妈曾告诉他，这是由于水太多的缘故。“水”组学生读了一本名为《栽培健康植物》的小册子后，明白了当植物的根部被水包围时，就无法从空间获取空气，等于是被水淹着。根据自己的观察、他人的解释和从小册子中得到的信息，学生们推断：无叶的树完全被淹，中间那棵部分被淹，而第三棵则没有被淹。

“水”组继续工作，调查水的来源。他们发现，幼儿园管理员一周有三次打开草坪洒水系统，开放时间太长了，过量的水流过草坪，汇聚到三棵树这边来。

(五)表达与交流

最后，各个小组集中起来汇报调查结果。孩子们发现：

(1) 有些观察结果和所得信息，不能解释三棵树为什么会有差异，例如“树龄”组所做的工作；

(2) 有些调查结果只能部分地说明观察到的现象，例如“虫害”组的工作；

(3) 对孩子们来说，感到最合理、既符合观察记录又符合别的途径所得信息的，只有水太多这种解释。

全班小朋友很满意，经过三周的工作，他们找到了一种合理的解释。在格雷姆女士的建议下，孩子们给管理员写了一封信，由格雷姆女士代笔，告知他们的发现。管理员来到

他们班上表示感谢，此后他注意控制好草坪洒水系统。最后，格雷姆女士问孩子们，怎样才能证明他们的解释是正确的呢？小朋友们讨论后说，那就只有等到明年了。

(六)检验解释

来年同月，格雷姆女士班上的孩子们看到这三棵树都挂满了绿叶，就更加坚信他们得出的结论有效地解释了他们的观察。

[附信]

幼儿园管理员：

您好！

我们班小朋友注意到，操场上的三棵树在同样的季节里各不相同：一棵落光了树叶，一棵叶子颜色黄多绿少，还有一棵却绿叶茂密。

这三棵树来自苗圃。我们同苗圃取得了联系，他们告诉我们这些树属同一品种，并且树龄相同，所以这不是它们产生差别的原因。

据调查我们发现，那棵落光叶子的树总是淹在水里，树叶黄多绿少的树有时淹在水里，而挂满绿叶的树从来没有淹在水里过。

我们班小朋友看到书上说植物不能淹在水中，否则，它会因无法从周围空间获取空气而死掉。我们想这可能是这三棵树产生差异的原因。我们注意到您经常打开洒水系统，水流过草坪汇聚到了那棵秃树和那棵树叶黄多绿少的树那儿。我们认为您少洒点水也许会更好些。

拓展阅读

菲比的有趣的科学实验

菲比是幼儿园国际班的一名小朋友，准备给大家做一个鸡骨头的实验，并告诉大家一个科学道理。

准备材料：醋、瓶子

实验其实很简单，只要两步！将醋倒入瓶子，然后泡下鸡骨头。实验操作简单，希望菲比能独立完成。

闻一下，味道不太好啊！因为这个实验要等两天才能有结果，所以必须得提前做了。

虽然这实验操作简单，可是解说一点儿也不容易，vinegar(醋)，calcium(钙)，phosphorus(磷)、dissolves(溶解)，单词都很难啊！菲比的小脑子记不牢，只好死背！吃饭背，睡前背，上学路上也在背！直到做实验那天，已经能背得滚瓜烂熟了。老师问菲比能告诉大家原因吗？

骨头的主要组成物质是 calcium(钙)和 phosphorus(磷)，当你将骨头浸到醋酸里时，就会发生化学变化，骨头里的物质就会被溶解。

然后老师告诉孩子们，人的骨头也是由 calcium(钙)组成，人老的时候缺少 calcium(钙)，骨头就容易断。知道什么东西是含 calcium(钙)的吗？牛奶啊！所以要多喝牛奶！

本章小结

幼儿园科学实验的根本目的在于学习科学过程技能，包括基本技能和综合技能；掌握观察、推断、预测、分类、测量的基本方法；简单学会确认变量、做表制图，假设、分析论证等综合实验方法和技能。更重要的是培养幼儿良好的科学探究的习惯和态度，从中获取一些科学基本知识。对科学实验感兴趣的幼儿，教师要积极鼓励他们去大胆创新探究。但幼儿园绝大部分设计的实验，科学上早有定论，获取实验结果并不是我们的唯一的目的，幼儿园科学实验活动的目的重点在于“过程”而不在于“结果”。由于幼儿刚刚开始参与科学实验活动，各种设计上的和操作上的错误在所难免，有些实验结果往往违背了一些基本的生活与科学常识，这都是很正常的，教师要鼓励他们学习科学家坚韧不拔的精神，遇到困难不要气馁，鼓励他们学会仔细分析整个实验过程，从中找出原因，吸取教训，使自己的科学技能的提高更上一层楼。

推荐阅读

[1] 韦钰，等. 探究式科学教育教学指导[M]. 北京：教育科学出版社，2005.

[2] 龚泉. 儿童“集合与分类”核心经验学习与发展的特点及其支持性策略[J]. 幼儿教育，2016.

[3] 刘占兰. 幼儿科学探究中的记录问题[J]. 幼儿教育，2007，11.

[4] 陈华彬，梁玲. 小学科学教育概论[M]. 北京：高等教育出版社，2003.

思考与练习

一、名词解释

观察　推断与预测　分类　测量　假设　自变量

二、简答题

1. 什么是幼儿观察认识活动？它分为哪几类？
2. 如何培养幼儿良好的观察习惯？
3. 简述观察与推断的区别。
4. 幼儿分类方法有哪些？
5. 幼儿学会科学实验记录有哪些好处？
6. 幼儿综合实验技能包括哪些？

三、论述题

1. 怎样设计幼儿观察认识活动？
2. 设计一个幼儿园观察认识活动方案并详述组织过程。

【实践课堂】

喷水壶里的水

有一天，乔治把盛满了水的喷水壶放在教室外面的窗台上，过了几天，喷水壶里面的水几乎没有了，他很奇怪。科学课一开始，乔治就问：“是不是有人把喷水壶里的水喝了？还是有人把它弄洒了？”这时，乔治的老师格林小姐并没有回答他的问题，而是把问题转给了孩子们：“水跑到哪里去了？”

玛丽小朋友认为，如果没有人去动喷水壶，那一定是他们班的宠物仓鼠威利，在夜里从笼子里跑出来把水喝了。老师问：“玛丽的看法对不对呢？”全班同学决定检验一下。

他们把喷水壶盖上，第二天早晨发现水位没有下降，于是认为这证明了玛丽的看法是对的。格林小姐却问道：“你们能够肯定进而证明是威利跑出来了吗？”孩子们几乎都表示肯定，而且还想出了一个妙主意证明给老师看。他们把笼子放在沙盘中间，将沙子抹平。可过了几天之后，孩子们看到沙子上并没有脚印。此时他们对自己的猜想产生了怀疑——威利夜里真的跑出来了吗?

这时另一个小朋友说：“水被盖着，威利根本看不见水。”于是全班同学决定把喷水壶的盖子拿走。第二天，他们发现水位下降了，然而沙子上并没有留下一个脚印，现在孩子们肯定仓鼠没有喝壶中的水。

格林小姐建议孩子们把一个盛水的容器放在窗台上，每天测量和记录它的水位，然后把记录纸条标上日期，贴在一张大纸上构成一个图表。几天之后，孩子们发现水位一直在下降，但是每天下降的速度不一样。

水位下降的速度为什么每天不一样呢？经过讨论，一个叫帕特里克的学生联想到烘干机烘衣服的情况，就说：温度较高时水位就下降得较快。此后，他们还在老师的引导下进行了两项研究：一项是盛水容器口径大小如何影响水消失快慢的实验；另一项研究是用一把扇子在盛水容器上扇动是否会使水消失得更快。

第三章　幼儿园科学实验过程技能.pptx

我听到了，我忘记了；我看到了，我记住了；我做过了，我理解了。

——蒙台梭利

第四章　大班科学实验与活动指导

本章学习目标

- 大班幼儿学习科学实验的特点。
- 大班科学实验活动设计。
- 大班科学实验的指导策略。

核心概念

科学实验(scientific experiment)　类型(type)　活动指导(activity guidance)

引导案例

好玩的多米诺骨牌

有一次在新闻读报活动中，幼儿被多米诺骨牌一瞬间倾倒的情景深深吸引，于是，他们在班上摆放起多米诺骨牌来，可是他们摆一会儿就倒了，再摆，还是倒了，幼儿们玩了一会儿就没有兴趣了。为了引导幼儿战胜遇到的困难，培养他们不怕困难的意识，我把他们玩的过程拍了下来，请全班的小朋友一起来想办法，一起进行好玩的多米诺骨牌游戏。在教师积极的鼓励引导下，幼儿经过不断的尝试，总结出多样的方法并进行分组比赛。

教师要有一双善于观察的眼睛，并给予幼儿充分探索的空间。

案例分析

这个案例为我们提供了一个教师抓住生活中稍纵即逝的很有教育价值的瞬间，解决幼儿困惑的成功范例。在案例中，教师只是用鼓励的方式让幼儿在互相学习、互相借鉴的基础上不断地实践。在这一过程中，教师既发挥了幼儿的自主性，又培养了幼儿解决问题的能力，促进了幼儿多方面的发展。

学习指导

本章的重点是分析大班幼儿学习科学实验的特点、目标及科学实验的类型，总结出不同实验类型的活动设计方法及指导策略。

第一节　大班科学实验概述

在幼儿园开展科学实验，是幼儿感兴趣并且能集中注意力解决某一个问题的操作体验。在参加实验活动的过程中，幼儿不仅与老师互动，而且与小伙伴互动，还与实验材料互动。科学实验活动本身具有复杂性、丰富性、新颖性、连贯性和趣味性，不仅能调动幼儿学科学的主动性和积极性，而且能培养幼儿的动手操作能力，还能发展幼儿的观察能力和分析能力，使幼儿的大脑得到开发，促进其思维能力的提高。本章重点对幼儿实验的特点、目标、方法、形式等进行分析和总结，着力为幼儿科学实验提供良好的指导策略。

一、大班幼儿学习科学实验的特点

大班幼儿学习科学实验具有以下特点。

1. 有积极的求知欲望

5～6 岁的幼儿对周围世界有着积极的求知探索态度。好奇是幼儿的共同特点，但大班幼儿的好奇与小、中班幼儿有所不同。小、中班幼儿的好奇心较多表现在对事物表面的兴趣上，问题多停留在“是什么”上，而大班幼儿则不但爱问“是什么”“为什么”，而且还要追问“怎么来的”“用什么做的”。这一阶段的幼儿往往会提出这样的问题：“为什么小鱼能在水中游？”“电视里的人是怎么走路、说话的？”“为什么月亮总是跟着我走？”这个时期的幼儿能够用不同的方法去探求实验的结果，有的幼儿会特别喜欢拆拆卸卸。他们把玩具汽车拆开，是为了看看里面有什么，为什么会动，为什么会发出声音，想要了解其中的奥秘。同时对于自然现象的起源和机械运动的原理等也开始感兴趣，渴望得到科学的答案。

2. 初步理解科学现象和事物中比较内在的、隐蔽的因果关系

5～6 岁的幼儿已开始能从内在的、隐蔽的原因来理解客观事物或科学现象的产生。如在解释乒乓球为什么会从倾斜的木板上滚落下来时说：“乒乓球是圆的，木板是斜的，所以乒乓球会滚下来。”说明他们已能从客体的形状和客体的位置来理解事物间的关系，即从“圆”和“斜”的关系中去寻找滚落的原因。但由于客观事物和科学现象中的内在因果关系比较复杂，5～6 岁的幼儿对不同的事物和现象中因果关系的理解水平并不一致，对日常生活中所不熟悉的复杂的因果关系还很难理解。

3. 抽象概括能力开始发展，能初步根据事物的本质属性进行概括分类

5～6 岁幼儿的思维仍然是具体形象的，但已有了抽象概括的萌芽。例如，他们已掌握

一些比较抽象的概念(如小时的概念)，能够根据事物的本质属性，开始按照客观事物的分类标准进行初步的概括分类。但由于这一期间的幼儿知识、语言和抽象概括水平仍有限，对类概念的掌握还是比较初级和简单的，缺乏在概括基础上进行高一级抽象概括的能力。因此，5～6 岁的幼儿仍不免会出现一些概念外延的错误。如他们会把家禽、家畜概括为动物，而把昆虫排斥在外，认为昆虫是虫子，不是动物。

4. 科学知识的丰富是幼儿在经验基础上主动建构的过程

幼儿对周围世界的认识，建立在他个人生活经验的基础上。随着幼儿年龄的增长，他的经验范围也在不断地扩大。当幼儿已有的认识不能解释新的经验时，他就不得不改变原来的认识，也就是说，概念转变的过程发生了。例如，幼儿的日常生活经验告诉他，保温瓶可以让热水不变冷。于是他就认为，保温瓶是可以“保热”的，它能够把瓶里的“热”保住。当有一天，他发现爸爸把冰块放进保温瓶以后，冰块也不会融化。他开始意识到，保温瓶不仅可以“保热”，也可以“保冷”。我们由此可以看到幼儿对于保温瓶的认识由于他的个人经验在发生变化。不过在这个年龄，他仍不能正确理解“热”是什么，而只是把它看成是隐藏在物体中的某个“东西”。直到 10 岁以后，他才有可能真正理解什么是“热”。正如对热的理解一样，科学概念的转变是一个漫长的过程。在幼儿阶段，他们尚不能真正掌握科学概念，但即便如此，幼儿的科学经验对于其学习科学仍是必不可少的。

二、大班科学实验活动的目标

幼儿园科学领域作为幼儿园全面发展教育的一个重要组成部分，其目标是根据幼儿园科学教育总目标和年龄段目标，并结合教育活动的内容和幼儿的特点提出的具体的、可操作的目标，是幼儿园教育总目标在科学活动中的具体体现。在制定幼儿园科学活动的目标时，不仅要考虑社会对幼儿的要求，也要考虑幼儿发展的一般规律和年龄特点。

(一)5～6 岁幼儿在科学领域的学习与发展目标

依据《指南》，5～6 岁幼儿在科学领域的学习与发展目标如下。

(1) 对自己感兴趣的问题总是刨根问底。
(2) 能经常动手动脑寻找问题的答案。
(3) 在探索中有所发现时感到兴奋和满足。
(4) 通过观察、比较与分析，发现并描述不同种类物体特征或某个事物前后的变化。
(5) 能用一定的方法验证自己的猜测。
(6) 在成人的帮助下能制订简单的调查计划并执行。
(7) 能用数字、图画、图表或其他符号记录。
(8) 在探究中能与他人合作与交流。
(9) 能察觉到动植物的外形特征、习性与生存环境的适应关系。
(10) 能发现常见物体的结构与功能之间的关系。
(11) 能探索并发现常见的物理现象产生的条件或影响因素，如影子、沉浮等。
(12) 感知并了解季节变化的周期性，知道变化的顺序。
(13) 了解人们的生活与自然环境的密切关系，知道尊重和珍惜生命，保护环境。

(二)知识、技能、情感方面的目标

5～6 岁幼儿在知识、技能、情感方面的学习与发展目标如下。

1. 知识方面的目标

(1) 帮助幼儿初步了解不同环境中的动、植物及其与环境的相互关系。

(2) 向幼儿介绍周围生活中的环境污染现象和人们保护生态环境的活动。

(3) 帮助幼儿获取有关季节、人类、动物、植物与环境等关系的感性经验，形成四季的初步概念。

(4) 引导幼儿探索周围生活中常见的自然现象，获取有关的科学经验。

(5) 让幼儿接触周围生活中的现代科学技术，及其在生活中的运用。

2. 技能方面的目标

(1) 使幼儿能主动运用多种感官观察事物，学会观察的方法，发展观察力。

(2) 使幼儿能按照自己规定的不同标准对物体进行分类。

(3) 帮助幼儿学习使用各种工具进行自然测量，掌握正确的测量方法。

(4) 引导幼儿用完整、连贯的语言与同伴、教师交流自己的探索过程和结果，表达愿望，提出问题和参与讨论，以及能够表达发现的愉快，能够和他人交流和分享。

(5) 引导幼儿学习使用常见科技产品的方法，运用简单工具和多种材料进行制作活动，能够发现物品和材料的多种特性和功能，并能表现出一定的创造性。

3. 情感方面的目标

(1) 激发和培养幼儿好奇、好问、好探索的态度。

(2) 激发幼儿对自然环境和现代社会生活中的科技产品的广泛兴趣，能自己发现问题，提出问题，寻求答案。

(3) 使幼儿喜欢并能主动参与、集中于自己的科学探索活动和制作活动。

(4) 培养幼儿主动关心、爱护周围环境的情感和行为。

(三)目标分析

对 5～6 岁幼儿科学活动的目标分析如下。

1. 科学知识方面的分析

《纲要》虽然没有专门列出具体的科学知识目标，但是幼儿在发展科学探究能力的过程中不可能离开科学知识的获得。幼儿科学教育固然不能只追求科学知识的获得，但也不是不要科学知识。幼儿阶段的科学学习具有一定的特殊性。由于他们的学习建立在个人经验的基础上，因此他们对科学知识的掌握还没有达到抽象的科学概念的水平。或者说，他们的科学知识只是一种经验性的知识，即科学经验。以下两点是需要特别强调的。

一是要注重幼儿科学经验的获得，而不能脱离幼儿的实际水平，片面强调概念化的知识。由于幼儿的年龄特征和思维特点，我们不是在科学教育活动中去传授给他们诸如“声音是由物体振动产生的”这种抽象的科学概念，而是为他们提供大量的操作、探索性活动，让他们感受到声音的多样性、探索产生声音的各种方法等丰富、具体的科学经验。

二是要注重幼儿建构并运用自己的知识经验。幼儿科学教育是幼儿在探索活动中自行获取科学经验的过程。影子是光被物体遮挡后形成的现象，但对有的幼儿来说，他们会认为影子本来就在，光只是把影子照出来了，无论他们对影子的看法如何，都是基于自己的水平获取的自己关于影子的科学知识。总之，在对幼儿的科学教育中，对知识目标的追求，既不能“深”，也无须“多”，更不应有硬性的规定。

2. 科学方法或技能方面的分析

科学技能也称过程技能，是从事科学过程所必需的技能。在幼儿科学教育中，方法和技能常常被比喻成“点金术”，以说明它的重要性。的确，科学方法和技能的掌握比起单纯获得科学知识更有意义。这是因为，教师所能给予幼儿的科学知识是有限的，但如果能引导幼儿掌握获取知识的方法和技能，那么幼儿便能逐渐在没有教师的帮助下自行获取更多的知识。从长远的观点看，教是为了不教，也就是说教育要使幼儿在将来离开幼儿园教育以后，仍能独立地向前迈进。幼儿只有掌握了必需的科学方法和技能，才能真正成为主动的、自主的学习者。科学探究是一个完整的过程，它包括观察现象、提出问题、解决问题、表达交流、得出结论等多个环节。

3. 科学态度方面的分析

科学教育不仅是科学知识和科学方法的启蒙，也是一种态度的启蒙。培养幼儿对科学、自然界的积极情感和态度，将影响其一生。幼儿科学教育中有关科学态度的目标包括以下三个方面。

(1) 发展幼儿的好奇心、兴趣和求知欲。此目标的具体意义是：发展幼儿对周围各种事物(包括自然事物和科技产品)和现象(包括自然现象和科学现象)的好奇心，培养幼儿参与科学探索活动、科技制作活动的兴趣，激发幼儿的求知欲。好奇心是指对周围环境中的新异刺激的积极反应倾向。幼儿的好奇心常常表现为对新异刺激的注意、趋向、提出问题、操作、摆弄等行为倾向。幼儿天生就具有好奇心，他们喜欢探究事物，是天生的“科学家”。他们对新奇的、陌生的、不协调的或者不理解的事物和现象都会表现出一种特别的注意和趋向，或亲自探究，或向成人提问。两三岁时是幼儿提问的高峰期。甚至一些对成人来说习以为常的事情，也会引起幼儿的好奇和疑问。比如，一个两岁多的幼儿就问了这样一些问题：“人为什么要吃饭”“人为什么要睡觉”……有人统计：幼儿提出的问题，绝大部分都是和科学有关的，这些都有可能引发幼儿的科学探究活动。但是，幼儿的好奇心好比是星星之火，需要成人的支持才能燎原。如果成人能够理解幼儿的好奇心，并且加以鼓励和引导，就能把幼儿学科学导入科学探索的道路。否则，如果成人对幼儿的问题敷衍了事甚至不耐烦的话，幼儿的好奇心就会慢慢地被磨灭，他们对周围事物的态度会越来越冷漠，科学对他们也就不会再有多大的吸引力了。这种对科学的态度对于幼儿的一生都会产生很大的影响。所以，保护和发展幼儿的好奇心是科学教育中极为重要的任务。和好奇心相联系的是幼儿对科学的兴趣。兴趣是一种积极的情感唤醒状态，它是学科学的强大动力。“兴趣是最好的老师”。兴趣可以使幼儿积极地投入科学活动中，并且在活动过程中有效地维持长久的智力行为。幼儿最初的科学兴趣就是对新奇事物的好奇，但这种好奇是表面的、不稳定的、容易波动的。随着幼儿从科学活动中得到满足，他们的科学兴趣也逐渐变成内在的、稳定的、持久的倾向。在科学教育中培养幼儿科学兴趣的目标，就是使幼儿从对事物的外在、表面的兴趣，发展为对科学活动过程的兴趣。幼儿对科学活动的态度，还反映在坚持性、探究精神和实事求是等方面。尽管这些在幼儿身上也许只是些许萌芽，但它反映了科学态度甚至科学精神的实质。在科学教育中，要鼓励幼儿坚持探究的行为，鼓励他们用从自己的探究活动中得到的事实来寻找问题的答案。

(2) 培养幼儿对自然的积极情感和态度。这一条目标的具体意义是：培养幼儿对周围自然界的兴趣、审美情趣以及热爱自然的情感和爱护环境的行为。在世界环境问题日益严重的今天，提出此目标具有重要的意义。幼儿在探索自然的过程中产生的积极情感和态度会进一步激发他们对周围世界的好奇心，进而促进他们继续探索。有关自然的情感目标，应以建立人与自然的和谐关系为核心。科学教育不仅把自然看作是认识的对象，还把它看成是道德的对象和审美的对象。也就是说，我们不仅要让幼儿形成对自然界的探究兴趣，还要使幼儿萌发对自然的责任感——从人类最基本的同情心出发，关爱生命，尊重自然；还要引导幼儿发现自然界的美，学会欣赏自然。只有这样，我们对大自然的热爱才具有完整的意义，也只有这样，我们才能真正实现真善美的完整个性。

(3) 培养幼儿对科学技术及其对社会的作用的关注。此目标的具体意义是：培养幼儿关注周围生活中的人造物品、科技产品，引导他们感受科技发展给人们生活带来的变化，激发他们学科学、用科学的兴趣。现代社会，科学技术和社会的相互联系、相互渗透、相互影响已越来越明显，因此科学教育不仅是自然领域的教育，也涉及社会的生活。我们不仅要引导幼儿探索科学，还要引导幼儿关注科学在社会中的应用，初步了解科学技术和社会的关系，用正确的态度看待科学，看待科学技术对社会的影响，萌发正确的科技价值观和社会观。

综上所述，幼儿科学教育的所有目标，最终都要归于幼儿科学素养的早期培养，促进幼儿的全面发展。

(四)目标特征

大班科学实验活动的目标特征具体如下。

(1) 教育活动目标所期望的结果应基本上是可以观察或测量到的，如“说出哪些物体放在水里是浮起来的、哪些物体放在水里是沉下去的”。而对于兴趣、情感和态度方面这些难以观察和测量到的发展目标，也可采用其他的方式来表述。

(2) 教育活动目标应全面反映幼儿科学教育总目标和年龄目标的要求。既在具体内容上有所侧重，也应涵盖知识、技能、情感、态度等多个领域。

(3) 教育活动目标应该既要体现和总目标以及年龄目标的联系，也要体现与前后教育活动目标之间的联系。

三、大班科学实验的类型

(一)观察认识型

1. 含义

观察认识型活动是一种有目的、有计划的知觉活动，是学习和研究自然科学的方法和技能，也是幼儿探索科学的基本活动类型。它可以保证幼儿在直接接触事物的过程中，运用多种感官直观、生动、具体地认识事物，提高幼儿感官的综合活动能力，培养运用感官探索周围环境的习惯，并为发展幼儿的抽象思维能力形成概念提供丰富的感性经验。

2. 活动设计

根据观察对象的不同特点，观察认识型活动的组织可以遵循不同的设计思路。我们总结了四种典型的设计思路，并分别命名为物体观察活动、展示观察活动、现象观察活动和户外观察活动。

我们在这里所列的四种观察认识型活动仅仅是几种设计典型思路的举例，在具体的教学设计中，教师不可被“模式化”所束缚，而要根据观察的内容及目标的不同，加以灵活考虑。主要是考虑到它通常不能仅仅通过一次集体教育活动来进行，而应该以主题活动的形式进行，或者将集体教育活动和日常生活中的教育活动结合起来。

1) 物体观察活动

物体观察活动包括单个物体观察、同类物体观察及比较观察。教师可引导幼儿在观察的基础上进行表达和交流，并通过指向性问题引导其认识物体的显著特征，或比较两个物体间的异同，或总结同类物体的共同特征。

2) 展示观察活动

展示观察活动一般用于观察认识物体的多样性。展示活动中的观察分别渗透于收集展品、布置展览和参观展览的环节中，其中前两个部分是渗透性的自由观察，第三部分是教师引导下对各类物品的集中观察。

3) 现象观察活动

现象观察活动的重点在于观察变化的发生。因此教师可将观察、指导和交流相结合。根据实际情况，可在观察之后引导幼儿对观察到的现象加以讨论。

4) 户外观察活动

户外观察活动既有物体观察也有现象观察。其特点在于户外活动人员分散、难于组织，可采用分组进行的方式以提高师生比例，在活动设计的环节应尽量减少集中指导，注重个别指导和个人体验。

3. 指导要点

对观察认识型活动的指导要点具体如下。

1) 科学观察是为一定目的服务的

科学观察的目标不仅包括全面、深入地认识事物、现象，更包括学会质疑、探究、验证，学会在观察中发现问题、解决问题。但是，科学观察的目标并不是简单、机械地由这两个方面各占一半地拼合在一起，而是根据不同年龄阶段幼儿的身心发展特点、观察对象的特征以及活动的不同阶段决定两者的比重。

2) 利用观察对象的显著特征激发幼儿的观察兴趣

幼儿对于新奇的事物容易产生观察和探究的欲望。因此教师可以利用这一特点吸引幼儿对观察对象的注意，激发幼儿进行观察。

3) 通过启发性问题引导幼儿观察

教师要控制幼儿观察的方向，掌握观察的深度，不可让幼儿毫无目的地观察，要引导幼儿全面、系统、有序地观察。教师在指导时，要注意引导幼儿既观察事物的整体，又观察主要的细节。要处理好观察整体与局部的关系，以保证观察的全面性。但同时也要给幼儿留下足够的自由观察的时间和空间。这里讲的自由观察的空间不仅指物理空间，即幼儿真正有东西可观察，且这种观察是由一个个次第呈现的问题推进的；而且指一种心理空间，即教师应创设一种轻松而又充满困惑的观察氛围，既要避免幼儿心理紧张，又要避免幼儿被动学习。而这种良好心理空间的创设又是与恰当的观察时间和观察的物理空间有机联系的。因此，教师应在这三者之间找到恰当的契合点。

4) 引导幼儿运用多种感官感知事物的特征

观察不仅是用眼睛看，它也包括其他感官的运用。在科学观察中，教师应尽量启发幼儿运用多种感官观察，让幼儿在看看、听听、闻闻、尝尝、摸摸的过程中，获得全面的观察信息。

5) 尽量将观察和操作结合起来

引导幼儿通过对观察对象的操作、摆弄，将观察和操作相结合，以全面地观察事物，了解观察对象的变化。因此要尽可能地让幼儿有自己动手和操作的机会。

6) 要鼓励幼儿用语言表达观察中的现象

语言可以帮助幼儿整理自己的观察结果，并使之系统化，还可以促进幼儿之间交流。教师既要鼓励幼儿用自己的语言来表达，又要注意纠正其语言表达与观察不符的地方。

7) 指导幼儿学习用各种方法记录观察结果

观察记录就是由幼儿以形象化的绘画、图表，表达对自然物、科学现象的观察结果。它是幼儿观察活动中的一个方面，也是一种表达的方式。通过对观察结果的记录、描述和交流，可促使幼儿反省和评价自己得到的信息。幼儿的观察记录能反映出他们的观察水平以及对观察对象认识的正确与错误，因此也是重要的评价资料。

(二)实验操作型

1. 含义

实验操作型活动是指教师鼓励幼儿按照自己预想的计划或设计，利用一些材料，通过简单演示或操作，对周围常见的科学现象进行客观细致的观察、实验与验证的活动。如科学小实验就属于实验操作型活动，其实验内容和操作简单易行，实验形式多采用游戏，幼儿可在轻松有趣的活动中进行反复的观察、实验与验证，从而发现真相，巩固或调整自己的认知，主动建构知识和经验。

2. 活动设计

幼儿的实验操作型活动，通常是面对具体的材料，通过亲自的探索和操作，发现其中的现象及规律。根据幼儿年龄的不同及实验内容上的差异，可采用不同的设计思路。这里提供三种设计思路，以供参考。

1) 演示操作式

演示操作式的设计思路是：先由教师对实验内容进行演示，然后幼儿按照教师演示的方法进行实验操作，并进一步进行观察，获得发现。这一设计思路便于教师组织活动，幼儿实验操作的目的性也较明确，但是教师的演示不可避免地会限制幼儿自己的想法，所以并不能充分体现幼儿的自主探究学习。当幼儿由于动手能力弱无法独立进行探究，或者实验材料的操作方式不易被幼儿理解时，可以参考这一设计思路。

2)　自由-引导式

自由-引导式的设计思路是：教师通过材料引发幼儿的探究兴趣，幼儿可以先进行自由的探究，然后教师在组织幼儿交流各自经验的基础上，引导其进行有目的、有计划的探究活动。我们可以把幼儿的科学探索过程划分为三个阶段：“瞎忙”的阶段(表现为无目的地摆弄物体)、“探究”的阶段(表现为尝试性地摆弄物体)和“领悟”的阶段(表现为验证性地摆弄物体)。在这三个阶段中，“瞎忙”的阶段尽管是一种无定向、无目的的活动，却具有独特的价值。因为它不仅能让幼儿尽享“动手做”的乐趣，还可能孕育着真正的问题和发现。自由-引导式的设计思路正是体现了在教师指导下幼儿从“瞎忙”到“领悟”的过程。这一设计思路在幼儿科学实验活动中的应用较为广泛，它较好地将幼儿的自主探究和教师的引导结合起来，并将教师的指导建立在幼儿自由发现的基础之上。

3)　猜想-验证式

猜想-验证式的设计思路是在当前的幼儿园科学教育实践中出现的一种新的设计思路，即针对某一问题，教师不是让幼儿先去探索，而是先猜想一下可能会得到什么结果，然后再进行实际的探究活动，来验证原先的猜想是不是正确。猜想-验证式的教学体现了一种新的、更全面的科学观，即科学的内涵不仅是一种知识，它同时也是一种获取知识的过程和方法。即便是知识，我们也不再把它看成是一种固定不变的权威的解释，而是一种有待于通过事实来验证的猜想。这对于幼儿理解科学具有重要的意义。首先，可以教会幼儿科学探究的基本过程和方法。可以说，科学发现的过程就是提出问题，做出假设，验证假设。让幼儿亲历科学知识的获取过程，特别是鼓励他们进行猜想，不仅让幼儿体验科学发现的过程，更渗透了一种科学价值观：在问题面前，每个人都有平等猜想的权利；而在事实面前，每个人都要平等地接受检验。其次，可以让幼儿学习做科学记录。在有的活动中，教师让幼儿用自己的办法把猜想和实验的结果都记录下来，以资对照。这样做既可以避免遗忘，更便于幼儿进行比较，而且也可以让幼儿学习做科学记录的方法。幼儿可以用文字、数字、标记乃至图画等方式，来表达他们的想法和发现，这本身就是一种重要的科学技能。猜想-验证式的活动设计，还有助于幼儿形成实事求是的科学态度。按照皮亚杰的理论，幼儿还处于假想和真实不能完全分清的思维发展阶段。他们常常用自己的设想代替真正的事实，甚至会无视事实而“顽固”地坚持自己的想法。尽管这种状况不是短期就能改变的，但幼儿通过亲自实验来检验自己的猜想，也许更容易意识到假想和事实之间的差别，更容易形成尊重事实的科学态度。猜想-验证式的设计，适合于幼儿已有类似生活经验但又是答案并不明确的问题。因为幼儿猜想的实质，就是以其自身的生活经验，用自己的思维方式，对问题进行自主思考。如果学习的内容是幼儿生活经验中所不熟悉的，甚至是超越他们理解能力的，让幼儿猜想也就失去了意义。

3. 指导要点

对实验操作型活动的指导要点具体如下。

(1)　提供充足、多样的实验材料，以保证幼儿能反复操作，与客体相互作用，在实验过程中去探索、发现、判断，自己找出问题的答案。幼儿的发现来自他们自己的摆弄和操作，因此实验材料的提供非常重要。只有多样性的材料才能使幼儿获得丰富的科学经验。

(2) 积极引导幼儿主动参与活动，使实验活动成为幼儿主动的探索活动。在活动中要给幼儿充足的操作时间，鼓励幼儿大胆尝试，激发其探究欲望。对于幼儿的想法，要加以支持。

(3) 引导幼儿在实验中仔细观察，注意实验材料在操作过程中的变化，同时也要引导幼儿学习记录实验中的发现。必要时，对幼儿的实验操作方法给以适当指导。

(4) 组织幼儿就实验的现象和结果开展讨论、交流，引导幼儿分析实验中观察到的现象，鼓励幼儿解释实验的结果。当幼儿的解释出现错误时，不要急于纠正，而是把它交给幼儿自己来讨论。

(5) 鼓励幼儿提出问题，但是不要急于把问题的答案交给幼儿，以避免超越幼儿理解能力的灌输或变相灌输。要和幼儿展开平等的讨论，共同探究问题。切不可用一种居高临下的态度来教幼儿什么“科学知识”，而要从幼儿的立场来思考问题，体会幼儿的疑惑。如果教师自己也不知道为什么，则完全可以放下“面子”，老老实实地把自己的困惑告诉孩子，这也正说明教师是和孩子“共同学习”的伙伴。

(三)科学讨论型

1. 含义

科学讨论型活动是指在收集资料、整理资料的基础上，通过集体的讨论、交流等手段获取科学知识的活动，主要适用于那些不易通过直接的探究进行学习，但是又很重要或者幼儿很喜欢的科学活动。

2. 活动设计

科学讨论型活动不同于操作性的科学探究活动，但也绝不是语言讲述活动。它是建立在幼儿或直接、或间接的经验基础上的科学交流学习活动。因此不能把幼儿的讨论交流活动和他们获取经验的求知活动孤立开来。通常我们可以把科学讨论型活动的内容设计成系列活动的形式，也可以在一次活动中包含这两个不同的环节。按照幼儿知识经验准备的途径不同，我们可以把科学讨论型活动的设计思路大致分为以下三种。

1) 参观调查汇报交流式

这是建立在参观、调查的基础上而开展的讨论活动。这类活动通常是带领幼儿通过外出考察获取直接经验，外出归来以后，再进行汇报交流，分享经验。为了便于幼儿的交流，可以采用幼儿绘画、拍照、摄像等方式将调查时的第一手资料记录下来，在集体讨论时可利用其再现幼儿的经验。

2) 收集资料共同分享式

有些活动需要幼儿通过收集资料的方式积累知识经验，教师可事先提供一些图书资料，或建议家长和幼儿一起查询有关资料，然后在集体活动中和大家分享。

3) 个别探究-集中研讨式

有些是幼儿共同感兴趣但认识可能出现不一致的问题，可以先让幼儿进行个别的探究。在个别探究的基础上，再进行集中的研讨。如“哪些东西有生命”这个问题就是幼儿自己提出来的，教师引导他们自己进行研究，提出自己的看法及理由，然后通过集中的研讨使不同的观点进行“碰撞”，形成一定的认知。其实，活动的目的不在于让幼儿获得一个正确的结论，而在于让他们经历不同观点之间相互交流的过程。

3. 指导要点

对科学讨论型活动的指导要点具体如下。

(1) 避免把科学讨论型活动变成灌输科学知识的课堂。因此不能由教师“一言堂”，而应该把充足的时间留给孩子。

(2) 建立“民主”课堂，充分体现平等对话的精神。教师不要预设结论，而应倾听幼儿的观点。对幼儿来说，既要鼓励他们大胆讲述自己的经验，又要培养幼儿尊重他人、善于倾听的习惯，使科学讨论成为真正的“社会建构”学习。

(3) 帮助幼儿利用多种手段特别是艺术的手段表达他们的科学认知，使科学讨论的形式丰富多彩，而不致成为知识的堆积。如可以进行艺术表演、图画展览等。

(4) 可以利用视听媒体进一步丰富幼儿的知识经验，扩大幼儿的眼界。

(四)技术操作型

1. 含义

技术操作型活动是引导幼儿尝试学习制作产品、科学小玩具等，使用科技产品、掌握操作工具的方法。其意义是：获得对技术的直接体验；加深对有关科学现象的理解(如做不倒翁)；获得技巧，培养习惯。

2. 活动设计

技术操作型活动可以具体地划分为以下两种活动：使用科技产品或工具的活动和科技小制作活动。具体的设计思路也有所不同。

1) 学习使用科技产品和工具的活动

这类活动的主要目的是引导幼儿学习现代科技产品的操作方法或日常生活用品、常见工具的使用方法。如大班的《测测有多长》这类活动的设计通常可采用“观察一尝试操作一交流讨论一正确操作”的模式。即先让幼儿通过观察，了解操作对象的结构，然后在尝试性的操作中了解其特性。教师一般不做演示操作，而是在交流讨论不同的操作方式的基础上帮助幼儿分析错误操作的原因，总结正确的操作方法。这样更能让幼儿进行探究性学习。

2) 科技小制作活动

这类活动的主要目的是通过幼儿的制作活动进一步发现科学现象，体验其中蕴含的原理，同时掌握制作的技巧。这类活动的设计通常可采用“演示一操作一交流讨论一展示分享”的模式。但是，有的是需要幼儿自己设计的，有的则是要求幼儿按照一定的程序规范进行操作的。对于前一种类型，一般不需要教师的分步骤演示讲解，可以给幼儿更多的探索机会，教师应注重操作后的交流讨论。对于后一种类型，则可能要采用分步骤演示讲解的方法，以便及时化解幼儿操作上的困难，而教师的个别指导和纠正比集体的交流讨论更为重要。

3. 指导要点

对技术操作型活动的指导要点具体如下。

1) 为幼儿提供适当的制作材料

这里的材料既指制作的原材料，也指制作中必需的或可能需要的工具。提供材料时应考虑下面两点。①制作的原材料应尽量是半成品。由于幼儿的制作能力相对较弱，一般来说，他们还不能独立完成一个制作的任务。教师可根据不同年龄幼儿的特点，为幼儿提供相应的半成品供其制作，既保证幼儿能有一个成功的结果，又要让其拥有制作的经验。②制作的材料应具有选择性。教师提供不同的材料能激发幼儿的探究欲望。有的材料看似没有用处，但是它也许能激发幼儿的创造性运用，也应该适当提供。

2) 使幼儿明确科技制作的目标、方法和评价标准

在科技制作活动中，教师可以通过出示、演示制作的成品，让幼儿确定制作的目标和评价标准，知道自己要做什么；教师也可以向幼儿讲解或演示制作的步骤和方法，让幼儿知道怎样做。不过，教师的演示不能替代幼儿自己的操作。

3) 要让幼儿自己探索制作的方法和技巧

在科技制作活动中，也要给幼儿主动探索的空间。即要让幼儿自己去尝试，通过个人的经验(即使是失败的经验)来学习，而不是向幼儿灌输技能技巧。否则，幼儿就变成了“手工匠”，幼儿的学习也就变成了机械的训练。

第二节　大班科学实验活动设计

幼儿园科学实验的活动设计应促进幼儿的全面发展。活动设计有两个含义：一是指幼儿科学课程应从幼儿最初的基础水平出发，了解各个幼儿的性格差异，在此基础上为幼儿设定适合的课程，安排合理的教学活动，必须让幼儿在其原有基础上得到全面的提高。二是指幼儿科学课程的目标应注重整体，在活动中细化每个步骤，做到全面发展。虽然在每次具体的科学活动中，可以在某方面有所侧重，但不能偏废。把各方面的目标有机地结合起来才能算一个好的活动设计。

科学课程的活动设计必须以幼儿心理的发展规律为依据，根据不同年龄段的幼儿制定不同的目标，采用不同的教育内容和方法。在课程中，还要针对实际问题，对幼儿进行有效指导。幼儿园科学课程活动设计得成功与否直接关系到教育任务的实施效果。

一、观察认识型活动的设计

案例 1：小蝌蚪长大了

我们经常会给孩子讲《小蝌蚪找妈妈》的故事，那么小蝌蚪的妈妈到底长什么样子呢？为了帮助孩子们探索小蝌蚪长大的过程，满足孩子的好奇心，我设计了此次活动课程。

活动目标：

(1) 通过观察发现小蝌蚪的生长变化，培养幼儿持久观察的兴趣。

(2) 有条理地说出小蝌蚪长大的过程。

(3) 愿意大胆描述自己的想法，对探索动物世界的奥秘感兴趣。

活动准备：教学电子资源《小蝌蚪长大了》；准备教学挂图《小蝌蚪长大了》；准备幼儿用书《小蝌蚪长大了》；大开本的日历一册，粗线条彩色笔。

活动过程：

(1) 通过讲述《小蝌蚪找妈妈》的故事，引起幼儿的兴趣。

(2) 通过出示挂图，请幼儿描述观察到了什么：挂图上半部分的几个圆圈上有什么？你的阅读顺序是什么？连起来看，这几幅图描述的是什么？

(3) 请幼儿阅读幼儿用书，结合日历上的时间与幼儿分享更多的细节。有关青蛙成长过程的讨论，让幼儿学会观察：青蛙卵是什么样子，经过多长时间以后，卵发生了怎样的变化，变成了小蝌蚪—长出了后腿—长出了前腿—长出了尾巴。将自己的观察结果在日历上进行标注。

(4) 有关青蛙身体结构和功能的讨论：青蛙的前后肢一样吗？为什么青蛙可以趴在树上掉不下来，你能吗？青蛙游泳时前后肢是怎么配合的？人类会像青蛙一样游泳吗？

(5) 通过教学电子资源，请孩子们欣赏更多反映小动物成长过程的图片，激发他们更多的探索兴趣。比如通过观察，了解蛾的蜕变过程；天鹅一被孵化出来是否就跟爸爸妈妈长得一样呢？

案例分析：

《3～6 岁儿童学习与发展指南》中指出，科学探究活动的目标是让孩子亲近自然，喜欢探究；具有初步的探究能力；在探究中认识周围事物和现象。

在整个教学活动中，教师的思路清晰，根据平时观察到的孩子的发展水平、年龄特点以及孩子的兴趣制定了本次活动目标。整个教学活动各环节过渡自然流畅，主要以孩子的观察为主，达到了预期的效果。本次活动的特点如下。

(1) 以故事的形式开始，激发了孩子探索的积极性。老师能根据幼儿的年龄和兴趣特点，抓住孩子喜欢听故事这一特点，把科学领域的活动用故事情节引出并贯穿下来，增强了活动的趣味性，同时也引起了孩子们的探索欲望：为什么小蝌蚪一直找错妈妈？为什么它的妈妈是一只大青蛙呢？更进一步激发了幼儿参与活动的兴趣。

(2) 注意构建积极、有效的师生互动。活动中创设了一种愉快、积极探索的外部氛围，教师能够深入、有效地参与和引导，并始终给予幼儿积极的关注，由故事欣赏—共同观察小蝌蚪的成长变化—探讨青蛙身体的结构和功能—通过多媒体欣赏更多小动物成长的图片—探索其他动物的成长过程，顺应幼儿身心发展的规律，通过层层递进的形式，把幼儿的学习兴趣推向深入。

(3) 较好地完成了活动目标。在设计活动时教师注意使用了多种教学方法：演示法、观察记录法、情境教学法等，能够使幼儿主动探究、积极思维，幼儿采用了多通道学习法。新《纲要》明确指出：“幼儿能用多种感官动手、动脑，探究问题；用适当的方式表达、交流探索的过程和结果。”因此活动中引导幼儿听一听、看一看、说一说、记一记、想一想等多种感官的参与，幼儿不知不觉地了解了小蝌蚪由一颗颗小小的卵变成青蛙的过程。而给孩子播放多媒体资料，使幼儿在欣赏的过程中，进一步激起他们对动物世界探索的兴趣。

同时《蒙台梭利儿童教育手册》指出：教学方法只有一个，那就是必须要保持孩子高度的兴趣和强烈而持续的注意力。而本次活动教师根据幼儿的“最近发展区”进行设计，在幼儿的探索过程中，教师通过观察，了解幼儿的探索行为，使活动目标能自然、有效地融入幼儿的探索活动中，从而使幼儿在不断的师生互动中，尽兴探索、自主发展。

案例 2：认识钟表

钟表是我们日常生活中不可缺少的一个东西，和幼儿一起探索时钟，会让幼儿真正体验到学习内容对自己的生活有意义、有帮助。这样才能使幼儿积极主动地去探索，才会对身边的科学保持强烈的好奇心和求知欲。

活动目标：

(1) 通过观察，辨认钟面上针的特点，从而认识时针、分针、秒针。

(2) 使幼儿初步了解时针、分针、秒针的运转规律。

(3) 通过观察让幼儿能够辨认整点和半点，认识二者的联系。

(4) 帮助幼儿认识钟表的功能，从小养成珍惜时间的好习惯。

活动准备：大时钟一只、挂钟一只、幼儿人手一套可操作的钟面学具。

活动过程：

(1) 激发幼儿兴趣：通过讲解时钟的故事，请幼儿猜里面的三个人物分别是什么，从而引出时针、分针、秒针。

(2) 观察活动：出示钟表，观察钟面上有什么；比比看钟面上的三根针长短、粗细各有什么特点；观察钟面上有多少个数字，这些数字是怎么排列的；重点认识 3、6、9、12 四个数字。

(3) 实践操作：教师操作，让幼儿观察时针、分针与数字的关系；让孩子们观察时间为 12 点时，时针和分针分别指在哪；请孩子们仔细观察，当把分针拨一圈，时针有什么变化(时针走一小格)；教师再次操作，让幼儿观察时针和分针的变化，分针走一圈，时针走一格(一个数字)，就是一个小时。

(4) 观察整点与半点有什么不同：观察 12 点和 1 点有什么相同的地方——分针都指向 12，时针指向几就是几点；观察 12 点半和 1 点半时时针和分针有什么变化——分针都指在 6，时针在两个数字中间，并且前面的数字是几就是几点半。

(5) 帮助幼儿理解钟表的功能并进行实践操作。

案例分析：

(1) 本次活动设计的目标性以及社会实用性较强。钟表是计时工具，是我们生活中常见的日常生活用品，它可以告诉人们，现在是什么时间了，应该干什么事情了；它可以帮助人们形成良好的生活习惯。对于即将步入小学的大班孩子来说，认识钟表，加强时间观念，懂得爱惜时间是很有必要的。

(2) 以故事引出本次活动的主题，由浅入深，循序渐进进行探索。老师抓住孩子爱听故事的特点，在第一个环节，利用小故事激起幼儿兴趣，引出课题。形象地将时钟里的三根针比喻成大哥(时针)长得黑黑的、胖胖的、矮矮的，人们最爱问他几点钟；二哥(分针)长得黑黑的，个子比较高，本领大，他走一圈能带大哥走上一小段路；小妹妹(秒针)长得可苗条了，细细长长，穿一身红衣服，她喜欢不停地转着圈跳舞。听完故事后许多孩子猜出了，这是我们生活中经常用到的钟。紧接着出示一座正在走动的钟，并让幼儿观察，回答故事中的大哥、二哥、小妹妹分别指什么。最后总结归纳，利用说学法强调大哥叫时针，二哥叫分针，小妹妹叫秒针，重点让孩子们知道时针与分针。老师利用示范演示法，引导孩子进一步探索观察，认识时针与分针的关系，通过实物演示，更加形象与生动。并且利用儿歌的形式，教会幼儿与老师一问一答，增加了趣味性。通过朗朗上口的儿歌更加深了幼儿对整点的认识。

(3) 以幼儿操作为手段，让幼儿从感知入手，以实物教学教具为媒介，方便孩子观察，给孩子以清晰准确的概念。整个活动遵循了《纲要》中指出的科学教育的目标："对周围事物、现象感兴趣，有好奇心和求知欲。能用适当的方式表达交流探索的过程和结果。"在活动中教师要始终以幼儿为主体，对幼儿的生成活动关注在先，仔细观察并深入分析了幼儿的行为，真正了解并正确判断幼儿行为背后的经验支撑点，顺应幼儿的意愿和发展。在活动中运用观察法、发现法等多种教学方法让幼儿通过操作活动，促进幼儿主动学习。

二、实验操作型活动的设计

案例 1：对电的认识

大班幼儿不满足于单纯地摆弄玩具，他们更喜欢探究玩具里的奥秘。电动玩具为什么会动起来呢？抓住孩子们的兴趣点，设计这个科学活动，通过提供丰富的操作材料，引导幼儿在几次探究的过程中获得有关电池的经验，并初步培养幼儿的环保意识。

活动目标：

(1) 培养幼儿的动手能力以及对科学探索活动的兴趣。

(2) 通过观察、实验、操作，认识电池的正负极，了解正确使用并进行检验电池的方法。

活动准备：电动玩具若干、电路板每组一块、电池模型图以及说明图各一张。

活动过程：

(1) 通过观察认识电池：以活动准备的玩具吸引幼儿的注意，通过拨动开关，提问：玩具为什么会运动或者停止？验证幼儿的猜测，引出活动主题——电池；并让幼儿观察电池；结合电池模型图，巩固幼儿的发现，小结电池的特征，认识电池的正负极。

(2) 观察教师提供的电路板，教师进行讲解，让孩子们知道正负极的作用，并进行示范性操作。

(3) 教师指导幼儿进行电路板操作，使幼儿体验成功的乐趣。

案例分析：

新《纲要》告诉我们，孩子们的科学探究应从身边的事物开始，引导孩子们关注周围生活和环境中常见的事物，发现其中的趣味和奇妙，有益于保持孩子们的好奇心，激发他们的探究热情，使他们从小就善于观察和发现，让孩子们感到科学并不遥远，科学就在我们的身边。在《对电的认识》这个科学实验中，老师注意到了为孩子提供丰富多彩的实验材料，比如孩子们经常玩的各种玩具，但很多时候只是要求幼儿按照老师设置的程序去操作。新《纲要》指出，儿童是主动的学习者，在科学教育活动中，他们是主动的探索者、研究者、发现者，知识经验的主动构建者，教师只是儿童探究活动的支持者和引导者。教师要尽量地创造条件让儿童实际参加探究活动，亲身经历真实的研究过程，让儿童真正地做科学。如今幼儿的生活中充满了数不胜数的使用电池的玩具、文具、生活用品，如故事机、小台灯、小汽车、手电筒等，而这些物品使用电池的型号不同，安装使用的方法也不同，如果幼儿只是学会了单一的操作实验中的电路板，对孩子来说又有什么意义呢？对于生活中使用电池的各类玩具、文具，他们还是不会安装，只有让孩子们通过探索尝试，在反复的拆装中学会正确地给各类物品安装不同的电池，才是孩子们的真正需要。本次活动的特点如下。

(1) 对电的认识与我们的生活十分贴近，本次实验设计注重让幼儿在自主探索中获得经验。

(2) 丰富的材料让整个活动富有操作性和趣味性。陶行知老先生说过“生活即教育”。幼儿能否成功地解决他们所遇到的问题，多数情况下取决于他们的生活经历以及经验。在日常生活中，我们也要有意地为幼儿设置问题情境，创造解决问题的机会，有效地帮助幼儿把学到的知识转化为解决实际问题的技能。

本次的活动课程由此而产生，不仅了解了电，还知道了废电池回收问题，培养了环保意识。

老师要引导幼儿在做的过程中感受科学探究的过程和方法，将幼儿置身广阔的社会生活环境中去学习，从而开阔幼儿的眼界，使他们对于现代科技与人们生活的关系也理解得更加透彻。而作为教师如何组织、引导幼儿进行科学实验，如何让幼儿的科学实验发挥最大的功效，将会成为幼儿教师一直思索和探讨的问题。

案例 2：沉下去浮上来

幼儿好奇心和探索欲望都很强，对很多科学现象充满兴趣，但又缺乏正确的引导和科学的方法。我们抓住幼儿这一特点开展科学活动，尝试用贴近幼儿生活的事物或现象为幼儿揭示科学的奥秘，培养幼儿爱科学、学科学的意识。

活动目标：

(1) 乐于参加探索沉与浮的小实验，了解物体的沉浮现象。

(2) 初步知道哪些东西在水中是沉的，哪些是浮的，并进行分类。

(3) 按照老师的要求有序地完成实验，并初步形成对科学活动的兴趣；能与同伴合作交流，探索实验物体沉浮的原因。

活动准备：每组一个小塑料桶，桶里有半桶水；空塑料瓶、钢珠、乒乓球、钥匙、硬币、玻璃瓶、装满水的塑料瓶等每组一份；每组一张记录纸、一支笔。

活动过程：

(1) 认识实验材料：老师展示实验材料，问哪组的小朋友能给咱们介绍一下，这些材料分别是什么？(可让其他的小朋友验证是否正确)那么现在我要跟这些宝贝们一起玩水了，如果我们把它们放到水里，你们猜猜它们会怎么样？

(2) 幼儿操作活动，感知沉与浮的现象：让幼儿动手操作，将刚才展示的物品放入水中，对自己猜想的结果进行验证，并将正确的沉浮结果做好记录，同大家分享。(轻的物体能够浮上水面，重的物体则沉到了水底)

(3) 拓展实验：引导幼儿想象用怎样的方法，可以使浮在水上的东西沉下去，沉在水底的东西浮上来，幼儿相互交流验证实验结果。比如塑料水瓶，空的放在水中是浮在水面上的，装满水后，就会沉入水底；硬币放入水中时会沉入水底，但如果放入空塑料瓶中再放入水中，就会浮在水面上。这又是为什么呢？

(4) 教师总结：其实，物品在水里是浮还是沉，除了与物品的轻重有关外，还与其他多方面因素有关，这就是科学的奥秘，需要我们日后去慢慢探索。

案例分析： 幼儿好奇好动，几乎所有科学领域的探索，都会激起他们的好奇心。对于本次科学实验的材料，教师在上课之前进行了精心的挑选，所有的材料都是我们幼儿身边常见的材料。在完成本节课的教学目标后，老师又针对活动的延伸部分向孩子们提出了新的内容。为了成功地完成此内容，教师在材料的投放上，也充分地考虑了材料的可变性。比如空的塑料瓶是浮在水面上的，那么它怎么能沉到水底呢？本次活动的特点如下。

(1) 让孩子通过感知，在面对自己遇到的问题时，能够充分运用已有的经验做出猜想和假设，并带着问题通过亲自动手来验证自己的想法，依据观察到的事实得出自己的结论。

(2) 通过操作可变性的材料，增强幼儿的探索兴趣。

(3) 整个活动过程中，真正做到了以孩子为中心。活动形式上又充分考虑到儿童的参与性与合作性，如将幼儿进行分组，由于活动空间宽松，使幼儿能够合作投入做实验，互不干扰，在发现知识的同时，合作、商讨、谦让意识也得到增强。

(4) 在活动指导中，教师注意自身的参与性，与幼儿融为一体，成为幼儿游戏的伙伴，对幼儿的提问、需要及时回答并给予帮助，针对幼儿的发现及时引申实验内容，引导幼儿积极投入地参与实验游戏。只是在材料的投放上质地分得不太明显，由于材料过多，幼儿记录时，受绘画水平的制约，不能很快地记录结果，拖延了实验时间，没有真正达到记录的效果，采用更适合大班幼儿的年龄特点的记录方式，效果会更好。

三、科学讨论型活动的设计

案例 1：该去哪里买

在我们的生活中，我们需要购买各种生活日用品，而且孩子们也喜欢逛各种各样的商场，寻找他们喜欢的、感兴趣的东西。这也是我们社会生活的一部分。为了让孩子们了解我们需要的东西应该去哪里买，我们设计了本次活动。

活动目标： 让孩子了解不同商场的社会功能，以及商品的特征分类。

活动准备： 各卖场内商品布置的图片若干；电子资源《该去哪里买》。

活动过程：

(1) 老师引导幼儿共同探讨自己的购物经历，自己和家人们去过哪些商场，在这些地方卖什么东西，有什么不同，你最喜欢去哪等问题，从而激发孩子讨论的兴趣。

(2) 将幼儿分组，展示活动之前准备的商品的图片，请他们用不同的分类方法，引导他们按照商品的两种或者两种以上的特征进行分类。每组的孩子都在进行激烈的讨论，孩子们有把汽车分到一类的，把食品分到一类的，把衣服分到一类的，等等，引导孩子们能分别说出他们的分类依据。

(3) 活动延伸：让孩子们讨论在哪里可以买到这些东西。孩子们根据自己的经验，说着自己的想法，哪些东西可以在一个地方买到，哪些东西可以在好几个地方买到。比如我们在玩具店以及超市都可以买到玩具，你愿意去哪儿？为什么？孩子在老师的引导下，说出了自己的想法。

案例分析：

《指南》提出，幼儿的发展是在与周围环境的相互作用中实现的，良好的教育环境对幼儿的身心发展有着积极的促进作用，我们应充分利用身边的资源，拓展幼儿生活和学习的空间，借助孩子感兴趣的事物，充分挖掘其潜在的有利于孩子身心和谐发展的教育价值。而活动《该去哪里买》就是根据幼儿参与购买物品的各种零星的经验设计的，目的是让孩子对今后的购物经历能有一个更深刻的认识。本次活动的特点如下。

(1) 首先老师将课下孩子与家长一起参加的购物活动经历搬至课堂之上，通过对熟悉问题的讨论引起孩子对购物经历的回忆。教师通过播放不同的商场图片，并对熟悉的物品进行分类，从而充分激发孩子原有的生活经验，调动孩子参与的积极性，使课堂与孩子的生活建立起一种有机的内在联系，从而使教学源于生活、高于生活，引导孩子今后更好地参与到社会生活实践中。

(2) 课程内容从教科书扩展到所有对儿童有意义、有兴趣的题材，真正做到以孩子为中心，激发起孩子积极探索的兴趣。

(3) 在整个活动探索中，老师十分重视发挥学生的主体作用，整个课堂主要以学生讨论的形式进行，老师在整个过程中只是起到引导作用。在整个讨论过程中，老师与幼儿处在平等的位置，共同探究问题，教师没有急于把问题的答案交给幼儿，避免了教师一言堂的灌输方式，而是从幼儿的立场来思考问题，体会孩子的探索过程。

案例 2：站住了，别倒下

在一次玩雪花片的活动中，孩子们无意间发现了雪花片其实是可以站起来的，不过要让它站稳却需要极大的耐心，但孩子们乐此不疲，十分喜欢玩，于是老师设计了这个活动。

活动目标：

(1) 鼓励孩子积极讨论，大胆探索使物体站起来的多种方法。

(2) 勇于在其他同学以及老师面前大胆表达，勇于交流自己的探索过程以及发现。

(3) 体验科学探究与交流分享带来的无限乐趣。

活动准备：粉笔盒、雪花片、回形针、橡皮泥、光盘、纸。

活动过程：

(1) 观察活动材料，引起幼儿兴趣：老师出示为活动准备的材料，要求幼儿根据生活经验讨论说出哪些物品可以站起来，哪些物品不能站起来；实际操作，验证刚才的猜测结果；提问为什么有的东西可以站起来，有的却不能。

(2) 尝试多种方法让不能站立的物品站起来：幼儿进行讨论交流使物体站立起来的方法，并进行合作，实验验证。

(3) 通过讨论解决在没有辅助物的情况下怎样让纸张站起来，验证自己的结果，勇于同大家交流，展示探索结果。

案例分析：

教育家杜威说过，儿童有调查和探究的本能，探索是儿童的本能冲动。学前期的幼儿可以说是个个好奇、好问、好探究，他们生机勃勃，精力充沛，不知疲倦地探索周围世界。老师就利用日常生活中的事物和现象作为幼儿科学探索的对象，预设产生一些科学案例，以此引导幼儿发现周围世界的神奇，体验和领悟到科学就在身边，从而激发幼儿对周围世界的认识兴趣和探究欲望。《站住了，别倒下》就是以生活中的“物体平衡性”现象作为原形，通过幼儿的观察以及实际操作产生的一次活动，贴近幼儿的生活，取材于幼儿的生活，通过具体的生活素材来引导孩子动脑筋、想办法，培养他们解决问题和困难的品质，激发幼儿探索生活现象的兴趣，体现了“科学实验生活化”这一重要精神。本次活动的特点如下。

(1) 为了发展孩子的多元智能，促进完整人格的成长，我们还鼓励幼儿在活动中用语言大胆表述自己的意见和想法，培养他们自信的性格并学会认同别人的优点。因此教师把本次活动的目标定为：引导幼儿大胆探索让物体站起来的方法；培养幼儿对科学的探索的兴趣，通过观察、操作、讨论，使孩子能表述自己的操作过程，交流探索结果；积极参加活动，在操作活动中体验成功的喜悦。

(2) 活动设计由浅入深，第一步，教师出示生活中常见的材料，让孩子们自己进行演示，因为材料能激发幼儿探索的欲望，符合幼儿年龄特点的材料能引发幼儿产生摸一摸、试一试的愿望。通过动手操作让幼儿对自己的判断进行验证，知道物体平衡与物体的重心位置有关，进行分类摆放。第二步，让孩子把不能站立的物品站起来，孩子们相互交流意见并实践验证结果。但由于学前期的幼儿年龄较小，思考问题比较浅显、直观，针对“怎样帮助不能站的物体站起来”这一问题，幼儿首先想到的是通过采用“辅助材料”的方法来解决问题。教师就鼓励幼儿大胆操作、探索，互相交流。第三步，在没有辅助材料的帮助下，怎么让一张纸站起来呢？引导幼儿思考不用任何外加材料，通过改变形状来帮助纸站起来。这一环节，从一开始借助辅助物，到没有辅助物，最后使一张纸能站起来，把活动推向了高潮。

(3) 活动过程中教师鼓励幼儿大胆探索，互相交流表达，通过实际操作、记录，使幼儿更具体明确地了解更多的方法，充分发挥了幼儿的主动性。

在整个活动中，教师遵循循序渐进的教学原则，幼儿在实践中探索，从探索中汲取新的知识，培养了幼儿的兴趣，贯彻了“做中学，做中求进步”的教学理念。让幼儿懂得了要使不能站的物体站起来，可通过改变物体的形状、借助其他物体等方法来增强物体的平衡性，活动效果较好。孩子天性爱玩，怎样让孩子们在玩的过程中有所收获、使玩变得更有意义，老师应该在以后的教学中继续探索思考，给孩子们创设更多的有意义的游戏活动。

四、技术操作型活动的设计

案例 1：测测有多长

在幼儿阶段，还不能做到用标准的测量工具和计量单位，比如尺子来进行测量。但可以运用生活中幼儿熟悉的各种自然物来引导幼儿尝试学习自然测量。所谓自然测量，就是利用如手掌、手臂、脚步、绳子、纸条、小棒等自然物作为量具来测量物体的长短、高矮、粗细。在实践中幼儿不能很好地进行操作，因此教师设计了此次活动。

活动目标：

(1) 引导孩子们认识长短，学习常见的测量工具。

(2) 引导孩子用首尾相连的测量方法测量长度。

(3) 在游戏比赛中激发孩子的测量兴趣，培养孩子动手操作的能力。

活动准备：沙包、记号笔、毛线。

活动过程：

(1) 以幼儿游戏“扔沙包比赛”的方式开始活动，比赛看看谁扔得远，激起幼儿探索的兴趣：老师将孩子带到户外，让孩子扔沙包，并将每一次扔的位置做好标记，然后引导幼儿进行思考，我们怎么才能知道自己扔的沙包有多远。孩子们七嘴八舌地讨论开了，说可以用尺子量一下，可以用毛线、纸巾等。那么新的问题产生了，如何使用自己中意的工具进行准确的测量呢？

(2) 验证讨论结果，尝试用工具开始测量：用直尺怎么测量呢？(尝试用首尾相连的方法进行测量)用毛线怎么测量？(尝试两人合作，用做记号的方式进行)新的问题，几种方法的测量结果相同吗？

(3) 活动延伸：巩固测量方法，到熟悉的环境中进一步寻找生活中的测量工具。

案例分析：

老师给孩子们设置的游戏是充满智慧的，这节课以“扔沙包比赛”的形式开展，既满足了孩子爱玩的天性，又在玩的过程中调动了孩子探索知识的积极性、主动性，锻炼了孩子的实际动手操作能力、表达能力以及团队合作能力。首先，本次活动选材贴近幼儿生活。《纲要》中指出：“教育活动内容既要贴近幼儿的生活来选择幼儿感兴趣的事物和问题，又要有助于拓展幼儿的经验和视野。”本次活动《测测有多长》来源于幼儿的日常生活，也运用于日常生活。本次活动的特点如下。

(1) 活动中，教师通过扔沙包比赛的形式，看看谁扔得远，激发幼儿参与活动的兴趣。同时请幼儿帮助解决老师在评判中遇到的困难，在解决困难的过程中提升幼儿的经验、拓展幼儿的视野，并将所获得的经验运用于日常生活。

(2) 本次活动体现了幼儿活动的自主性。同样《纲要》中指出：“为幼儿的探究活动创造宽松的环境，让每个幼儿都有机会参与尝试，支持、鼓励他们大胆提出问题，发表不同意见。”活动中，教师没有直接交给幼儿测量的正确方法，而是把问题抛给幼儿：“怎么知道谁的沙包扔得更远呢？通过什么方法可以准确地知道扔出沙包的具体距离呢？”等等，让幼儿大胆思考，通过讨论交流发表自己的想法，并请幼儿根据自己的想法试着量一量，充分体现了幼儿活动的自主性。

(3) 本次活动准备材料丰富。根据《纲要》的精神：“通过丰富的可操作的材料，为每个幼儿都能运用多种感官、多种方式进行探索提供活动的条件。”在教师教给幼儿正确的测量方法之后，提供不同的测量材料作为测量工具，让幼儿探索，使幼儿在亲身体验、亲手操作的过程中发现不同的测量工具测量的结果一样。

(4) 本次活动较为严谨，活动环节设计能做到层层递进。从目测引出——测量工具的使用方法探讨与学习——测量工具的正确使用——观察、比较不同测量工具带来的结果——拓展新的测量经验，等等，前一个环节是后一个环节的基础，后一个环节是前一个环节的小步递进，从而使幼儿能享受到活动带来的乐趣，以及完成一项活动带来的成功体验。

(5) 关注幼儿间的合作。通过幼儿的合作测量，有效地提升了课堂教学效果，既满足了教学效果符合大班孩子的年龄特点，又保证了幼儿间互相学习的互补性、合作性。

(6) 在幼儿掌握正确的测量方法之后，教师让幼儿测量的材料可以是实物，比如：幼儿桌子的桌面长和宽。本身测量源于生活也运用于生活，所以测量实物能引导幼儿将已有经验运用于现实生活中。

案例 2：调皮的影子

活动目标：

(1) 通过自身的探索，让幼儿感知影子的变化与光源的远近以及照射角度的关系。

(2) 激发幼儿探索科学的兴趣；根据光源与物体的位置判断影子的方位。

活动准备： 立体玩具、积木、光线昏暗的活动室。

活动过程：

(1) 猜猜我是谁，引起幼儿的兴趣：教师操作手电筒，前面放各种玩具，让幼儿猜猜是什么？你是怎么猜出来的？让幼儿猜想影子形成的原因，提问幼儿在哪儿还见过影子，有什么样的发现，让幼儿进行讨论。

(2) 活动探索：带领幼儿在室内观察、判断影子的方向——玩具的影子在哪边？为什么？如果把光源移到玩具的另一边，影子应该在哪边？光源、玩具与影子的位置关系有什么特点？(三者在一条直线上，玩具在光源和影子的中间)其他东西的影子是不是也是这样呢？整个探索环节由幼儿进行操作。

(3) 带幼儿到户外玩游戏“影子在哪里”，三人一组，一人当光源，一人当被光照射的物品，一人当影子，前两者可以主动找自己的位置，影子要根据前两者的变化迅速找到自己的位置。

(4) 活动延伸：共同探讨影子在我们生活中的日常应用——古时候用影子来看时间；影子也会给我们的生活带来不便：介绍医院手术用的无影灯。

案例分析：

影子一直是孩子们感兴趣的话题，本案例将科学教育融于幼儿的生活中，让幼儿通过探索影子，从而了解影子与光的密切关系。本次活动的特点如下。

(1) 选材内容生活化。教师抓住随时都可以捕捉到的影子这一教育资源，以猜一猜的形式导入，可以使幼儿迅速地集中精神，很快地进入角色。紧跟着的活动探索环节，教师让幼儿自己动手，探索发现影子，从而培养幼儿的自主探究能力。通过讨论交流，尝试多次从不同方向照物体，弄明白了影子的奥妙：必须有光源，而且物体在光源与影子中间；物体距离光源的远近也与影子的大小有关。活动延伸部分，让幼儿知道影子对人们日常生活的影响。

(2) 教学活动游戏化。教师很好地把握了幼儿的兴趣点，运用游戏这一幼儿特有的、最有效的学习方式，通过寻找影子在哪里，巩固学到的知识，让幼儿在玩中获得关于影子现象产生和变化的丰富经验。

(3) 整个活动立足于让幼儿来操作、来感知，让幼儿在真真切切的生活中来学习。在注重外部操作的同时，更注重内部操作——思维的碰撞，让幼儿在观察、比较、判断的过程中，使思维提升一个高度；同时也锻炼了幼儿的动手操作能力，让幼儿真正感受影子的奥妙。

《3～6 岁儿童学习与发展指南》中科学领域的目标指出：幼儿的科学学习是幼儿在解决实际问题的过程中，尝试发现事物间的异同和联系的过程。幼儿在对自然事物的科学探究和解决实际生活问题过程中，不仅能获得丰富的感性经验，充分发展形象思维，而且在感知具体事物基础上初步尝试归类、排序、概括、抽象，逐步发展逻辑思维能力，为其他领域的深入学习奠定基础。教师要善于发现和保护幼儿的好奇心，充分利用自然和实际生活中的教育机会，引导幼儿通过观察、比较、操作、实验等方法，学会发现问题、分析问题和解决问题，帮助幼儿不断积累经验，并运用于新的学习活动，形成受益终身的学习方法和能力。

第三节　大班科学实验指导策略

《指南》指出：“幼儿的科学学习是在探究具体事物和解决实际问题中，尝试发现事物间的异同和联系的过程”，“幼儿科学学习的核心是激发探究兴趣，体验探究过程，发展初步的探究能力”。作为教师，如何依据《指南》组织、引导幼儿的探索活动，如何让幼儿的探索活动发挥最大功效，如何保护、鼓励幼儿探索的天性，教师灵活运用指导策略是关键。

一、采取多种方式激发幼儿对科学实验的兴趣

1. 以实验操作法激发兴趣

操作材料具有暗示性，能够激发幼儿的操作兴趣，所以在科学实验中，为幼儿提供大量可操作材料，对激发幼儿对科学实验的兴趣十分有益。例如：在《神奇的泡泡》活动中，教师为幼儿提供了许多他们认为可以吹出泡泡的材料，让他们去操作实验，在反复实验的过程中幼儿的好奇心不断被激发，又不断得到满足，使幼儿的学习处于一种积极快乐的状态。

2. 以问题情境法激发兴趣

学起于思，思源于疑。幼儿们积极思维往往是从疑问开始的，有疑问才能启发幼儿去探索，并激发寻求答案的愿望。教师在指导幼儿进行科学探究活动中提出有质量的问题，创设问题情境，才能有步骤地指导幼儿进行科学探索，使幼儿感到探究活动的挑战性，从而使幼儿对科学探究活动本身产生兴趣和愿望。

3. 以教师的情绪激发兴趣

情感是产生兴趣的“催化剂”。有效的学习都是动情的学习，没有热情就不可能有对真理执着的探索。幼儿具有好模仿和易受暗示的特点，教师喜爱的，往往也就是幼儿所喜欢的，教师的一言一行都直接影响着他们。因此，教师要以对科学活动充满喜爱的情绪去感染孩子，以好奇的神情、生动的语言、有趣的形式指导幼儿参加科学活动，让幼儿从教师的表情动作中学到对待事物的态度和方法等。

二、设计提问引导幼儿主动探究

在科学探究活动中，提问可以说是成功的基础。同样的情境提出不同的问题，幼儿探究的主动性、深度和广度是完全不一样的。提问是教师引导幼儿主动探究的技术之一，它能激励幼儿专注于探究活动，真正实现幼儿的学习和发展。在科学探究活动中教师可以采

用以下几种提问方式。

1. 鼓励性提问

鼓励性提问应面向全体而不是针对某个单独个体，教师应让更多的幼儿参与回答问题，或在某个孩子回答之后让其他孩子发表不同看法或分享某个观点。教学活动中，教师应尽量多地鼓励每个孩子都发表自己的看法，并积极鼓励孩子提出不同的想法。如“生活中你们还在哪儿发现了沉浮现象？”“谁还有不同的想法？”通过鼓励性的提问，扩大提问的参与面，逐步提高幼儿回答问题的兴趣和能力。

2. 发散性提问

发散性提问没有限定的答案，能够培养幼儿的独创性、变通性和灵活性，也有利于锻炼幼儿解决问题的能力。比如“你听到玻璃珠掉到地板上的声音是什么感觉？像你听过的什么声音？”“你们知道哪里有空气吗？”这些发散性的问题很开放，没有确定的答案，但是它可以很广泛地收集幼儿的想法，促使幼儿积极思考，产生主动探索的欲望。

3. 层次性提问

心理学家维果茨基认为：“只有走在发展前面的教学才是良好的教学，否则就将充当发展的尾巴。”为此，教学中设计的提问要有层次性。首先从幼儿已有的生活经验入手，然后再以层次性的提问逐步加深，扩展内容，丰富知识，建构概念，使整个过程结构严谨，体现发展性原则。如“风的形成”探究活动中，让幼儿观察风中飘动的红旗、树叶，以“红旗、树叶为什么会动”导入教学；再以“我们还会在什么情况下感到有风，是什么原因”，“如果没有刮风，你有什么办法产生风”等层层深入的问题帮助幼儿了解风的形成。有层次的问题，可以引导幼儿积极思考，逐步深入地探索发现，帮助幼儿在原有经验的基础上发展新经验。

4. 矛盾性提问

在探究和发现的过程中幼儿常常不去注意那些矛盾的事件，此时需要教师提出矛盾性问题，引起他们的注意，从而进行更深入的探究。比如：在“尽快让冰融化”的科学活动中，两个幼儿都认为倒入热水会使冰很快融化，但在实际操作中，两个孩子的方法一样，所用的时间却不同，教师及时抓住了这一认知矛盾提出问题：“你们都用了倒热水的办法，为什么冰融化的时间不一样呢？”这个问题在幼儿的认知中激起了已知与未知之间的矛盾，从而激发幼儿进一步探究的欲望。在科学活动中，经常会出现矛盾冲突(可能是幼儿间的认知矛盾，可能是孩子自身原认知与新认知间的矛盾)，这些都需要教师在活动中及时地捕捉，根据认知矛盾提问，及时地引发进一步思考，有助于幼儿主动地建构科学概念。

5. 开放性提问

开放性提问是启发幼儿在一定的问题情景中，能从多角度寻找解决问题的方法，从而促进幼儿主动思考、主动学习、获得发展的有效方式。这些问题没有现成的答案，因此为幼儿提供了创造性的想象思维空间。开放性的问题，它的提问形式多种多样，如“如果……那么……”“你认为应当怎样做”“关于这个问题你还有什么想法吗”“你有什么新问题”等。当教师向幼儿提出开放性问题时，会刺激幼儿产生具有新意的问题，使幼儿在与同伴的相互碰撞中产生灵感，促进他们创造性思维和个性的发展，有利于幼儿主体性的体现，提高幼儿解决问题的能力。

6. 积极有效的追问

“追问”，顾名思义，就是追根究底地问原因、问下落。教师的“追问”，往往是要了解幼儿“为什么会这样想”“为什么会这么说”“为什么会这么做”。换句话说，教师通过提问来了解幼儿的所思所想。通过教师的“追问”，某一个幼儿思考问题的过程就呈现在大家面前，不仅使教师了解了幼儿的思维过程，同时也为大家提供了“倾听、理解他人想法”“发现他人问题”“同伴互相质疑”等师生互动、生生互动的环境，有助于教师有目的地引导，开阔探索思路。总之，教师对幼儿的提问应遵循一个总的原则，那就是应尽量避免向幼儿提出指向过于明确或有鲜明倾向性的问题，也尽量不向幼儿提出只有两种选择答案的问题，如“对不对”“好不好”等，这种二者必选其一的问题限制了幼儿的思考，长此下去，幼儿原本活跃发散的思维难免会陷入非此即彼的僵化安排之中。

三、组织各种探究活动，培养幼儿的科学品质

教师要组织和引导幼儿亲历各种科学探究活动，使幼儿经历从探究到发现的过程。幼儿通过感知、熟悉、提问、回忆来明晰自己的研究对象，提出自己真正关心的或产生疑问的问题；然后分析问题，充分运用已有经验做出猜想和假设；再带着问题通过亲自动手验证自己的想法，记录和整理观察到的信息与结论；最后在同伴间解释与交流、分享探索的过程和结果。在此探究过程中，教师要力图实现“幼儿积极主动地学，教师积极有效地教”这种互动与同构的教学过程。充分体现《纲要》和《指南》精神的科学探究活动是以幼儿为主体，让幼儿在动手、动脑的探究活动中进一步形成积极的科学态度，激发幼儿科学探究的热情，使幼儿提升科学探究能力，获得丰富的科学知识，积累多方面的科学经验，逐渐培养幼儿的科学品质。

四、提供机会，培养幼儿的探究能力

1. 为每个幼儿提供真正的探究机会

在科学活动中要为幼儿创设提供支持的环境，给每个幼儿提供探索的机会，保证每个幼儿都有充分与材料互动的机会；遵循“幼儿在前，教师在后；尝试在前，指导在后；活动在前，讨论在后；操作在前，结论在后”的原则，多让幼儿自己去探索、观察、动脑、动手，教师不要急于告诉幼儿正确的方法和答案。

2. 为每个幼儿提供充分的探究时间

探究活动如果没有时间的保证，幼儿就失去了在实践中自我建构知识与经验的机会，更不可能养成执着的探究精神和提高解决问题的能力。教师应注重为幼儿提供充分的探究时间，让每个孩子都有反复尝试的机会，在幼儿的探索过程中，教师要舍得花时间，而不是形式上的操作。充分的探究时间可以提高幼儿的探究能力，培养幼儿认真、细致、实事求是的科学品质。

3. 为每个幼儿提供多感官参与的探究过程

在科学探究教育活动中，必须注重让幼儿运用多种感官去探索周围世界、获取信息、发现问题、寻找答案。教师要为幼儿提供适宜的可操作的材料，通过看、听、摸、闻等感官活动，帮助幼儿了解认识世界的方法，使幼儿自然地获得有益的经验。

4. 为每个幼儿提供合作学习的探究资源

《纲要》在科学领域的指导要点中指出：“要培养幼儿合作学习的意识和能力，学习用多种方式表现、交流，分享探索的过程和结果。”《指南》在科学探究的教育建议中提出：“支持幼儿与同伴合作探究与分享交流，引导他们在交流中尝试整理、概括自己探究的成果，体验合作探究和发现的乐趣。如一起讨论和分享自己的问题与发现，一起想办法验证猜测和收集资料。”这些都是对幼儿科学教育提出的新要求。在活动中，教师应为每个幼儿提供合作学习的探究资源，有意识地引导小组合作学习，鼓励幼儿合作探究，并组织幼儿小组的交流表达，不仅能让幼儿对自己的探究活动进行回顾与反思，而且能及时地将自己的新发现与教师、同伴分享，产生思维碰撞，享受发现带来的欢乐，以及操作成功带来的成就感和自豪感。

五、教师提供多方面支持，保证幼儿探究成效

1. 支持性的心理氛围

幼儿的科学探究需要安全的、具有支持性的心理氛围，鼓励幼儿提问，支持幼儿探究。教师和其他成人的积极参与就是对幼儿探究活动的一种鼓励，当幼儿有疑问时积极参与并和幼儿一起讨论，适时地参与幼儿的探究，认真地倾听幼儿的表达和分享交流并给予积极的回应，这都是对幼儿精神上的支持和鼓励。另外，在幼儿进行科学探究时应允许幼儿出错。出错是幼儿科学探究中的常见现象，要给予幼儿按照自己的想法去做的权利，幼儿在活动中出现任何的想法或行为都是可能的，即使是错误也是幼儿认知提升必须经历的过程。当发现错误时，教师应尊重和接纳每一个幼儿的观点、发现和解释，允许幼儿保留自己的观点，不要急于否定幼儿，更不要批评指责幼儿。教师需要做的是提供支持性的环境氛围和探究的时间与空间，让幼儿在自己的操作及与同伴间的交流讨论中自己去发现错误，进而自己去修正错误，更正错误的本身也是幼儿自我学习的过程。“我听见了就忘记了，我看见了就记住了，我做了就理解了。”幼儿只有在自己的亲身实践、操作、探索中才会真正获得知识与经验，才会得到发展。幼儿在热情投入地进行探究活动时难免会弄脏衣服，弄乱或者弄坏物品，这些都是幼儿的热情尝试，成人一定要宽容、接纳、尊重幼儿的行为表现，并给予适当的引导。

2. 支持性的探究材料

幼儿科学探究和学习的主要方式是亲身经历和获得直接经验，因此，适宜的材料和工具的支持是幼儿进行科学探究必不可少的因素。用于支持幼儿科学探究的材料既包括教师在区域中投放的供幼儿自由探究的材料，也包括在教师专门组织的科学教育活动中为幼儿投放的材料。教师需要关注和研究材料的结构，具有适宜结构的材料能够支持幼儿的自主

探究和发现。如：让幼儿探索和发现不同纸的吸水性，就需为幼儿提供特点和差别明显的纸(牛皮纸、包装纸、瓦楞纸和餐巾纸)；让幼儿发现磁铁的特性，则需要为幼儿提供磁铁和各种能被磁铁吸起来和不能被磁铁吸起来的物品。

3. 支持性的安全措施

对于幼儿来说，安全是至关重要的。在科学探究活动中，教师要具有安全的意识，为幼儿提供安全的操作材料和环境，提供相应的支持性的安全措施。教师要考虑各种材料和工具的安全、幼儿可能接触到的动植物的安全，还要考虑一些幼儿可能对植物的花粉和动物的皮毛过敏。另外，对幼儿外出探索的场所教师必须事先进行考察，确保环境条件和幼儿接触到的物质既有利于支持幼儿的探究，又能确保幼儿的安全。

拓展阅读

活动设计的重要作用

(1) 幼儿为主体——从幼儿的兴趣和需要出发，激发幼儿对科学课的兴趣。

(2) 具体环节——使幼儿保持探究的过程，更加深入地探究问题。

(3) 计划性——活动没有进行设计，那么其结果一定是失败的。

(4) 整体性——促进认知、情感、态度、有关技能的整体协调发展。

(5) 操作性——使幼儿在“做”中学会思考，积极探究。

本 章 小 结

本章根据分析大班幼儿学习科学实验的特点、目标及科学实验的类型，总结出不同实验类型的活动设计方法及指导策略。通过案例分析，让大家简单明了地知道如何设计不同类型大班的科学实验。

推 荐 阅 读

[1] 关松林. 幼儿园科学教育活动指导[M]. 北京：高等教育出版社，2014.

[2] 张俊. 幼儿园科学教育活动指导[M]. 北京：人民教育出版社，2011.

[3] 张晗，王萍. 幼儿园教育活动设计与指导[M]. 北京：科学出版社，2015.

[4] 蒙台梭利. 蒙台梭利儿童教育手册[M]. 肖咏捷，译. 北京：中国发展出版社，2003.

[5] 中国教育部. 3～6 岁儿童学习与发展指南[M]. 北京：首都师范大学出版社，2012.

[6] 周兢，张杏如. 幼儿园活动整合课程[M]. 南京：南京师范大学出版社，2002.

[7] 中国教育部. 幼儿园教育指导纲要(试行)[M]. 北京：北京师范大学出版社，2001.

[8] 天淇乐. 幼儿教育观新论[M]. 北京：人民教育出版社，2006.

思考与练习

一、名词解释

科学实验　科学技能　科学教育

二、简答题

1. 简述大班幼儿学习科学实验的特点。
2. 大班幼儿学习科学实验的类型有哪些？
3. 简述设计科学实验目标的特征。

三、论述题

1. 论述大班科学实验各个类型的概念。
2. 大班科学实验的指导策略有哪些？

【实践课堂】

请根据幼儿感兴趣的内容设计一堂大班科学实验。

盥洗室的小漩涡

有一天，在盥洗室的水池旁围了许多小朋友。我走过去发现每个水龙头都是打开的状态。还发现小朋友们每个人的小眼睛都盯着下水位置的小漩涡。有的小朋友伸手想要去摸，有的小朋友想要找到水流向何处，还有的小朋友用手接了一捧水倒掉又反复……

第四章　大班科学实验与活动指导.pptx

教师真正的教养性表现为：学生能从他身上看到一个引导他们攀登道德高峰的引路人，从他的话里听出他在号召他们成为忠于信念、对邪念不妥协的人。

——苏霍姆林斯基

第五章　中班科学实验与活动指导

本章学习目标

- 熟悉中班幼儿学习的特点。
- 熟悉中班科学实验的目标。
- 掌握中班科学实验的活动指导方法。

核心概念

中班幼儿(middle-class children)　中班科学实验(science experiment in middle class)　观察认识型(observational epistemology)　实验操作型(experimental operational type)　科学讨论型(scientific discussion type)　技术操作型(technical operational type)

引导案例

颜色变变变

活动目标：

1. 能正确进行三原色分类并大胆尝试两种色彩的混合，感受色彩的变化；
2. 能用语言表达自己的发现，积极参与交流；
3. 体验玩变色游戏的乐趣，感受科学活动的乐趣。

活动准备：透明饮料瓶、塑料筐、瓶盖、磁性黑板一块、颜色图标、颜色吊牌、棉布。

活动过程：

1. 观察、探索瓶子的秘密。

(1) 魔法小游戏，引出魔法瓶。

(2) 观察瓶里的水并说出其特征：无色透明。

2. 发现秘密，激发探索欲望。

(1) 自由选择瓶子。

(2) 游戏：跳动的瓶子。

(3) 交流：神奇的魔法瓶“看看我们的瓶子有没有什么变化啊？”“这是为什么呢？”(引导幼儿观察)

3. 玩变色游戏，进行颜色分类。

4. 再变颜色，探索秘密。

5. 操作交流：色彩真神奇。

案例分析

本次活动分为四个环节：观察、探索瓶子秘密；发现秘密，激发探索欲望；玩变色游戏，进行颜色分类；再变颜色，揭示秘密。以魔术师的身份出现可以快速地集中幼儿的注意力，激发他们的兴趣。让幼儿观察瓶里的水，说出水的特征，为后面的变色游戏做好铺垫。中班幼儿注意的指向性还很不明确，且还没有记录的基础，所以需要循序渐进地提出要求，逐步发现颜色变化的一些规律。活动中幼儿看到自己瓶里的水发生了变化，非常高兴，都和朋友交流自己的发现，并互相观察颜色的不同，这将有助于发展幼儿的合作能力，增加更多的相互交流与协作的机会。整个环节中注重激发幼儿的探索兴趣，渗透了学习习惯和规则意识的培养。

学习指导

本章的重点是教师在进行科学实验活动时，要关注到不同年龄阶段的幼儿其发展水平的不同，如何针对中班年龄阶段幼儿更好地开展科学实验。在学习的过程中首先要仔细阅读教材，掌握相关的理论。根据教学实践活动，掌握中班科学实验的指导方法。

第一节 中班科学实验概述

一、中班科学实验的含义

科学实验是科学教育的开端，而中班正是整个学前教育体系中承上启下的阶段，在此阶段幼儿园要依据幼儿的发展水平来开展科学教育的活动。中班科学实验有其学前儿童教育独特的特点，实质是对学前儿童进行科学素质的早期培养。中班幼儿身心发展尚未成熟、完善，因此，中班科学实验教育是一种对幼儿的启蒙教育，教师要根据园内制订的教学计划开展相关科学实验活动，所以科学教育最关键的就是教师在活动过程中要引起幼儿兴趣，鼓励和引导幼儿主动对周围生活的环境进行探索，以帮助他们养成科学情感和态度，掌握科学策略，激发幼儿想了解科学的兴趣、好奇心，使幼儿积累科学经验，培养科学素养，掌握一些初步的技能，为以后的学校科学教育打下良好的基础。

综上所述，中班科学实验可以解释为：中班科学实验是整个科学教育最为重要的环节，是通过幼儿本身的活动，对物质世界进行认知、观察，并通过亲手操作，发现问题、了解科学知识、逐步寻求答案的过程；是幼儿获取技术经验、了解科学初步概念、学习科学方法、培养科学态度的过程；是发展幼儿好奇心，激发幼儿喜欢科学，勇于探索科学现象行为习惯的过程。

二、中班科学实验对老师的要求

中班科学实验对老师的要求如下。

1. 激发、支持、引导幼儿对周围物质环境进行主动探索

在幼儿的整个科学实验中，教师是幼儿的支持者、合作者、引导者，正确地对幼儿科学实验进行引导是幼儿在整个活动中得到更好发展的关键。幼儿科学实验主张幼儿主动学习和主动探索，以此帮助幼儿获得有关周围物质世界及其关系的感性认识和经验。由此可以看出，幼儿科学教育活动十分强调儿童自主探究和教师的正确引导相结合。科学实验活动作为幼儿科学探索的主要活动，积极支持和引导幼儿自主地开展科学实验活动，成为有效开展科学教育活动的关键所在。

2. 激发幼儿兴趣，发展幼儿好奇心

俄国教育家乌申斯基说过：“没有丝毫兴趣的强制性学习，将会扼杀孩子探求真理的欲望。”兴趣是幼儿进行科学实验时的动力，幼儿天生对所有的事物都充满好奇心，更喜欢注意新奇的事物，《纲要》中指出：幼儿的科学教育是科学启蒙教育，重在激发幼儿的认识兴趣和探究欲望。所以，教师在组织科学实验时，要通过多种形式，如猜谜语、做游戏、讲故事、变魔术、观看视频等，激发幼儿对科学实验的兴趣，充分调动他们参与活动的主动性、积极性，从而使他们萌发主动探索的强烈愿望。

3. 引导幼儿学会获得科学知识的方法

幼儿在科学实验过程中会产生各种各样的疑惑，提出千奇百怪的问题，教师对待幼儿提出的问题，要积极引导，鼓励他们在主动探索的过程中寻求答案。如幼儿在实验时无意中发现敲打瓶子会发出“当当当”的声音，教师可以借机引导幼儿敲打其他物体听听会产生什么样的声音，让幼儿操作探索，并鼓励他们提问，进行交流，于是在不断的提问操作过程中，使幼儿发现敲打不同物体产生的声音也是不同的。当幼儿产生兴趣和问题时，通过自己的主动探索找到答案，幼儿始终处于一种主动地位，他们学到的不仅仅是知识，更重要的是获得了探究问题的方法，并且求知欲得到了满足。

4. 为幼儿创造适合科学实验的环境，发展智力

《纲要》中指出：“环境是重要的教育资源，应通过环境的创设和利用，有效地促进幼儿发展。”教师可以通过选择材料、设备，利用空间等创设出符合中班幼儿发展以及更有利于幼儿进行探索的环境。随着科技创新的发展，科学教育已经成了当代社会人才发展必不可少的重要组成部分，特别是幼儿的科学教育。作为幼儿科学教育的引导者，我们应该从生活中激发幼儿的探究兴趣，使幼儿体验初步的探究的快乐，培养科学活动探索的兴趣。创设一个良好的科学教育环境，更能培养孩子的观察想象能力，同时也能满足幼儿的求知欲和好奇心，激发孩子探索的欲望。

三、中班幼儿学习科学实验的特点

中班的幼儿经过一年的幼儿园生活，他们对科学的兴趣明显增加，此时更是以具体形象思维为主。所以，中班的幼儿在科学实验中表现出以下特点。

1. 好奇、好问、好学

中班的幼儿随着身心发展、活动能力增强、活动范围扩大，虽然已经具有一定的认识能力，但是经验少，智力处在迅速发展阶段，对周围环境产生浓厚的兴趣，他们什么都想摸摸、看看、尝尝，什么都想去摆弄摆弄。他们经常向成人提问题，但问题已不再停留在“这是什么”上，而是喜欢问“为什么”。如“小鸟为什么会飞呢？”“星星离我们有多远？”“小狗有妈妈吗？”等等。问题的范围广泛，天文地理无所不包，并急切地希望成人给予及时的回答。他们喜欢集体教育活动，当得到一点新知识和新经验后，就特别喜欢与成人和同伴交流，希望别人能分享他的收获。

2. 初步理解事物表面的和简单的因果关系

中班的幼儿已能根据自己的直接感知去理解客体中的一些表面的和简单的因果关系。比如他们知道“种下小黄豆，必须给它浇水，不然它会死的”，“因为小鸟有翅膀，所以它会飞”。但是他们还难以理解事物内在的和隐蔽的因果关系。因比，中班的幼儿对物体与现象的认识，易受其形状、颜色、大小和活动性等外部的非本质特征影响，常出现错误的因果关系判断。例如：“树叶飘动了，所以就刮风了”，“火车会跑会鸣叫，所以它是活的有生命的东西”，等等。

3. 开始根据事物的表面属性、功用和情景进行概括分类

中班的幼儿在已有感性经验的基础上，能够开始对具体事物进行概括分类，但分类水平较低，分类的主要依据是物体的表面属性，如颜色、形状、功用或情境等。如在进行图形分类中，将太阳、鸡蛋、圆圈分为一类，认为都是圆的。中班这个年龄阶段的幼儿对具体事物的概括分类，具有明显的形象性和情境性的特点。因其不能从事物内在的和本质的属性上进行抽象概括，所以他们也就不能正确地按客观事物的分类标准进行概括分类。同时，中班的幼儿还常常按照自身的经验来判断推理一些事物，如中班幼儿认为球之所以会滚下来，是因为“它不愿意待在椅子上”。

四、中班科学实验的目标依据

目标是教育的核心，《指南》中明确提出：幼儿的科学实验是在探究具体事物和解决实际问题中，尝试发现事物间的异同和联系的过程。幼儿在对自然事物的探究和运用数学解决实际生活问题的过程中，不仅能获得丰富的感性经验，充分发展形象思维，而且初步尝试归类、排序、判断、推理，逐步发展逻辑思维能力，为其他领域的深入学习奠定了基础。中班幼儿科学实验的核心是激发探究兴趣，体验探索的过程，发展初步的探究能力。教师要善于发现和保护幼儿的好奇心，充分利用自然和实际生活机会，引导幼儿通过观察、比较、操作、实验等方法，学习发现问题、分析问题和解决问题；帮助幼儿不断积累经验，

并运用于新的学习活动，形成受益终身的学习态度和能力。《指南》中对4～5岁幼儿应该知道什么、能做什么、大致可以达到什么发展水平提出了合理的期望，指明了4～5岁幼儿学习与发展的具体方向，提出了科学教育一共包括两个方面：科学探究和数学认知，而科学探究又包括三个方面。

(一)亲近自然，喜欢探究

亲近和喜欢都是需要建立在兴趣的基础上，能引起兴趣的事情幼儿都是非常乐于亲近、喜欢探究的，因此，兴趣是这一目标的前提。

兴趣又指兴致，指幼儿对事物喜好或关切的情绪体现。它包括幼儿对周围世界的好奇心和探索行为，包括解决某一个实际问题的愿望和亲自操作的行为，还包括在探索后有所发现或者解决了一个实际问题后的兴奋、满足以及产生新的好奇心、解决新问题的愿望。解决问题的前提是提出问题。对于幼儿来说，提问是通过观察或者教师的引导，幼儿提出感兴趣或者感到困惑的问题，并且最终形成一个可以探究或者能够解决的问题。具体表现为以下两方面。

(1) 喜欢接触新事物，经常问一些与新事物有关的问题。

(2) 常常动手动脑探索物体和材料，并乐在其中。

(二)具有初步的探究能力

所谓的探究能力，并不是仅仅指某种进行科学探究的技能，例如：会使用某个测量工具或者会动手进行一些具体操作，而是指能运用一些操作技能和一些有针对性的知识亲身参与科学探究的实践活动。实际上，如果幼儿没有一些自身参与过的探索过程，幼儿不能理解真正的科学概念，更不会通过科学探索来认识科学。具有初步的探究能力具体表现为以下几方面。

(1) 能对事物或现象进行观察比较，发现其相同与不同之处。

(2) 能根据观察结果提出问题，并大胆猜测答案。

(3) 能通过简单的调查收集信息。

(4) 能用图画或其他符号进行记录。

(三)在探究中认识周围的事物和现象

中班幼儿经过参与科学探究实践，会积累一些科学知识(科学概念)。所以，幼儿应该在科学探究实践中认识周围的事物和现象，理解一些科学知识和概念。不过，幼儿在科学探究实践中应该准确理解哪些科学知识和概念，就不是教师可以随意制定或者提前安排的了。具体表现为以下几方面。

1. 科学知识

(1) 能感知和发现动植物的生长变化及其基本条件。

(2) 能感知和发现常见材料的溶解、传热等性质或用途。

(3) 能感知和发现简单的物理现象，如物体形态或位置变化等。

(4) 能感知和发现不同季节的特点，体会季节对动植物和人的影响。

(5) 初步感知常用科技产品与自己生活的关系，知道科技产品有利也有弊。

2. 数学认知

(1) 初步感知生活中数学的有用和有趣。

① 在成人的指导下，感知和体会有些事物可以用形状来描述。

② 在成人的指导下，感知和体会有些事物可以用数来描述，对环境中各种数字的含义有了进一步探究的兴趣。

(2) 感知和理解数、量及数量关系。

① 能感知和区分物体的粗细、厚薄、轻重等量方面的特点，并能用相应的词语描述。

② 能通过数数比较两组物体的多少。

③ 能通过实际操作理解数与数之间的关系，如 5 比 4 多 1，2 和 3 加在一起是 5。

④ 会用数词描述事物的排列顺序和位置。

(3) 感知形状与空间关系。

① 能感知物体的形体结构特征，画出或拼搭出该物体的造型。

② 能感知和发现常见几何图形的基本特征，并能进行分类。

③ 能使用上下、前后、里外、中间、旁边等方位词描述物体的位置和运动方向。

五、中班科学实验的目标

(一)中班幼儿科学实验的活动目标

中班幼儿科学实验的活动目标具体如下：

(1) 能主动参加科学活动，大胆地探索周围自然界中的事物。

(2) 学会关心、爱护、照料自然角的动植物，爱护动植物和周围的自然环境。

(3) 了解不同环境中个别动植物的外形特征和生活习性。

(4) 积累周围环境中自然物或明显的自然现象与人们关系的具体经验。

(5) 了解生活中的科技产品及其与人们的关系，能正确安全使用简单工具进行科学小实验和小制作。

(6) 学会运用多种感官感知事物的主要特征，具有观察、比较和思考的能力，并会按照一定的标准对物体进行简单的分类。

(7) 学会用多种方式表达自己的发现，并与成人、同伴交流探索的过程与结果。

(二)中班科学实验的知识目标、能力方法目标、情感(态度)目标

1. 知识目标

(1) 帮助幼儿获取有关自然环境中动植物及沙石、水等无生命物质及其与人类关系的具体经验，了解不同环境中个别动植物的形态特征和生活习性。

(2) 帮助幼儿了解四季的特征及与人们生活的关系，观察常见的自然现象，获取感性经验。

(3) 引导幼儿获取周围生活中常见科技产品的具体知识和经验，初步了解它们在生活中的运用。

2. 能力方法目标

(1) 帮助幼儿学会综合运用多种感官感知事物特征，发展观察力。

(2) 帮助幼儿学会按照指定的标准，对物体进行简单的分类。

(3) 帮助幼儿学习运用简单的工具进行测量的方法。

(4) 引导幼儿用自己的语言描述自己的发现并与同伴、教师交流。

(5) 指导幼儿学习使用常见科技产品的方法，运用简单的工具进行制作活动。

3. 情感(态度)目标

(1) 发展幼儿的好奇心，引导幼儿探究周围生活中常见的自然现象、自然物和人造物，愿意参加制作活动。

(2) 培养幼儿关心、爱护动植物和周围环境的情感和行为。

第二节　中班科学实验的类型

一、观察认识型

有了人类，也就有了人类对世界的观察。只要一个人的感官是正常的，他总是不断地观察周围的世界，把外界的信息不断地通过感官输入大脑，形成对外界事物的认识。可以说，人类认识世界就是从观察开始的，也是以观察作为基础的。

俄国生理学家巴甫洛夫曾经提出：“观察、观察、再观察。”通过观察，学前儿童能发现大自然的美好；通过观察，学前儿童能了解科学的奥秘。

(一)含义

观察是知觉的一种特殊形式，它是从一定的目的和任务出发，有计划、比较持久地感知某种对象的活动。观察认识型科学实验是指在教师的指导下，幼儿通过有目的地观察实物，了解探索客观事物、现象的特征，获得对事物的感性认识和观察技能，同时发展幼儿的科学认知、培养科学情感、形成科学态度、训练科学方法的一种科学活动。

在观察认识科学实验中，通过观察的方法，幼儿在直接接触物体的过程中运用多种感官直观、生动、具体地认识事物，是最基本和重要的学科学的方法。

(二)分类

1. 一般性观察(个别物体观察、间或性观察)

一般性观察是指中班年龄阶段的幼儿对特定某一自然物、自然现象或科技产品进行观察，而有目的地运用多种感官与周围某一事物或现象直接接触，了解它的外形、特征、属性和习性。一般性观察的特点：重在把握观察对象的外形特征，如形状、颜色以及光滑粗糙、软硬的性质，生活、生长习性和特点，物体静态与动态，物体存在与环境关系等。通过这类观察，中班幼儿能够积累大量的感性经验，学习一些基本的观察方法与技能，能够学会从不同的角度去观察物体本身。

2. 比较性观察

比较性观察是指中班幼儿对两种或者两种以上的物体或者自然现象、科技产品进行比较，以找出物体间的相同处与不同处，更正确地认识自然物体，并进行分析和比较，为今后的概括分类奠定一定的基础。比较性观察能够快速地帮助幼儿发现物体的特征，有利于中班阶段幼儿的分类能力与概念的形成。在对物体进行比较时，教师要求幼儿选择同类的物体进行比较时，既要找到物体的不同点，又要找出物体的相同点。比较观察可以使中班的幼儿对客观事物认识得更加准确，还可以培养中班幼儿的分析能力，发展中班幼儿的思维。

3. 长期系统性观察

长期系统性观察是指幼儿在较长的一段时间内，持续不断地对某一物体或者现象进行系统的观察，对物体或者现象的质和量的变化和发展有较为完整的认识。长期系统性观察主要用于观察动物、植物的生长变化过程，如蝌蚪变成青蛙、蝉的成长过程、种子发芽等，它要求幼儿对某一事物或者现象要进行较长时间的观察，所以对幼儿观察的持久性要求较高。

(三)活动设计

1. 准备工作

1) 确定观察内容，选择观察对象

观察的内容要根据中班幼儿的年龄特点与发展水平决定。观察的内容最好是常见的、健康的、完整的事物或者现象。为方便引导中班幼儿进行观察，选择的观察对象要具有典型、明显等特征，幼儿掌握其有关的知识，熟悉其特征、习性等。观察对象的数量，可根据本班幼儿的实际情况而定，可集体观察也可分组进行观察。

2) 熟悉观察对象，确定观察地点

根据观察物体的特征，教师应该首先进行了解，掌握相关知识，然后再根据观察内容的特点和资源条件来确定是在室内还是室外进行观察。此外，还要创设一定的观察物质条件，没有办法观察实际物体的，教师应采用其他办法帮助幼儿了解被观察物体，如观察图片、标本等。

3) 制订观察计划

在进行观察活动前，教师要制订好观察计划，包括本次观察的内容、观察的目标、观察的方式、活动步骤与过程、注意事项等。

2. 活动目标的设计

具体科学实验活动目标设计要遵循《指南》中科学领域的总目标，要落实到科学知识经验、科学方法技能、科学情感态度发面的发展目标。目标在设计时要考虑到中班幼儿年龄、身心特点以及智力发展水平，如：中班幼儿能够逐渐认识和了解事物与事物之间的简单关系(发生了什么事)。

设计首先引出观察导入，即开始部分：交代清楚本次观察活动的观察任务；其次，在过程的设计中，根据观察的类型，设计活动过程。

3. 实验过程的设计

(1) 开始部分。

(2) 一般性观察活动：直接出示观察对象，引导幼儿有序观察，运用多种感官观察。

比较性观察：活动过程中，引导幼儿比较性地进行观察，比较观察对象的异与同。

长期系统性观察：应当预先设计好观察计划，引导幼儿养成定时、定点、系统地观察某一种事物或者现象的习惯。

(3) 结束，即活动小结部分：应当有幼儿交流观察结果的交流过程。方式多种多样，可以是语言，可以是图画，也可以是动作表演。

(4) 延伸，即目标进一步延展，活动扩展到集中教育活动之外。

4. 指导要点

(1) 交代观察任务和要求，激发幼儿对科学实验的观察兴趣。

中班幼儿正是对什么都充满好奇的年龄，他们的兴趣是最好的老师，所以要利用观察对象显著特征激发幼儿的观察兴趣，激发幼儿产生观察和探究的欲望。在幼儿开始观察前，教师要明确观察的任务和要求，对幼儿进行有目的的指导，讲清楚观察的内容。

(2) 引导幼儿观察事物的特征。

不同的事物都是有不同的特征，表面特征可以凭借事物的形状、颜色、气味、软硬度、光滑度等形象感知得到。认识事物的表面特征，有助于幼儿辨识事物的名称，也有助于幼儿对事物进行推理。本质特征是不能单从事物的具体形象直接感知到的，而是一物区别于另一物的关键因素。理解事物的本质特征，就必须借助比较、推理等方法。教师在引导幼儿进行观察时可采取以下几种方法：有序观察法(顺序观察法)、比较观察法、典型特征观察法。

(3) 提出问题，引导幼儿观察事物的变化。

科学实验中，在观察变化中的事物时，教师要引导幼儿不要把变化前和变化后的事物分割开来，而要引导他们比较变化前和变化后事物的异同，从而使幼儿能够具体地了解“变化”的实际情况。并告诉幼儿，事物变化时会经历不同的阶段。教师提出的问题要有启发性、具体明确、有层次性等。

(4) 鼓励幼儿运用多种感官参与活动。

教师要充分调动幼儿的视觉、触摸觉、听觉、味觉、嗅觉等感官去获取有关观察对象的经验，这样由于输入大脑的信息多，对事物的印象深刻，因而幼儿对物体的认识就相对具体和全面。

(5) 鼓励幼儿用自己喜欢的方式表达观察结果。

(6) 观察活动可与其他活动形式结合。

二、实验操作型

(一)含义

实验操作型科学实验是中班幼儿最喜欢的活动，也是中班幼儿科学实验活动的重要内容之一。实验操作型科学实验是在特定的条件下，以丰富的材料、科学的方法，通过游戏的形式，获得一定的实验结果。

实验操作型科学实验是幼儿在教师的引导下通过自己动手操作、实验，探索事物现象和规律，亲历科学过程。通过自己亲自动手操作、自主探究的过程，培养幼儿对科学现象的兴趣和求知欲。

(二)分类

1. 演示操作式

教师演示、幼儿观察——幼儿按照教师演示的方法进行实验——进一步观察、发现。

2. 自由-引导式

出示材料、引导幼儿自由探索——讨论——交流总结。

3. 猜想-验证式

教师提出问题、幼儿自由讨论猜想结果——教师为幼儿提供材料、幼儿自己操作验证——最后幼儿交流总结。

(三)活动设计

1. 目标设计

核心目标：科学好奇心和科学探究能力。

(1) 科学好奇心：探究新异事物和现象。例如：发现物体在水中的沉浮现象，愿意用不同物体进行试验。

(2) 科学探究能力：通过自己的观察操作获得发现(或假设验证/解释推断)。例如：能根据自己的经验预测不同物体在水中的沉浮变化，并通过实验加以验证。

2. 过程设计

1) 活动的导入

以摆放在幼儿面前的操作材料导入；以教师的演示实验导入；以创设问题情境导入；通过幼儿生活中的某一常见的科学现象导入；通过谜语、儿歌、故事、影像资料导入等。

2) 活动的展开

(1) 条理清楚，层次分明。

教师要把握好每个环节的逻辑关系，明白本次实验的知识点与重点，从科学性和中班幼儿的发展特点出发，引导幼儿在科学实验中先做什么，后做什么，遵循事物发展的科学规律层层递进。

(2) 组织形式、活动方法。

教师要根据班级情况，灵活采用科学实验的组织形式。一般实验操作类多采用小组的形式，有时也会采用集体、小组和个人相结合的方式进行。中班的幼儿可以鼓励他们进行合作探索。教师一定要激发幼儿进行科学探索的欲望，积极参与到实验操作中。

(3) 材料的投放。

教师可以选择一次性投放，也可选择多次投放。投放的材料要浅显易懂，幼儿可直观地了解到教师的指导意图。材料的投放对中班幼儿逻辑思维的培养和科学方法的训练都有好处。

(4) 问题的设计。

实验操作中教师通过启发性问题引导幼儿的探究活动，问题要与幼儿的生活息息相关，考虑到中班幼儿的发展水平和已有的知识经验。

3) 活动结束

活动结束没有固定的形式，教师可以通过结束环节使幼儿在活动中所经历的过程、掌握的方法、了解的知识经验得以延伸。活动结束可以进行以下几种设计：

(1) 幼儿自己对活动进行评价，教师引导幼儿重点对过程、方法和现象进行评价。

(2) 提出要求，让幼儿应用于生活，或提出生活中某种相关联的现象，继续探索，使活动得以延伸。

(3) 提出类似的问题情景，用所获得的经验去解决，以检验和巩固幼儿新学的知识经验。

(四)指导要点

1. 为幼儿创设宽松、和谐的活动氛围

教师应成为活动的支持者、合作者，实验中要给予幼儿出错的权利。接纳尊重幼儿的观点、兴趣、探索、发现和解释，让每一个幼儿在每一次探究活动中都有所发现，都有成功的体验。

2. 为幼儿提供充足、多样的实验材料

教师应保证幼儿能反复操作、与客体相互作用，在实验过程中去探索、发现、判断，自己找出问题的答案。幼儿的发现来自他们自己的摆弄和操作，因此实验材料的提供非常重要，只有多样的材料才能使幼儿获得丰富的科学经验。

3. 给予幼儿充足的操作时间

教师引导幼儿在实验中仔细观察，注意实验材料在操作过程中的变化，同时也要引导幼儿学习记录实验中的发现。必要时，对幼儿的实验操作方法给以适当指导，所以应有充足的时间保证。

4. 鼓励幼儿提出问题

和幼儿展开平等的讨论，共同探究问题，教师不急于把问题的答案教给幼儿，以避免超越幼儿理解能力的灌输或变相灌输，也不可用一种居高临下的态度来教幼儿，而要从幼儿的立场来思考问题，体会幼儿的疑惑。

三、科学讨论型

(一)含义

科学讨论型科学实验活动就是在收集、整理资料的基础上，通过集体的讨论交流活动获取科学知识的科学实验活动。科学讨论型科学实验主要用于那些不易通过直接的探究进行学习，但又很重要或者幼儿喜欢的科学。

科学讨论型的科学实验因为活动的信息量大，能够充分满足幼儿的求知欲，在实验的过程中能帮助幼儿积累科学知识和经验，促进幼儿认知水平的提升；同时能够培养幼儿间接获取信息的能力，让幼儿感受到讨论与交流的乐趣，获得成就感与满足感；通过科学实验幼儿的语言表达能力得到发展，在讨论的过程中可以促进幼儿相互理解，促进幼儿思维

的社会化。科学讨论型科学实验更能激发幼儿科学探究的兴趣。

(二)活动设计

1. 目标设计

科学讨论型科学实验主要是通过幼儿围绕某一主题的表达交流，以达到分享知识经验的目的。主要的目标有：表达交流技能——运用语言(动作、绘画、表格)大胆讲述自己的观点，如幼儿能够大胆讲述自己所知道的河水污染现象；科学知识经验——丰富有关讨论的科学经验，学习在收集信息的基础上建构自己的科学知识，如通过收集资料了解几种常见的海洋生物保护自己的方法；搜集、鉴别信息——知道几种常用的搜集信息的方法。

2. 活动流程设计

(1) 按活动过程分为几个环节：提出问题—资料收集—交流讨论—获得结论。

(2) 按幼儿知识经验准备的途径，可分为：参观调查——汇报交流式、收集资料——共同分析式、认识探究——交流研究式。

幼儿活动前自由收集资料——教师引出问题，激发幼儿想要讨论的兴趣——引导幼儿讨论分享(集体与个别)并分类——拓展讨论经验。

(三)指导要点

教师在进行科学讨论型实验活动设计时，要注意活动一定要以幼儿为主体，整个过程应宽松和谐，在实验的过程中，教师应帮助幼儿学习讨论交流活动中的技能，并能充分利用多媒体教学手段。注意以下几方面：避免一直自己在说；教师不要在实验的过程中预设结论；要引导幼儿用多种方式表达，如画画展示、表演展示；可以利用视听多媒体等手段丰富幼儿的认识。

四、技术操作型

当今的社会，科学技术已经全面渗透到生活中的各个方面，幼儿无时无刻不在接受新时代科学技术的影响，享受科学技术的成果，因此，幼儿的科学历程，也要转变为幼儿更为熟悉的、有趣的、接近生活的科学实验，充分调动幼儿的能动性，激发幼儿科学兴趣。

(一)含义

技术操作型实验是指学习制作产品、使用科技产品或掌握某些工具的操作方法技能的科学活动。通过技术操作型实验能够了解、体验科学技术并锻炼幼儿的动手能力；以幼儿的最大参与为目的，让幼儿充分感受和操作使用简单的科技产品，学习使用工具。技术操作型实验是一项独立于科学理论的、连续的、不断完善的技能。

技术操作型实验包括：一类是幼儿对科技产品和使用材料的认识，根据教育目标的不同分为感受-操作式、运用-操作式；另一类是幼儿制作科技小产品，分为模仿-制作、设计-制作。

(二)活动价值

技术操作型科学实验的活动价值具体如下。

1. 技术操作型科学实验有助于幼儿学习品质的发展

通过科学实验，使幼儿从兴趣入手，通过观察、触摸、摆弄、操作，进行自发的尝试性探究，教师引导幼儿找到正确、有效的学习方法，并把学到的知识应用到实践中去，逐渐养成良好的学习品质，开发其潜在的智力和能力因素，促进幼儿智力、能力的全面发展。

2. 技术操作型科学实验有助于培养幼儿的学习兴趣和创新意识

中班的幼儿好奇心旺盛，善于提出不同的问题，通过问题能够引起幼儿主动探索的兴趣。教师在设计技术操作型科学实验时，要选择一些充满趣味、操作性强并且包含科学知识的内容，引导幼儿对科学现象产生浓厚的兴趣，进而驱动他们产生强烈的求生欲和学习知识的兴趣。

3. 技术操作型科学实验有助于培养幼儿的观察力和思维能力

中班的幼儿具有较强的接触事物、探究事物的本能和需要。在科学实验的过程中，幼儿会专注于各种材料和工具，通过操作的过程，幼儿会对材料和工具的外形、用途、性质、性能产生直接、感性的认识和了解，并学会如何使用。在具体的操作环节中，能促进幼儿从发现问题、分析问题到手脑并用解决问题，培养中班幼儿认真、耐心、细致的做事态度和对事物的协调能力。

4. 技术操作型科学实验有助于培养学前儿童的想象力和专注能力

中班是幼儿想象力最活跃的时期，所有的创新都是靠幼儿的想象发展出来的，没有想象力就意味着创造力的贫乏。在技术制作型科学实验中，幼儿通过对实验中各种物品的操作进行预计，通过猜测、思考、实验来验证自己的想象，这都需要强大的想象力。充满趣味性的技术操作型科学实验能激起幼儿对知识的探究兴趣，激发幼儿积极地进行思维活动，可以极大地调动幼儿学习的积极性，使幼儿的观察力、记忆力、思维活动得到发展。

5. 技术操作型科学实验有助于培养学前儿童学习的主动性和敢于探索的勇气

幼儿都有对未知事物进行主动探索的愿望和能力。技术操作型科学实验正是为幼儿提供丰富的、能引发幼儿思考的操作材料，幼儿能够自主地观察、思考、操作，逐渐提高主动地探索未知领域、自觉运用知识解决实际问题的能力。在实验的过程中可能会面临许多未曾经历过的困难和问题，这时在同伴和老师的帮助下，通过大胆尝试，解决这些困难和问题，从中体验到成功的喜悦。

6. 技术操作型科学实验有助于培养幼儿的自信心和独立自主的性格

现代的幼儿由于受到各种限制以及局限，非常容易在日常生活中受到打击、失去自信。在技术操作型科学实验活动中，幼儿通过自己的努力完成一件件小作品，同时在制作过程和结果中，又提高了自己的想象力和创造力，因而能从中获得成就感，使他们体验到只要通过努力，就一定能换来成功，从而树立起自信心。

(三)活动设计

1. 活动目标设计

教师必须在全面贯彻总目标的前提下，针对活动内容的特点设计具体目标，并注重幼儿身心发展的水平。在设计实验时要分别考虑到活动目标对幼儿什么方面的培养，中班年龄阶段的发展目标，如认识多种材料和工具，明白材料的主要用途和玩法，共同建立材料的使用、归放规则，养成良好的操作习惯等；教师能够根据实验的不同，制定出符合本次操作实验的具体目标，如通过观察和操作活动，培养关注生活中科学现象的意识，对身边的现象有好奇心；能够在教师的指导下观看流程图，能够理解图谱中简单的象征符号。

2. 过程设计

1) 感受-操作式

重点在于让中班幼儿充分接触和感受运用技术产品，培养幼儿对科学技术的兴趣。此类活动通常是幼儿先了解关于物体的操作方法，在观察的基础上再自己动手尝试，最后经过讨论完成正确的操作。

2) 运用-操作式

重点在于让幼儿学习工具操作并能正确运用工具解决问题；此类活动通常是由教师或者家长启发或者引导幼儿操作使用工具，通过实验后能够在生活、学习中运用。

3) 模仿-制作式

重点在于通过开展小制作实验让幼儿固定步骤学习制作简单的科技产品。幼儿能够运用工具和材料开展小制作是技术的一种非常直接的体验。

4) 设计-制作式

重点在于让幼儿在已有的制作经验基础上进行扩展和创新。

活动过程的设计应该体现出技术操作类科学实验的本质，在真正的操作过程中，幼儿能够获取知识，通过实践解决问题。

(四)指导要点

1. 观察与思考

引导幼儿在实验过程中明确自己要做什么、怎么做。

2. 操作与建构

教师需要在实验的过程中给予幼儿一定的自由度，让幼儿能够在实验中做出一些探索，通过进行探索得出最终的结论。整个实验中因为中班幼儿还没有很好的耐心，这就需要教师教会幼儿做事要坚持，要充满信心地去寻找正确的答案。

3. 讨论与支持

幼儿在活动的过程中需要教师引导他们不断地与周围幼儿进行交流讨论。交流的方式通常是小组讨论，通过讨论幼儿能够对实践中发生的问题加以认识，通过与别人探讨与争论可以相互弥补。这是很有意义而且非常重要的。此时教师对幼儿的指导应该是不断地向他们提出问题，鼓励他们发表不同的见解。技术操作型科学实验应为幼儿创造和谐的讨论与支持氛围，让幼儿建构自己的知识体系。

4. 阶段与系统

幼儿需要一定的时间用各种方法去探索技术、掌握方法，教师应把各种活动分成阶段，然后循序渐进地开展。这些活动应该是活动计划的一部分，同时又给幼儿足够的自主性。整个技术操作型科学实验的内容与活动建议要有连贯性和系统整体的安排。

5. 记录与总结

技术操作型科学实验的记录，不同于幼儿所记录的其他东西，它是幼儿自己记录的，而不是教师的总结，是幼儿通过自己亲手的操作所理解出来的，通过记录，中班幼儿可以学会客观地描述，这是很有价值的延伸。

第三节　中班科学实验活动设计

一、观察认识型活动的设计

案例 1：《认识小草》

活动目标：

(1) 运用各种感官观察小草，丰富有关小草的认识。

(2) 感知小草与人类生活的关系。

(3) 学习有关小草的制作活动，体验创作的乐趣。

活动准备：请家长带孩子到草地观察小草，获取一些小草的知识。

活动过程：

(一)了解小草的特征

(1) 教师通过提问的方式引出今天需要观察的目标。

师：前几天，我们都去草地上玩小草、看小草，谁来说说小草长在哪里？是什么颜色的？

(2) 鼓励幼儿大胆发言，勇于向其他人介绍自己认识的小草的名字以及小草的根、茎、叶、花的颜色、形状等特点。

(3) 教师出示多种不同品种的草，请幼儿找出自己不认识的草去请教别人。

(4) 带领幼儿来到草地，鼓励幼儿大胆尝试在草地上进行观察、探索。如：让幼儿用手按一按，光脚踩一踩，讲讲有什么感觉。再用鼻子闻，引导幼儿用语言表达出来，就是让幼儿通过各种感官来感知小草。

(二)了解小草的作用

(1) 请养过家禽、家畜的幼儿说说，家禽、家畜每天吃的饲料是什么？草可以作哪些动物的食物？

(2) 观察草坪周围的野草，想一想，人们为什么喜欢种草坪？教师通过引导使幼儿知道草坪具有美化环境、净化空气以及固土、保湿等作用。

(3) 让幼儿在草地里找一找，并用已有的经验谈谈草还是哪些昆虫的家，它们为什么选择草丛为家。

(4) 向幼儿介绍小草还可以当燃料、制造肥料，有些小草还能做药材。

(三)了解小草的害处

师：小草有这么大的作用，为什么人们有时还要除草呢？引导幼儿知道草的生长也需要阳光、空气、水分、养料，所以，庄稼地和花园里的草多了，就会影响庄稼和花的生长，就要把草除掉。

(四)对小草进行创作活动

(1) 将和幼儿一起收集的各种野草和野花进行盆景制作，尝试简单的插花艺术。

(2) 用自己喜欢的野花、草、叶进行粘贴活动。

(3) 用彩纸折制自己喜欢的花花草草。

案例分析：

《指南》中提出，幼儿的一切活动要来源于生活。小草是幼儿日常生活中最为熟悉的植物，对中班幼儿来说，既要正确认识小草，又要了解小草与人类生活的关系。本次科学实验教学内容容量较大，有一定的难度。正因如此，幼儿也因此有了更广阔的探索空间。所以科学活动的内容选择来源于幼儿的生活，又高于幼儿的生活。

整个观察活动的设计都遵循循序渐进的原则，环环相扣，方法灵活，使幼儿在不知不觉中增长了知识，培养了能力，陶冶了情操。第一，教师把教学的地点由室内迁移到室外，打破时间和空间的局限，这使教学活动变得更新颖、开放、直观、生动，大大激发了幼儿观察的兴趣和愿望。第二，将知识的传授与娱乐、游戏相结合，淡化了教与学的界线，使幼儿真正成为活动的主人。第三，在活动的开始部分，教师能充分调动幼儿的各种感官去观察、学习，把观察学习的主动权交给了幼儿，教师整个观察实验的过程都是采用灵活和开放的原则，追随幼儿的兴趣，通过调动幼儿的视觉、触觉、嗅觉等各种感官去观察、学习，把观察学习的主动权交给幼儿，激发幼儿的好奇心。第四，整个活动中教师始终起着引导作用，使幼儿观察的目标更明确，针对性更强。

活动中教师充分尊重幼儿学科学的特点，重视幼儿学科学的过程，在了解小草与人的关系环节中，主要是使幼儿了解到草与人类、动物、环境的生态关系，使幼儿萌发爱护小草的情感，做出保护益草的行为。在幼儿自身主动探索中，发现小草与人类生活的关系，自始至终保证了幼儿学科学的主体地位，不断激发幼儿再次探索的欲望。最后这一活动环节中，通过美工活动自然而然帮助幼儿巩固对小草的认识，初步培养了幼儿的审美意识，充分发挥了孩子们的想象力，培养了创新能力。

案例 2：《好吃的蔬菜》

活动目标：

(1) 通过认识蔬菜的外形特征，了解蔬菜的不同食用部分。

(2) 按不同的食用部分给蔬菜分类(根类、茎叶类、果实类)，发展幼儿分类能力。

(3) 知道蔬菜好吃有营养，养成多吃蔬菜不挑食的好习惯。

活动准备：

(1) 物质准备：胡萝卜、西红柿、白菜、土豆等实物、蔬菜图片数量与幼儿相等。

(2) 经验准备：幼儿对蔬菜有一定的经验。

(3) 教具准备：PPT 课件。

活动重点：能按不同的食用部分给蔬菜分类。

活动难点：提高幼儿的分类能力，明确蔬菜好吃有营养，教育幼儿不要挑食。

活动过程：

(一)情境导入，激发幼儿探究兴趣

师：大头儿子带着好多的蔬菜宝宝来到我们班级做客了，小朋友们看看都有哪些蔬菜宝宝来到了这里。提问：你们认识这些蔬菜宝宝吗？你喜欢吃哪一种蔬菜？你知道你是吃它的哪一部分？

我们先来看看蔬菜都是由哪些部分组成的？出示一幅完整的植物生长图，知道植物的身体是由六部分(根、茎、叶、花、果实、种子)组成。(PPT)

(二)猜谜游戏

教师一个一个向幼儿出示各种蔬菜宝宝，通过猜谜游戏让幼儿了解蔬菜能吃的部分不一样。

(1) 红漆桶，地下埋，绿的叶子顶上栽，切开红漆桶，清凉可口好小菜。(胡萝卜)说一说胡萝卜的样子。(形状、颜色，可以生吃也可以做菜)老师告诉小朋友胡萝卜还有“土人参”之说。因为胡萝卜中含有淀粉酶，能助消化，有利于人的身体健康，吃胡萝卜可以补充维生素。

提问：我们吃的是它的哪一部分？(根)还有什么蔬菜我们可以吃它的根？

(2) 猜谜语：又红又圆像苹果，酸酸甜甜营养多，既能做菜吃，又能当水果。(西红柿)谁能说一说西红柿是什么样子的？(颜色、形状、皮、味道是怎样的，还有小坑，可以做菜也可以生吃)那我们应该吃西红柿的哪一部分？(果实)还有什么蔬菜是吃它的果实部分？(茄子、辣椒、南瓜、冬瓜)

(3) 看图中是什么蔬菜？(白菜)老师可以说说白菜的样子。我们该吃它的哪一部分？(叶)还有什么蔬菜我们吃它的叶？(菠菜、青菜、卷心菜)

(4) 提问：这是什么？(土豆也叫洋芋或马铃薯)。土豆发了芽时有毒，不能吃；如果芽很小，把芽和周围的肉削干净，才可以吃。

(5) 考考小朋友：小朋友们，平时吃这些蔬菜的哪一部分？(屏幕)

(三)了解蔬菜的营养价值，教育幼儿不要挑食

小朋友们你们知道吗？蔬菜宝宝们营养丰富，身体里含有多种维生素，平时多吃蔬菜会让我们的身体健康，能使我们长得更高更快更聪明，所以，小朋友们一定不要挑食哟。

(四)游戏：分类游戏“找朋友”

教师给每名幼儿发放一张蔬菜图片，让幼儿根据手中蔬菜的特征去找朋友。

师：小朋友们看看自己身上的蔬菜娃娃是吃什么部分的，然后听音乐唱着歌去找它的朋友。

(五)品尝交流：蔬菜沙拉

教师出示用番茄、黄瓜、胡萝卜做的蔬菜沙拉，请幼儿品尝，并与幼儿讨论交流蔬菜沙拉的制作方法。让幼儿吃吃讲讲，在兴奋的状态之中，逐步意识到多吃蔬菜营养好的道理，从而自觉地做到不挑食，让身体吸收更多营养，使身体长得更棒。

(六)延伸活动

请幼儿回家和爸爸、妈妈一起做蔬菜沙拉，巩固对蔬菜的认识。

案例分析:

蔬菜是幼儿在平时生活中接触最多的一种食物，在任何地方都随处可见。蔬菜的种类繁多，几乎每个孩子都能说出几种来。蔬菜有很高的营养价值，吃的方法也有很多，可以清炒，可以煮汤，可以凉拌，还可以腌着吃，总之，我们的生活里离不开蔬菜。幼儿虽然知道很多的蔬菜，但对蔬菜的食用部分及其营养对人身体的好处不了解。因此通过观察、讨论、猜谜、制作等一系列活动，让幼儿了解蔬菜特性的同时，加深幼儿对蔬菜的认识，

激发幼儿对蔬菜的兴趣，引导幼儿多吃蔬菜是很有必要的。又如《纲要》中所说："既符合幼儿的现实需要，又有利于幼儿的长远发展；贴近幼儿的生活，选择感兴趣的事物或问题，有助于拓展幼儿的经验和视野。"因此本次活动来源于幼儿生活，又能服务于幼儿的生活。

《纲要》中指出"教师应成为幼儿学习活动的支持者、合作者、引导者"，因此在本次活动中体现了教师与孩子的交互主体性。教师采用创设情境的方法，利用"大头儿子"这个幼儿喜欢的动画形象，将幼儿引入活动，非常适合中班幼儿的年龄特点，极大地调动起幼儿探索的兴趣。通过 PPT 播放，让幼儿对蔬菜的生长过程和组成部分有了一定的了解。游戏是幼儿的基本活动，它具有教育性、娱乐性、创造性。所以本次活动中，通过找朋友的游戏，让幼儿在游戏的过程中体验到分类的快乐，整个活动教师按照中班幼儿的年龄特点与身心发展水平，以幼儿为主体，在活动中教师引导幼儿运用多种感官观察蔬菜，亲自动手进行探究，激发幼儿探索的欲望。

二、实验操作型活动的设计

案例 1：《水娃娃变魔术》

活动目标:

(1) 运用多种感官初步感知白糖、奶粉、水果粉溶解在水中，感受水的变化。

(2) 通过实验了解物质溶于水后的现象，并鼓励幼儿将自己的发现大胆地表达出来。

(3) 幼儿愿意参与科学实验活动，对科学实验操作有兴趣。

活动准备: 白糖水、温水、奶粉、水果粉若干，每人一把小勺，水杯若干。

活动过程:

(一)引导幼儿观察，引入主题

教师出示多杯白开水，请幼儿观察然后猜猜是什么，请幼儿进行品尝。鼓励幼儿运用多种感官进行观察(如眼睛看一看、鼻子闻一闻)。

(二)出示调好的糖水，激发幼儿探究兴趣

教师出示一杯白糖水，引导幼儿猜猜是什么水，请幼儿品尝，说一说是什么味道。水为什么会变得有味道？鼓励幼儿大胆地说出自己的想法。

(三)实验活动：水娃娃的魔术

(1) 师：刚刚是老师给小朋友们变的魔术，将水变成了有味道的糖水，小朋友们想学这个魔术吗？

小朋友们看一看前面的桌子上都有什么材料？请你们猜一猜这些东西放在水里会怎么样呢？教师鼓励幼儿自由大胆地表述自己的想法。

(2) 让幼儿自由操作，给幼儿提出操作要求：

① 每次只能选择一种材料进行冲调。

② 倒入温水时，注意不要倒入太多，防止水满溢出。

③ 使用过的东西(小勺、水壶)要放回原来的地方。

在幼儿实验的过程中，教师巡回观察。比较、探讨"饮料粉"到哪儿去了。(帮助幼儿理解“溶化”，并引导幼儿发现：怎样才能使饮料粉溶化。)

(3) 尝一尝。

让幼儿到前面说出自己调好的水是什么味道的，用的是哪种材料。

(4) 表述实验结果，幼儿进行记录。

请幼儿说说自己是用什么方法进行冲调的，冲调的步骤是什么；幼儿进行记录。

(5) 再次冲调饮料，提出要求：

① 选择另一种材料进行冲调。

② 鼓励幼儿尝试用不同的方法来冲调。

③ 幼儿操作。

(6) 活动延伸：你还喝过哪些味道的水？水除了能使桌面上的这些材料溶化，还能使什么溶化？

案例分析：

玩水是每个孩子都喜欢的，但对于中班孩子来说，了解水的特性是不容易的。应该通过实验、操作，借助某些材料，设法使水的特性一一显露出来，让幼儿在亲身体验中理解水、认识水。物质在水中溶解是生活中常见的一种物理现象。本此实验活动旨在通过体验水的味道的变化让幼儿探究、了解某些物质在水中溶解的物理现象。采用变魔术的形式，是依据幼儿的年龄特点设计的；让幼儿在探索后通过标记记录两种“变”的方法，实际上是对科学探索方法的隐性引导，激发孩子用不同的方法探究相同的结果。孩子们在活动中始终充满好奇，积极探索，大胆表达自己的发现。

新《纲要》科学领域的内容与要求中提出：引导幼儿对周围的事物、现象的特点、变化规律感兴趣，有好奇心和求知欲；提供丰富的可操作的材料，为每个幼儿能运用各种感官、动手动脑、探究问题提供条件，并引导幼儿积极参加讨论，学习能用适当的方式表达、交流探索的过程和结果。教师在实验的过程中遵循中班幼儿的学习规律和幼儿的年龄特点，在《纲要》新理念的指导下，整个学习活动，始终以幼儿为主体，变过去的“要我学”为现在的“我要学”。遵循由浅入深的教学原则，实验的过程中，幼儿通过运用多种感官进行观察，自己动手操作、实验，使幼儿真正了解到本次科学实验活动的目的。

教师在本次实验活动中让幼儿先进行猜想，再进行验证的方式，体现了一种新的、更全面的科学观，即科学的内涵不仅是一种知识，同时也是一种获取知识的过程和方法，即使是知识，也不是一种固定不变权威的解释，而是一种有待于通过事实来验证的猜想，这对于幼儿理解科学具有重要意义。可以教会幼儿科学实验的基本过程和方法，可以让幼儿学习做科学记录，同时也有助于幼儿形成实事求是的科学态度。

案例 2：《看谁能飞》

活动目标：

(1) 初步探知让物体飞起来的条件。

(2) 对探究实验有兴趣，能大胆猜测、主动操作、积极表达。

活动准备：羽毛、纸、积木、石头、气球、棉花、塑料袋等玩具每组一份，硬纸板、扇子等物品，幼儿人手一张表格。

活动过程：

(一)猜测活动，引起兴趣

教师对幼儿进行提问："在我们生活中有哪些动物可以飞？""它们是怎么飞起来的呢？""我们能不能让我们身边的物体也飞起来呢？"

(二)自主探索，获得直接经验

教师为幼儿提供丰富的、可操作的材料，并引导幼儿进行分组探究。

(三)交流结果，验证总结

引导幼儿说说他是如何操作的，又发现了什么呢？尽量为幼儿提供一个宽松的环境，让幼儿自己记录结果，尽情表达交流，不仅发展幼儿的语言，还拓宽幼儿的思维。

(四)引导归纳，扩展延伸

引导幼儿用比较清晰、准确的语言归纳自己所学的内容，教师进行最后的总结、归纳。最后请小朋友回去找一找怎么样能够让物体飞得更久，这样使活动并没有完全结束，让他们带着问题继续探索，使幼儿的兴趣持续下去，并寻找更深一层的原因。

案例分析：

新《纲要》明确指出："幼儿的科学学习是在探究具体事物和解决实际问题中，尝试发现事物间的异同和联系的过程。"而且《指南》也提到："我们要善于发现和保护幼儿的好奇心，充分利用自然和实际生活机会，引导幼儿通过观察、比较、操作、实验等方法，学习发现问题、分析问题和解决问题；帮助幼儿不断积累经验，并运用于新的学习活动，形成受益终身的学习态度和能力。"本次活动设计主要是让孩子通过自主探索，动手操作，学习让物体飞起来的条件，在探索的阶段也让孩子内化事物的特征与生活之间的关系。

因为中班幼儿在现阶段已经能够初步感知常见事物的大小、多少、高矮、粗细等量的特征，但是感知物体的特征与生活之间的关系还是处于一种十分懵懂的阶段。利用有趣的科学操作活动，使幼儿对科学探究活动产生兴趣。好奇心和探究是科学启蒙的关键，它将使幼儿永远保持探究学习的热情。因此，活动过程中把培养幼儿的探究兴趣作为重点。由于幼儿受其原有知识经验和思维水平的影响，对事物及其关系的认识和理解，具有很大的表面性和片面性，所以这方面作为此次活动的难点。

活动过程中通过有意识的提问将幼儿的好奇心调动起来，为后面的探究活动奠定了基础。活动中幼儿自由讨论，在与同伴讨论中能畅所欲言，无拘无束地说出自己的理解与看法。同时也能够吸收别人的知识，从而充分体现了幼儿的主体地位。在小朋友讨论完以后，让他们大胆地把自己的见解在集体中发表，教师对他们加以肯定和鼓励。兴趣是幼儿学习的动力和源泉，通过谈话，吸引幼儿的注意力，激发幼儿的好奇心、探究欲望，进而使幼儿顺利地进入下一个活动环节。操作的过程中，提高了幼儿自主探究、动手动脑的能力，还培养了幼儿的合作精神。通过让幼儿自己动手操作可以让幼儿更加清楚地了解物体飞起来的条件，这样获得的直接经验会让幼儿理解得更加深刻。整个操作实验采用了间接指导和个别引导的办法。

在设计本次活动的过程中，运用《指南》的教育理念，积极为幼儿营造一种生动、活泼的活动氛围，力求充分调动幼儿参与活动的积极性、主动性和灵活性，高度地激发幼儿的好奇心和探索力，从而可以为幼儿的全面发展奠定基础。

三、科学讨论型活动的设计

案例 1：《丰富多彩的塑料制品》

活动目标：

(1) 通过对具体实物的观察比较，让幼儿在探索中认识各种塑料制品，知道它们的特性。

(2) 通过讨论幼儿了解塑料制品在人们生活、生产中的用途。

(3) 幼儿通过亲身体验和观察、观看，建立初步的环保意识。

活动准备：幼儿每人自带塑料制品一两件，带领幼儿在园中搞“塑料垃圾”清理活动，在活动区投放各种各样的塑料制品、白色污染图片及光盘。

活动过程：

(一)激发幼儿兴趣

教师进行提问：请小朋友们说一说自己带来的都是什么东西，是做什么用的，是由什么制成的？

幼儿自由发言互相讨论得出结论：今天小朋友们带过来的都是塑料制品。

(二)寻找塑料制品

(1) 在活动室寻找其他塑料制品。

(2) 寻找后引导幼儿说出塑料制品的特征。

教师引导幼儿从物体的不同角度来说。(比如：形状、高度、长短等)

(三)交流讨论

(1) 分小组讨论塑料制品的用途。

请小朋友们自由分成三组，讨论一下塑料制品都可以做什么用。

(2) 归类。

教师引导幼儿将不同的塑料制品进行归类，分成生活塑料制品、电器产品塑料制品、学习用塑料制品。

(四)了解“限塑令”，增强环保意识

观看光盘和图片，塑料可以变出这么多好玩的东西，但如果乱扔塑料的话，就会对我们的环境造成污染，引导幼儿说出塑料制品对环境和人类的危害，教育幼儿不乱扔塑料制品。我们国家为了保护我们的环境不被污染颁布了“限塑令”，要求我们尽量少用塑料袋。那我们去买东西的时候可以用什么来代替呢？(篮子、环保布袋等)鼓励幼儿研究一些处理塑料制品的科学方法，让幼儿从小树立学科学、爱科学的信念。

(五)活动延伸

(1) 创造环境，在活动区多投放各种塑料制品，让幼儿在活动中自然巩固对塑料制品的认识。

(2) 请小朋友们回到家中与爸爸妈妈探讨什么是白色污染。

案例分析：

随着科学技术的不断发展，丰富多彩的塑料制品在人们的生活中随处可见，塑料制品的广泛应用给人类带来的是什么？通过本次科学学习让幼儿明白，塑料制品一方面给人们的生活带来了许多便利，同时也造成了“白色污染”。幼儿在生活中几乎每天都能接触到各种塑料制品的实物，因此，这一主题幼儿容易接受和掌握；同时，活动中的教具，具体、直观、丰富多样，大量生动的实物教具易于刺激幼儿的感官，激发幼儿学习兴趣和迫不及待的探索欲望。

活动开始时，教师提问幼儿带来的东西是什么。这时幼儿会把带来的东西摆放在自己面前的桌子上。具体生动的教具摆放在桌子上，自然构成一个色彩缤纷的塑料制品展示会，幼儿受到刺激，学习兴趣和探索的欲望立即被激发出来。教师采用讨论法开拓幼儿的思维，激发幼儿的想象力，如请幼儿讨论如何处理这些塑料袋。运用讨论满足了幼儿表达的愿望，使幼儿增强了自信，也能有效地完成教学目标。活动的最后，在幼儿轻松、愉快的学习之后，教师引导幼儿进一步了解了我们国家颁布的“限塑令”，同时也积极响应我们的环保行动——用环保布袋和篮子购物，增强幼儿的环保意识。

案例 2：《想站稳的小球》

活动目标:

(1) 乐于探索生活中的现象，体验操作的乐趣。

(2) 探索发现利用一张纸使小球稳定的方法。

(3) 能积极动脑筋想办法，解决问题。

活动准备: 人手一个乒乓球和几张纸、各种瓶盖、纸杯纸盒、橡皮泥等。

活动过程:

(一)游戏导入，引导幼儿发现现象

(1) 幼儿自由玩球。(师：小朋友，你们看，老师给你们准备了什么？)

(2) 幼儿将球放在桌子上玩，师巡视引导幼儿发现小球在桌面容易滚落的现象。

(二)提出问题，幼儿设想

(1) 提出问题：怎样用一张纸让小球站稳？(过渡：乒乓球说它有个愿望，就是想在桌子上站稳了，不想再滚来滚去的，可是材料只有一张纸。小朋友们能帮助它实现这个愿望吗？)

(2) 鼓励幼儿大胆设想，表述自己的想法。

(三)动手尝试，实践想法

(1) 幼儿人手一张纸，尝试用纸帮助小球站稳。

(2) 教师观察，引导幼儿讲述自己的做法。

(四)交流

(1) 引导幼儿相互交流自己的做法。

(2) 个别幼儿讲述自己的做法，展示成果。

(五)再次分组活动

探索采用其他材料让小球站稳的方法。

(1) 过渡：小朋友们帮助小球实现了它的愿望，它真高兴，想再请你们帮助它一次，你们愿意吗？

(2) 师提出问题：用老师给你们准备的这些材料再让小球站稳，行吗？你们试一试吧！

(3) 幼儿分组尝试。

(六)结束

师：我们到班上再去玩一玩吧，帮助老师把东西收一收吧。

案例分析：

球是孩子们在生活中喜欢的玩具之一，他们乐意用自己的身体部位去探索、感知球的各种玩法。在这次活动中，对于球的滚动孩子们觉得好玩，也引起了孩子们对球的探索欲望，让孩子们通过多种感官去发现问题、解决问题，从被动学习变为主动学习，给孩子充分的探索空间。

本次活动充分展示了“科学活动就在幼儿生活周围”这一特点，能够利用一切生活中随处可以找到的小球、纸等材料，结合《纲要》中的目标，激发幼儿探究欲望，鼓励幼儿在操作、讨论中感受科学原理，观察科学现象，总结科学经验，建立和培养科学的探究精神。

整个实验的过程，教师都以幼儿为活动的主体，构建积极有效的师幼互动场景，让幼儿在自主状态下主动建构知识和经验，体现真正有价值、有意义的学习，以此提高教育的有效性。教师引导幼儿探索发现使小球站稳的多种方法，在这个过程中教师通过观察、思考和设置开放性问题的策略，以玩伴的身份参与到幼儿的活动中，与幼儿有效地互动，让幼儿在“玩”中学，在学中“玩”。在交流环节，教师鼓励幼儿用完整的语言表述自己的操作过程，幼儿互相交流，展示成果，分享成功的喜悦，真正地体验到科学的乐趣，加深了对科学进行探究的兴趣。

四、技术操作型活动的设计

案例 1：《电动玩具》

活动目标：

(1) 通过让幼儿动手操作去了解电池的作用并学会正确使用电池。

(2) 在操作交流的过程中，让幼儿学会主动利用语言向人表达。

(3) 培养幼儿积极探索事物的奥妙、及时发现问题并寻求答案。

活动准备：电动玩具若干、电池若干。

活动过程：

(一)创设情境，诱发兴趣

教师采用谈话方式引入情景：嘟嘟玩具城的经理给老师打来电话，说他们的玩具城明天就要开张，可是玩具城里的玩具有的却还没安装好，所以他想请我们班的小朋友去帮忙，问小朋友是否愿意去帮忙。

(二)自主参与，探索新知

(1) 引导幼儿自主探索，通过观察探索的过程，注重培养他们的观察能力。

玩具城的经理邀请我们班的小朋友到玩具城参观，在参观前经理向幼儿提出要求：在参观的过程中，小朋友们可以自由摸一摸，拆一拆，做一做这些玩具，但要找出这些玩具都有一个什么共同的特点，并在参观完后，把自己的发现告诉好朋友和老师。

(2) 幼儿进行再次探索。

师：为什么有的孩子电池安装进去了玩具仍无法动起来？请小朋友们互相讨论。教师从旁进行观察、指导并适当地提出建议，让他们去看看手里的玩具会动的小朋友，他们的电池是怎样安装的？

由他们观察出来的结果引入到观察电池的外部特征，如请手里的玩具不动的幼儿想一想：你用的电池是怎样安装的？你安装电池跟别人有什么不一样？再请手里的玩具会动的幼儿示范如何安装电池。

(三)应用新知，解决问题

幼儿分成两组，一组幼儿负责安装电池，另一组幼儿负责检查。这一过程可以让幼儿与幼儿之间有一个沟通讨论的机会。

(四)拓展经验

在幼儿了解电池的作用以及利用学到的知识帮助经理解决了问题的基础上过渡到让幼儿想一想电池还能使什么东西动起来。

师：因为小朋友们帮助经理解决了问题，所以经理要送小朋友们每人一对电池。让我们尝试一下拿着电池可以让我们身边的哪些物体动起来。

案例分析：

科学活动的主要目的是让幼儿能运用各种感观，动手动脑探究问题以及培养幼儿对周围的事物、现象感兴趣，有好奇心和求知欲。本次科学观察实验活动要求幼儿了解电池的作用以及培养其探索的兴趣，活动在设计上注意幼儿的实践操作能力。一般来说，一个四五岁的孩子对理论知识较难明白，但对自己动手操作得出的结论往往比老师的讲述要深刻得多。

因为活动对象的目标是中班的幼儿，他们的年龄小，好玩，注意力容易分散，根据这一特点，为了更好地激发他们的好奇心，教师运用了情景式教学方法，努力给幼儿创造一个可以供探究的环境，通过这种形式进入可以让幼儿感觉亲切，也可以激发他们的兴趣。活动过程中教师要把场地布置成一个电动工厂，可以让幼儿在这一环境中自由去安装玩具，在幼儿初步了解电池作用的基础上，让幼儿学会正确使用电池。在第二次探索时，就请幼儿开始去帮助安装还没完成的电动玩具，可以激发幼儿积极参与的兴趣，通过再一次的操作去发现问题。同时，教师还运用了参与法和讨论法，让幼儿与幼儿，幼儿与老师之间都可以畅所欲言，各自发表自己的意见。

为了能够更好地达到以幼儿为主体这一目标，教师在活动中还通过让幼儿看一看、说一说、拆一拆等多种形式，让幼儿自己在实际操作中去发现问题并找到解决问题的办法。通过实验过程中的这些提问，让幼儿注意观察，发现自己与别人的不同之处，培养他们的观察能力，让他们讲述自己的意见，这样就可以体现幼儿在活动中的主体性。最后延伸环节的设计，可以让孩子将学习环境从课堂转移到我们的实际生活中来，以达到让幼儿主动去观察周围事物的目标。

案例 2：《有趣的降落伞》

活动目标：

(1) 通过实验活动，激发幼儿对降落伞进行探索的兴趣和欲望。

(2) 学习正确制作降落伞，探索物体轻重与降落速度的关系。

(3) 能大胆地进行科学探索活动，动手动脑探究问题。

活动准备：高空跳伞录像、降落伞图片、自制降落伞若干个、重量夹子若干、钩叉记录标志若干、记号笔若干。

活动过程：

(一)谈话导入，激发幼儿兴趣

教师出示降落伞，引导幼儿观察降落伞是什么样子的。问：你在什么地方见过降落伞？它是做什么用的？引发幼儿继续探索降落伞的欲望。

(二)情境导入，激发幼儿探究的兴趣

播放跳伞的视频，询问小朋友们觉得跳伞表演怎么样。

师：森林里的小动物也想去参加跳伞表演，可是小动物们没有降落伞，怎么办呢？

(三)学习制作降落伞，探索制作的方法

(1) 利用儿歌讲解制作降落伞的过程和要点。

师：看来小朋友们都想为小动物做一个降落伞，今天老师给你们准备了很多材料，如正方形的塑料纸、线、小动物、透明胶带。有了这么多的材料我们怎么来做降落伞呢？(幼儿自由表达)老师有一首好听的儿歌，制作降落伞的方法就藏在儿歌里，小朋友可要仔细听哦！(教师边出示成品降落伞，边念儿歌，用动作辅助)小伞面，四方方，四根线儿站四方。线和角拉拉手，四根线头排整齐。动物背上准备好，一二三，跳伞啰！

念完提问：伞面和线是怎么连起来的？儿歌里怎么说？我请一个小朋友来试一试。线和角拉拉手，怎么拉？(教师边念儿歌边请一个小朋友示范)这个小朋友的方法真不错，老师也来学一学！(老师将 4 个角全做好)做完伞面，四根线头要怎样？你来试试。(随机请一个幼儿试一试)

(2) 幼儿制作降落伞。

师：小朋友你们会做了吗？现在为你的小动物做一个降落伞去参加比赛吧！

(在制作的过程中教师指导幼儿注意制作的方法，并用儿歌及时纠正幼儿制作时遇到的困难)

(四)跳伞表演

(1) 师：做好的小朋友可以来玩一玩你的降落伞，看看你做得好不好、牢不牢？(幼儿自由玩降落伞，在玩伞的过程中及时发现问题)现在请小乌龟来表演一下。(请幼儿示范)

(2) 师：刚才我是请一个小动物来表演的，现在老师要请两个小动物一起来表演。(请重量明显轻重的两个动物)你们发现了什么？请小动物自己去找好朋友比一比，看看有什么新发现？

(3) 幼儿讲述自己的发现。

师：请小朋友来讲一讲刚才你和谁比了，结果怎么样？

总结：重的小动物落得快，轻的小动物落得慢。

(五)活动延伸

师：小朋友们玩得真开心呀！跳伞真是太有趣了！那我们请小动物们去表演给班上的其他小朋友看，好吗？

案例分析：

玩降落伞是小朋友们很喜欢玩的一项户外体育活动，幼儿沉醉在物体缓缓落下的情景中。随着年龄的增长孩子们开始关注不同物体的下落，他们开始问为什么了，也开始有想改变物体本来性质的欲望，想让轻的快快落下，想让重的慢慢落下。在本次科学实验的活动中，教师意在激发幼儿的探索兴趣和求知欲。实验的过程中，教师给予幼儿充分的探索空间，让幼儿去亲身操作、感知体验，发现问题、探索问题、解决问题。在整个过程中，幼儿都保持着较高的活动兴趣。

《纲要》中指出："要尽量创设条件让幼儿实际参加探究活动，使他们感受科学小制作的过程和方法，体验发现的乐趣。"本次科学实验教师根据幼儿的需要，合理有计划地设计了符合幼儿年龄特点的科学活动，恰当地引导，让幼儿去观察、去操作、去探究，从而促进了幼儿更好地发展。

在整个实验活动的过程中，教师都是以幼儿为活动的主体，通过情境创设的方式为幼儿创造了一个轻松、愉悦、宽松的氛围，使幼儿能够全身心地投入活动，在主动探索、积极思考中发现问题、解决问题。教师通过观察幼儿操作的过程，能够进行合理的引导，了解幼儿制作的进度和面临的问题，在不干扰幼儿自主操作的前提下，给予幼儿一定的帮助，引导他们进一步完善自己的科学结论。中班的幼儿通过自己的努力完成一件作品时，可以从中获得成就感，使他们体验到只要通过努力，就一定能换来成功，从而树立起自信心。在整个技术操作类的科学实验活动中，幼儿通过独立思考、自己动手，增强了独立思考和独立解决问题的习惯与能力。

第四节　中班科学实验指导策略

近年来，幼儿园科学教育在组织指导策略方面有一个最明显的变化，就是从"读科学"转向"做科学"。即幼儿不是静态地、被动地吸收知识，而是在教师的引导下亲自从事实际的探索活动，循着科学研究的流向去思维和操作。他们探索到的绝不仅仅是表层的知识，更多的是科学的基本方法和基本精神，并能将探索到的这种方法和精神内化。《纲要》中提到："要尽量创造条件让幼儿实际参与探究活动，使他们感受科学探究的过程与方法，体验发现的乐趣。"因此，教师应该充分创造机会，提供丰富的操作材料，让幼儿在亲身体验中探究、感受科学的奥秘。

一、亲自探究，激发幼儿科学兴趣

皮亚杰认为："儿童和成人是完全相同的——他们的行动是受兴趣或需要的规律所控制的。""兴趣的规律乃是'整个体系随之运转的唯一轴心'"。只有幼儿对他们进行的活动有兴趣，外部世界才能顺利同化于自我，从而使幼儿在作用于客观过程中掌握。因此，在设计科学实验活动时应该充分考虑幼儿的兴趣和需要。在科学实验中幼儿是整个活动的主体，教师要让幼儿真正地参与实验的探究过程，通过观察、实验、讨论、操作等类型的科学实验体验到探究科学的乐趣。具体应注意以下几点。

(一)选择有趣的实验内容

"学习的最好刺激，就是对学习主题的兴趣。"有趣的活动主题内容本身就能够吸引幼儿。当引导建立在幼儿兴趣上时，幼儿的好奇心会推动幼儿进行科学探究活动，这样才能将科学实验的效果达到最好。比如当幼儿发现用放大镜看东西会放大物体时，教师应该立刻引导幼儿观看普通的玻璃不能够放大物体，让幼儿知道放大镜是因为凸透镜的原理才能放大物体。幼儿的好奇心也会随之增加，对科学实验也产生兴趣，从而能够长时间地、专心地进行科学实验。

(二)设计丰富多样的活动形式

在设计科学实验时，教师应该注意让幼儿运用多种方式进行实验，不单单是通过听、看，应该更多地让孩子们自己去动手操作，利用其他的感官去感知物体。丰富多彩的活动形式能够大大加强幼儿对科学实验的兴趣。

(三)循序渐进地进行科学探索过程

当幼儿心中存在疑问当时并没有得到解决时，他们不会想要继续下去，探索的兴趣也会越来越低。很多教师在设计活动时很了解整个实验的过程，但是在具体操作时会重视结果、忽视过程；重视表面现象，忽视深入探究；重视操作，忽视操作中的问题。因此，活动常常流于形式，幼儿得到的只是一个结论。教师应该根据实验的内容灵活掌握，注意幼儿操作中的问题，当幼儿对科学实验过程中引发的现象表现出更感兴趣时，说明他们正在发展一种更高层次的科学兴趣。教师的科学实验设计应能步步推进幼儿科学探索的过程，促使幼儿好奇心的满足和科学兴趣的发展。

二、给予幼儿充分的活动机会

幼儿是通过活动学习科学的。这里的“活动”，指的是幼儿与材料、周围环境间的相互作用，包括幼儿的感知活动和操作活动，即幼儿是通过实际的感知和操作活动学科学的。当幼儿直接接触事物，获取第一手经验时，他所学到的知识比起从成人那里听到的更容易理解和保持，因此，教师设计的科学教育活动，应该保证幼儿有充分的活动机会，成为真正的幼儿的活动。具体要注意以下几点。

(一)设计提供较多的感知机会

俄国教育家乌申斯基(1824—1871)认为：“我们从外部世界直接感知的形象，乃是我们思维能力借以加工的唯一材料。”通过幼儿亲自看一看、听一听、闻一闻、尝一尝、摸一摸，可以使他们更好地认识客观事物和客观现象，培养他们运用感官观察事物的习惯。

(二)设计提供较多的动手操作机会

中班幼儿的认知发生于动作。“动作在幼儿的智慧和知识的发展中起着重要作用。动作指幼儿对物体的操作，通过主动的操作和实验性操作才能理解物体的变化。”例如过去进行“种子发芽”实验，只凭教师讲解、演示，幼儿被动地学做。现在教师只需要提供充分的物质材料，让幼儿去思考、尝试，自己去动手操作，让他们在亲身实践活动中去获得发展。

(三)提供丰富的实验条件

在幼儿科学实验中，活动的条件包括教师与幼儿相互作用的条件、教育内容的条件、教学材料的条件，使幼儿在教育活动过程中都能够积极活动起来。教师在设计实验时，要事先预测在实验中幼儿要用到的材料和工具，并组织幼儿参与材料的准备。在组织幼儿参与准备材料的过程中，教师要引导幼儿明确为什么要准备材料，准备哪些材料，应该如何准备，这样有助于幼儿设计出独特的观察、实验、制作的方法。在实验中，向幼儿提出开放性、探索性的学习任务，以激发幼儿科学实验的兴趣与动机，为每个幼儿准备充足的材料，给他们充足的操作时间与场地，允许他们自主选择材料并按照自己的意愿自由地操作。

三、把握好介入的时机

在科学实验活动中，教师要把握好介入时机，具体要注意以下两点。

(一)适时、适度地提问引导

在科学实验的过程中，教师如果引导过早，会让幼儿失去主动去探索问题的机会，若引导过迟，幼儿想要探索的欲望则会被放弃。所以，教师应当在幼儿实验过程中或结果希望得到认可时介入，当幼儿需要教师的帮助时介入，当幼儿与其他小伙伴出现困难时适时地介入。适度是指教师在进行指导时要留有余地，多给幼儿鼓励、启发、暗示，尽量让幼儿自主地去发现探索，不要总是依靠教师的帮助。

(二)注重学习后的交流

在科学实验结束后，要对幼儿探索的过程进行评价。因为幼儿探索的过程其实就是幼儿思维的过程，对过程的评价也就是对幼儿整个思维的评价。评价不单单指教师对幼儿的评价，也可组织幼儿交流他们的实验过程，通过各种方式进行交流讨论。

四、做幼儿科学实验的指导者

幼儿的科学实验是在教师的指导下，面向全体幼儿、给幼儿充分的主动学习机会的活动，既要强调幼儿的主体地位，又要强调教师的主导作用。教师的科学指导，要为幼儿的主动学习提供机会与条件。具体要注意以下几点。

(一)拒绝“填鸭式”的灌输，鼓励幼儿自由探索

教师应改变观念，活动的过程应从教师讲转变为以幼儿自主探索为中心的活动过程，在实验的过程中，教师可以给幼儿少量的指令，多一些引导性语言，允许幼儿在一定的范围内根据自己的生活经验、自己的意愿，自己决定操作步骤和方法；允许幼儿为探索需要而移动位置；允许幼儿结伴、合作探索，或与同伴交流自己的发现、想法；允许幼儿提出不同的问题或者要求教师提供补充材料。这样的活动气氛活跃，幼儿思维积极，自信心增强，活动自在，有利于幼儿进行主动探索学习。

(二)树立平等观念，尊重每名幼儿

在活动过程中，教师指导要改变用“命令”来指挥幼儿行动的被动学习状态。教师在平时的语言和行动中，应体现尊重幼儿的作风，成为幼儿的朋友，当好科学的指导者、帮助者、材料的提供者，教师可巡回幼儿身旁或亲自以同伴的身份参与幼儿活动；或耐心地

观察幼儿在操作过程中的情绪、表现；或以亲切的态度倾听幼儿的发现或提出的问题，询问征求幼儿的意见、愿望；或及时提供补充材料。只有这样，才能消除呆板沉闷的气氛，增添幼儿的安全感，使幼儿的学习活动轻松愉快，不仅获得了知识经验，还能促进幼儿个性、情感、态度的发展。

(三)丰富多种评价机制

在科学活动中，教师应注意对幼儿的科学活动进行评价，通过增强幼儿的自信心，激发幼儿再参与科学活动的愿望。教师不仅要评价幼儿在科学教育中所得的结果，更要重视评价幼儿参与活动的态度、探索发现的过程、解决问题的方法，以及是否善于思考、有所创造，等等。对发展较为迟缓的个别幼儿，教师发现其点滴进步就给予鼓励、肯定，让他们逐步变得大胆、自信，愿意把自己的发现、想法告诉同伴、老师。评价活动应促使每个幼儿能在不同程度上有所发展。没有活动，也就没有幼儿的学习。而在活动的过程中，教师在师幼互动中的地位不言而喻，只有教师采取适时、正确的指导策略，才能促进幼儿主动地学习，体现幼儿的主体地位。

五、设计整合化的科学实验

“整合”在其哲学意义上“是指由系统的整体性及其系统核心的统摄、凝聚作用而导致的使若干相关部分或因素合成为一个新的统一整体的建构、序化过程。”“‘整合’的现代化课题理念其实质是采用各种有机整合的方式，使教育系统之中分化了的各要素及其内部各成分之间有机联系起来。”设计整合化的幼儿科学活动，就是要使彼此割裂的有关幼儿科学教育的各个要素统整起来，成为一个开放性的系统，发挥系统的整体功能。

(一)科学教育活动目标的整合

一方面要求幼儿园级科学活动目标、班级科学活动目标与幼儿科学教育总目标相互沟通与整合，在符合幼儿科学教育总目标的前提下尽可能实现科学教育活动的多样化、本土化与乡土化。另一方面，要求“科学”学科层次目标、单元教育活动层次目标、具体教育活动层次目标间相互整合，保持各层次目标处于一种连续的动态过程之中。

(二)科学教育活动类型的整合

正规性、非正规性和偶发性三种科学活动是紧密联系的，它们构成了幼儿科学教育活动的整体。教师在进行活动设计时，应考虑到这三种活动的相互联系与影响，利用三种活动的整体效应进行设计。比如，正规性科学活动可以延伸到非正规性科学活动中去；而非正规性科学活动、偶发性科学活动中幼儿感兴趣的活动内容也可以引入有计划的正规性科学教育活动中去。

(三)科学教育活动过程的整合

一方面，每一个具体科学教育活动应将幼儿情感、态度、认知、技能的培养结合在统一的过程中，幼儿在整个过程中，其学习活动不应是割裂的、孤立的行为，而应成为广泛联系的过程，可以自由操作，进行开放式的思考，与其他幼儿、教师进行自由的交往活动。

另一方面，单元与单元之间、活动与活动之间应具有一定的联系性和统整性。各教育活动的目标往往要通过多单元、系列的活动才能实现。我们必须根据儿童认知规律与科学的自身规律循序渐进地安排各单元、各活动之间的顺序与进度。

(四)科学教育与其他领域教育的整合

教师应把语言、艺术等其他活动与科学教育活动的设计结合起来，把幼儿园的科学教育活动与家庭、社会机构紧密联系起来。

本 章 小 结

随着时代的快速发展，幼儿园科学教育越来越受到人们的重视，科学课的开展不仅能够激发幼儿对周围环境的探索精神，还能提高幼儿动手操作以及解决问题的能力，更主要的是可以从小培养幼儿的科学素养。科学实验是幼儿园科学教育主要的形式，也是孩子接触科学最直接的方式。《纲要》从三个方面对幼儿科学教育进行了规定：幼儿的科学教育是科学启蒙教育，重在引起幼儿的科学兴趣和探索欲望；要创造环境让幼儿真正参与探究活动，使他们体会探究的过程与方法，认识到发现的乐趣；在日常生活中，利用幼儿周围的环境作为科学探索的对象。通过这些规定明确体现出要将幼儿的主动探索活动作为科学教育的重点，这也对教师开展科学实验活动提出了新要求，不仅要注重观念、管理、方式、组织等方面，更重要的是要从过往重知识的传授转向使幼儿养成主动探究的学习态度，培养幼儿乐于思考、能够积极参与活动、解决问题等能力，要保护幼儿对科学的好奇心与求知欲望。本章主要讲述的是针对中班幼儿的年龄特点及发展水平，而展开的不同类型科学实验的设计与指导策略。

推 荐 阅 读

[1] 陈晓芳. 幼儿科学活动设计与指导[M]. 北京：师范大学出版社，2013.
[2] 宗�. 幼儿园科学探究活动设计与指导[M]. 合肥：安徽大学出版社，2017.
[3] 毛瑞花. 小世界大科学幼儿园科学教育撷英[M]. 石家庄：河北教育出版社，2015.
[4] 刘立民. 幼儿园科学教育[M]. 北京：北京理工大学出版社，2013.
[5] 王丹. 学前儿童科学教育[M]. 武汉：湖北科学技术出版社，2016.

思考与练习

一、名词解释

科学实验　观察认识型科学实验　实验操作型科学实验

二、简答题

1. 简述中班幼儿学习科学实验的特点。
2. 简述中班科学实验的类型。

3. 简述实验操作型科学实验指导要点。

三、论述题

1. 试论述中班科学实验指导策略。
2. 论述技术操作型实验的活动价值。

【实践课堂】

如何针对下面幼儿提出的问题，设计出一节科学实验活动？

猜猜我是谁

最近一段时间我经常采用“猜猜我是谁”的游戏来展开教学活动，引出本次活动主题。最开始我会压低声音说话，之后又用手捏住鼻子说话，幼儿的注意力很快就集中到我的身上。每一次小朋友们都好奇地看着我，争先恐后地问道：为什么老师的声音可以变个人呢？

第五章　中班科学实验与活动指导.pptx

教育中应该尽量鼓励个人发展的过程。应该引导儿童自己进行探讨，自己去推论。给他们讲的应该尽量少些，而引导他们去发现的应该尽量多些。

——斯宾塞

第六章　小班科学实验与活动指导

本章学习目标

- 熟悉小班幼儿科学实验的特点。
- 熟悉小班科学实验的目标。
- 掌握小班科学实验活动的指导方法与策略。

核心概念

小班科学实验(small class scientific experiment)　观察认识型(observation and cognition type)　实验操作型(experimental operation type)　饲养与种植(feeding and planting)　分类(classify)

引导案例

吹泡泡

活动目标:

(1) 通过操作探索，初步了解不同形状的工具吹出来的泡泡都是圆形的。

(2) 乐意大胆猜想，尝试集体记录。

(3) 体验探索活动的乐趣。

活动准备: 不同形状的吹泡泡工具、泡泡水、记录纸、各种形状标记、抹布等。

活动过程:

(一) 幼儿在玩中学习吹泡泡的方法

(1) 师：你们吹过泡泡吗？老师也为你们准备好了吹泡泡的材料，请你们去吹一吹，比比谁吹的泡泡多、泡泡大。吹的时候请宝宝找个空地方，不要吹到小脸上，也不要把小工具贴在小嘴上。听明白了，那就行动吧！

(2) 交流吹泡泡的方法。

① 提问：你是怎么吹泡泡的？(幼儿自由说说)

小结：先拿小工具在泡泡水里浸一下，然后慢慢拿起放到嘴边轻轻吹一吹，这样泡泡就吹出来了。

② 想不想再试一试？

师：好！这次老师要请你们不仅都要吹出大大的泡泡，还要看看你吹出的泡泡是什么形状的。

幼儿再次操作。

(二)探索圆形工具吹出来的泡泡形状并做好记录

师：宝宝们，真棒！都成功了，告诉我你们吹出的泡泡是什么形状的？(圆圆的)哪个小工具吹出的泡泡是圆圆的？

小结：原来圆形工具吹出的泡泡是圆圆的。我们来找个圆形标记贴在圆形工具的下面。

(三)出示不同形状的工具，大胆猜想

师：这又是什么工具？(星星形工具)猜猜用它会吹出什么形状的泡泡呢？我们找个标记贴到星星工具的下面。

以同样的方法出示长方形工具并做好猜想记录。

(四)幼儿自由探索，观察泡泡的形状

用长方形和星星形工具吹出的泡泡到底是什么样子的呢？请你们自己去吹一吹、看一看。

(五)交流发现并进行记录

(1) 师：用星星形工具吹出的泡泡是什么样子的呢？(圆圆的)用长方形工具吹出的泡泡是什么样子的呢？(圆圆的)

(2) 记录操作结果。

小结：原来不管用什么形状的工具吹出来的泡泡都是圆形的，真有趣。让我们赶紧把这个好消息告诉其他的小朋友吧！

案例分析

本次活动中幼儿是教育活动的参与者，而非被动者；活动内容必须与幼儿的兴趣需要及接受能力相吻合；教学活动来自小班的语言教材，非常适合小班孩子的年龄特点。《纲要》中强调选材要来源于生活，又要服务于生活。随着科技产品越来越多地走进人们的生活之中，孩子们对于平时爱玩的泡泡水，充满了好奇，更激发了孩子们操作与探索的欲望。在制定教学目标时，老师根据《纲要》对科学领域的要求尽量创造条件让幼儿实际参加探索活动，使他们感受科学探索的过程和方法，体验发现的乐趣，注重培养幼儿的学习兴趣，注意面向全体、因人施教的原则。

学习指导

本章的重点是教师在对小班幼儿开展科学实验活动时，要关注到不同年龄阶段的幼儿发展水平的不同，要针对小班年龄阶段幼儿更好地开展科学实验。在学习的过程中首先要仔细阅读教材，掌握相关的理论，根据教学实践活动，掌握小班科学实验的指导方法与策略。

第一节 小班科学实验概述

一、小班幼儿学习科学实验的特点

刚从家庭或托儿所入幼儿园的3～4岁的幼儿，喜欢接触大自然，对周围很多事物和现象感兴趣。他们已经从成人那里或日常生活中获得一些关于周围事物以及现象的印象，其中可能有些是正确的，但也有些是错误的。而且他们的思维正处于由直觉行动性思维向具体形象性思维的过渡阶段，因此，3～4岁幼儿在进行科学实验活动的过程中表现出以下一些特点。

(一)认识处于不分化的混沌状态

复杂多变、形形色色的客观世界，在刚入园的小班幼儿头脑中，往往是一片不分化的混沌状态。虽然他们能注意并发现周围的物体，特别是了解动植物是多种多样的，但是他们还是对一些物体的现象分辨不清，常常“指鹿为马”。例如，有的幼儿把绿草、绿叶叫作“绿花”；有的幼儿认识杨树之后，把柳树、梧桐树等也都叫杨树；还有的幼儿把树干叫作“木头”。因此，他们常常爱向成人提问：“这是什么？”“那是什么？”

(二)认识方法以模仿为主，易受暗示

3～4岁的幼儿不会有意识地围绕一定的目标去认识某事物，也不善于根据自己的所见、所闻、所知来表达自己的认识，调节自己的行为，独立性差，爱模仿别人的言行，常常会出现人云亦云的情形。别人说云彩是棉花糖，他也说是棉花糖；别人摘小花，他也跟着去摘小花。有时，由于分辨能力差，爱模仿，甚至导致发生无意伤害动植物的行为。

(三)认识活动具有表面性，思维带有直觉行动性

3～4岁幼儿的思维还保留着直觉行动性的特点，他们的感知受自我中心的影响，常以自身的结构去理解物体的结构，以自己的生活体验去解释科学现象，对有生命的东西和无生命的东西分辨不清，认识事物带有明显的拟人化现象。例如，看到皮球从斜坡上滚下来就认为“它(指皮球)不乖”；看到四条腿的动物就认为“它有两只手、两只脚”等。他们不会做复杂的分析综合，只能从表面去理解事物。因此，此时孩子的认识活动必须是问题和孩子的主体行动同步才有效。

(四)认识过程带有很大的情绪性，缺乏有意性

3～4岁的幼儿对周围环境中事物的认识易受其情绪的影响，其注意往往比较容易集中在色彩鲜艳、生动活泼、能发出悦耳声响、能动的、能引起愉快情绪的客体上。因此，3～4岁的幼儿有兴趣去认识各种小动物，而对于静态的、色彩单调的客体，就不感兴趣，也就缺乏认识的需求。即使老师要求幼儿去认识，幼儿往往也会视而不见或者会出现心猿意马

的认识行为，这就使得其认识带有表面性和片面性，影响对事物主要方面和主要特征的认识。

二、小班科学实验活动的目标

幼儿科学实验活动目标是构成科学实验活动的第一要素和前提，它是教师进行科学实验的指导思想和制订计划的依据。学前儿童科学实验活动目标既是学前教育总目标的有机组成部分，又是学前阶段科学实验活动的特殊要求。学前儿童科学实验活动是学前儿童全面发展的一个重要组成部分。学前儿童科学实验活动的目标，是根据学前教育总目标结合科学实验活动的特点而制定的，是学前教育总目标在科学实验活动中的具体体现。在制定小班科学实验活动的目标时，不仅要考虑社会发展的需求，还应该考虑幼儿不同年龄阶段身心发展的规律和特点，同时还要体现自然科学的学科特点。

我国教育部 2001 年 7 月颁布的《幼儿教育指导纲要(试行)》(以下简称《纲要》)中，“科学”“社会”“语言”“健康”“艺术”被明确地列为幼儿园教育的五大领域。《纲要》规定的科学领域的目标是：①对周围的事物、现象感兴趣，有好奇心和求知欲；②利用各种感官，动手动脑，探究问题；③能用适当的方式表达、交流探索的过程和结果；④能从生活和游戏中感受事物的数量的关系，并体验到数学的重要和有趣；⑤爱护动植物，关心周围环境，亲近大自然，珍惜自然资源，有初步的环保意识。以上《纲要》中的五条目标中，除了第四条是有关数学具体的目标之外，可以把其他四条目标归类为三个方面，即科学情感和态度方面的目标、科学知识经验方面的目标和科学方法能力方面的目标。

(一)科学情感和态度方面的目标

1. 总目标

1)　对周围的事物、现象感兴趣，有好奇心和求知欲

幼儿的好奇心常常表现为对周围一些事物或现象注意、提出问题、操作摆弄、探索发现等。好奇心是幼儿学习获得成功的先决条件，并在幼儿形成积极的学习态度方面起着重要作用。合乎幼儿的好奇心，将使幼儿永远保持探究和学习的热情，也是终身学习的一种动力机制。兴趣是和好奇心相联系的，它是一种积极的感情性唤醒状态，是学习科学的强大动力。培养幼儿的好奇心和兴趣的目标，就是使幼儿从对事物外在、表面的兴趣发展为对科学活动过程的理智兴趣，为今后学好科学奠定良好的基础。

2)　爱护动植物，关心周围环境，亲近大自然，珍惜自然资源，有初步的环保意识

通过与周围环境的直接接触和探索活动，引导幼儿发现自然界的美学，学会欣赏自然，幼儿会逐渐发现和感受到自然界的奇妙和美好。通过全身心投入珍爱生命、关爱环境的活动，逐步产生珍惜自然资源的情感和初步的环保意识。例如，培养幼儿对大自然的积极情感和态度，要从他们喜爱周围的小花小草、小鸟小虫开始，逐渐发展到具有爱护自然、保护生物的情感和态度。

2. 小班年龄阶段目标

(1)　乐意参加科学活动。

(2)　激发幼儿对周围事物的好奇心，使其乐意感知和摆弄他们能够直接接触到的自然

物和人造物。

(3) 喜欢接触大自然，喜爱动植物，对周围的很多事物和现象感兴趣。

(4) 经常问各种问题，开始表现出探索自然现象和参与制作活动的兴趣。

(二)科学知识经验方面的目标

1. 总目标

1) 获取广泛的科学经验

科学经验是指幼儿在科学探索活动中，通过他们的亲自操作，以自身的感觉器官直接接触周围世界，所获取的具体事实和第一手的经验。幼儿的科学经验包括幼儿对事物形状特征的认识、对科学现象的理解等。幼儿通过不断地与周围环境接触，在他们的脑中就储存了丰富的信息，留下了生动的表象。这些有关周围物质世界的信息和表象，就是幼儿获取的初始科学经验。

2) 在感性经验的基础上形成初级科学概念

初级的科学概念是指幼儿在获得感性经验的基础上，对同类事物外在的、明显的共同特征的概括，是一种概括化的表象。许多研究证明，小班幼儿的思维具体形象，对抽象概念的学习尚感困难，他们在科学学习中所形成的概念只是经验水平的概括，它既有科学经验的特征——具体形象性，又具有概念的特征——概括性，因此只能把它称为初级的科学概念。

3) 科学经验与科学概念的关系

科学经验与科学概念是有区别的，但是它们又是紧密联系的。在科学学习的过程中，幼儿初级科学概念的形成依赖于科学经验的获得。在科学学习中不能迁就幼儿思维的具体形象性，不能满足于感知表面现象，而要努力引导幼儿整理零散的知识经验，促进初级科学概念的形成，并逐渐提高概念水平，促进幼儿抽象逻辑思维的萌芽与发展。

2. 小班年龄阶段目标

(1) 能认识和了解几种常见的动植物，注意并发现周围的动植物是多种多样的。

(2) 让幼儿观察周围常见的特别自然物(动物、植物和无生命物质)的特征，获取粗浅的科学经验，初步了解它们与幼儿生活、周围环境的具体关系。

(3) 能感知和发现物体和材料的软硬、光滑和粗糙等特性。

(4) 能感知和体验天气对自己生活和活动的影响。

(5) 引导幼儿观察日常生活中直接接触的个别人造产品的特征及用途，获取粗浅的科学经验，感受它们给生活带来的方便。

(三)科学方法能力方面的目标

1. 总目标

1) 能运用各种感官，动手动脑，探究问题

观察：“能运用各种感官”指的就是运用感觉器官对周围的事物进行观察。感觉器官是幼儿吸收外界信息的通道。观察是一种有目的、有计划的感知活动，是幼儿认识周围世界的基础。在科学实验活动中，要使幼儿多运用感官感知自然现象和物体的主要外部特征，

学习比较观察不同物体或同类物体的特征，学习观察自然现象的变化。

分类和测量：在幼儿进行科学实验活动的过程中，分类和测量既是一种幼儿学习科学的技能，也是一种学习科学的方法。分类能帮助幼儿把周围事物进行抽象与概括，有助于幼儿探索事物之间的关系。测量是人们生活中精确交换信息的一个重要方面。在科学实验活动中，幼儿学习在比较现象或物体特征的相同和相异的基础上，按物体的外部特征和用途分类；能指出分类的标准和属性；学习使用不同的简单工具进行测量；学习比较和测量物体的长短、大小、多少、轻重等特征；初步知道通过测量可以获得量化的信息。

思考：思考泛指儿童的思维过程。思维是认识的高级阶段，是智力的核心。通过思维能更深刻、更正确、更完整地反映客观事物。所以在科学实验活动的过程中，除了使幼儿获得大量丰富的感性经验外，还应在此基础上有意识地帮助幼儿学习思考、善于思考、发展思维能力。

操作：操作即动手操作。在科学实验活动中，幼儿或以操作或以其他方式验证其发现、推论或预测是否正确。运用工具和材料，对客观对象和材料进行操作加工，或制作新产品的活动都是操作。

2) 能用适当的方式表达、交流探索的过程和结果

在科学实验活动中不仅要让幼儿学习科学，还要让幼儿学习将自己科学探索的过程和结果进行表达和交流。表达是一种单向地向别人表述的方式，而交流则是一种多向的、全方位的方式，既有倾听，又有表达和表现。通过探究操作，每个人都有了自己不同的感受、体验和发现，或者有一些处于半意识状态的东西，通过思考和适当的方式表达形成想法，通过交流梳理头脑中的信息，明晰所发现的事物的特征和关系，以及自己的探究过程。幼儿通过表达和交换信息，使感知周围世界的第一印象在脑中形成的表象，又转化为语言或其他方式表达出来，这样既使幼儿对事物理解得更深刻，又有助于幼儿语言的发展；既促进了幼儿与同伴之间的交往和友谊，又有利于幼儿与教师之间的沟通。

2. 小班年龄阶段目标

(1) 了解各种感官在感知中的作用，学习运用各种感官感知的方法，对感兴趣的事物能仔细观察，发现明显特征。

(2) 帮助幼儿掌握根据一个或两个特征从一组物体中挑选出个别物体并归为一类的分类方法。

(3) 帮助幼儿学会通过目测等简单方法，比较物体的形状、大小和数量。

(4) 引导幼儿用词语或简单的句子描述事物的特征和自己的发现，并与同伴、教师交流。

(5) 帮助幼儿学习使用他们日常生活中常用的科技产品，参与简单的制作活动。

三、小班科学实验的类型

(一)观察认识型科学实验

1. 含义

观察是人们在自然发生的条件下对自然现象进行考察的一种基本的科学方法。学前儿童科学实验活动观察的方法是指教师有目的、有计划地组织和启发幼儿运用多种感官，去

感知客观世界的事物与现象，使之获得具体的印象，并在此基础上逐步形成概念的一种方法。观察的方法可以保证幼儿在直接接触事物的过程中，运用多种感官直观、生动、具体地认识事物，了解事物的特性，提高幼儿感官的综合活动能力，培养其运用感官探索周围环境的习惯，并为发展小班幼儿的抽象思维能力、形成概念提供丰富的感性经验。所以，观察在学前儿童科学实验活动中是最基本和最重要的方法，也是幼儿经常运用的学科学的方法。

2. 类型

1) 个别物体的观察

个别物体的观察是指幼儿对单个的物体或现象的观察，是指通过有目的地运用感官，与周围某一事物或现象直接接触，从而了解它的外形特征、属性、习性等。在对个别物体进行观察的过程中，通过对物体的观察，可以帮助幼儿获得有关物体的以下信息：物体的外形特征，如物体的形状、颜色、大小；物体发出的不同声音，散发的不同气味；物体的外部结构和功能；物体的生活习性和特点；物体的存在与周围环境的关系；等等。个别物体的观察是最基本的观察技能，它是其他各种观察的基础，因此，个别物体的观察适用于小班年龄阶段。

2) 比较性观察

比较性观察是指幼儿同时观察两种或两种以上的物体并进行比较，找出物体间的异同点。在观察过程中，通过比较分析、判断和思考，能比较精确、细致、完整地认识事物。这种方法能帮助幼儿较快地发现事物的特征，有利于幼儿的分类能力发展和概念的形成。比较性观察要求对事物进行比较分析，需要较复杂的认知活动，因此，比较性观察适用于小班后期阶段。

3) 间或性观察

间或性观察是指间隔一定的时间，带领幼儿对某个物体或现象进行的观察。每次的观察是在原来观察基础上的进一步观察，以加深对观察物的认识，同时，每次的观察也就是单个物体的观察。例如认识兔子，第一次观察兔子明显的主要特征和习性；第二次在原有认识的基础上，观察兔子比较隐蔽的主要特征；第三次则侧重于兔子的功用。每次观察是互相联系，互相制约的。间或性观察在小班年龄阶段采用得较少。

4) 室内观察与室外观察

室内观察即在室内开展的各种观察活动。一些需要在比较安静的环境中进行的观察，适宜在室内进行，如观察鱼类、种子等。室外观察是指在实地进行的观察，一般与散步、参观活动相结合，如参观菜地和捡树叶等。幼儿外出的机会较少，而许多自然事物很难在室内观察。因此，应尽量多让幼儿进行室外观察，使他们尽可能多地接触自然、体验自然，从而获得感性经验。

3. 指导要点

对小班观察认识型科学实验活动的指导要点如下。

(1) 利用观察对象的显著特征激发幼儿的观察兴趣。观察活动开始，一般是让幼儿先看看观察对象的全貌，对它有一个完整印象，而后根据活动目标，逐步提出具体、明确、简洁而有启发性的突出观察对象的显著特征的问题。

(2) 引导幼儿综合利用多种感官感知事物的特征。在观察的过程中，只要条件许可，就应该让幼儿的各种感官都参与观察活动：用眼睛去看，用耳朵去听，用手去摸，用鼻子去嗅，有些东西还可以用嘴去尝，使大脑接收的信息来自视觉、听觉、嗅觉、味觉、触觉各种途径，在大脑皮层建立多通道联系，从而使幼儿从物体的不同角度对其属性有一个比较完整的认识，既学习了观察的方法，同时也发展了幼儿的感知能力及观察力。例如，在观察小蝌蚪，看到小蝌蚪的形状时说："啊！头好大，还有长尾巴呐！"当把冰放在手中时说："啊！滑溜溜的、凉凉的，哎呀！好痒好痒。"

(3) 教会幼儿全面有序地观察。一般幼儿的观察往往是笼统的、无序的，是模糊的、不深刻的。如只看到韭菜有细细长长的叶子，不仔细探索它的气味和叶的形状，就会把细长绿叶的菜都当成韭菜。为此，教师在指导幼儿观察时，要注意引导幼儿既观察客观事物的整体，又观察其主要的细节，根据事物的具体特征，有的从特征到局部再到整体，有的从局部到整体，处理好观察整体与布局的关系，克服片面性，以保证观察的全面性。

(4) 引导幼儿多角度地观察事物。在指导幼儿进行观察时，一般可以先对现象有一个整体、大致的认识，使幼儿先能了解观察对象的全貌；再着重观察它的主要方面乃至某些次要的但是值得注意的细节；最后还要注意观察各个部分和各种现象之间的联系，使幼儿对所观察的事物有一个比较完整、清晰的认识。某些事物适宜近距离观察，而另一些事物则远距离观察更为全面，有时远距离观察又是近距离观察的补充。另外，还要提供条件让幼儿观察事物的静态和动态。物体的静态比较容易观察，能观察得较细致，而物体的动态能使幼儿观察到对象的生动活泼，所以一般在观察动物时，两种观察可以结合进行。

(5) 在观察的同时，可运用提问的方式来激发幼儿的思考。对幼儿来说，他们的观察往往是由对周围环境的好奇或偶然的兴趣而引起，带有极大的无意性。如何使幼儿将无意的自发感知转化为有目的的观察，有赖于教师在活动中适时地、积极地提问和参与。用提问引发观察的教育手段，可贯穿于观察活动的全过程。所提问题中不应有单靠幼儿回答"是"与"不是"来解决的，也不应有包含着答案而无须思考的，而应能引发幼儿积极观察和思考，从探索中求得答案。

(6) 指导幼儿学习用各种方法记录观察结果。观察记录就是由小班幼儿以绘画、图表表达所观察到的自然物、科学现象以及实验调查的结果，它是幼儿观察活动中的一个方面，也是一种表达的方式。通过观察记录，让幼儿对观察的周围世界的印象进行回忆，使得这些印象更加清晰，达到复习巩固的目的，还能引起幼儿再观察的兴趣和主动性、积极性，发展幼儿的动手能力。幼儿的观察记录将反映出幼儿的观察水平，以及对对象认识得正确与错误，帮助教师了解幼儿的观察状况以及自身的教育效果。总之，组织幼儿进行观察，是幼儿进行科学探索的基本方法，是推动幼儿了解事物的重要方法，对于小班幼儿来说，也是一种最基本的智力技能。教师指导并教会幼儿从观察简单的个别物体到观察复杂现象，都可以运用丰富的自然物、自然现象以及科技产品等作为题材。任何观察活动或以一种感官为主，或由多种感官系统参与，都要以丰富感官经验为基础，并与其他各种方法的运用相互渗透、相互支持，不可孤立进行。

(7) 鼓励幼儿用语言表达、交流观察的发现。在科学实验活动过程中，教师应尊重幼儿的发现，注意其独到之处，可以请其操作，鼓励幼儿将观察的结果生动形象地描述出来。应教会幼儿用准确的语言来表达，如"啄木鸟的嘴是尖尖的、长长的、硬硬的，能钻进树洞捉虫”。

(二)实验操作型科学实验

1. 含义

实验是指在人工控制现象发生的条件下，对现象进行感知和测量的方法。它是科学实践的重要形式，是获取信息和检验理论的基本手段。小班幼儿科学实验活动中，实验的方法是在人为控制条件下，教师和幼儿利用一些材料、仪器和设备，通过简单演示或操作，对周围常见的科学现象加以验证的一种方法。一般而言，小班幼儿的科学小实验对变量的操纵和控制比较简单，所揭示的是事物之间明显可见的、表面上的因果关系。实验操作的演示过程是简单易行的，是带有游戏性质的。实验能帮助幼儿理解一些简单的科学现象和知识，培养幼儿对科学的兴趣和求知欲望。在实验操作过程中，能充分调动幼儿学习科学的积极性、主动性。同时通过实验也可以培养幼儿的动手操作能力，并且让幼儿体验到科学探究的本质。由于实验操作是在教师创设的特定的条件下进行的，因而可以弥补在自然条件下观察的局限性。实验常采用游戏的形式，幼儿是在十分有趣味的活动中，生动活泼地进行科学的探索。

2. 类型

根据实验过程中实际的操作者来分，可以把实验分为教师演示实验和幼儿操作实验两种。根据现代学前教育的理念，教师演示实验不符合幼儿自主建构知识的原理，但是在科学教育中，教师演示实验还是有其需要，只是我们不提倡，而且反对以教师演示实验来代替幼儿的操作实验。

1) 教师演示实验

教师演示实验是指由教师操作实验的全过程，幼儿观察实验的过程、现象、变化和结果的一种形式。这种实验一般是由于实验难度较大、幼儿操作困难，或者因所需仪器设备条件不足而采用的。根据实验内容不同，演示实验的运用也有不同，比较多见的是由教师先进行演示实验，让幼儿观察实验，并提出需要幼儿思考的问题，然后再由幼儿实验操作。

2) 幼儿操作实验

幼儿操作实验是由幼儿亲自动手操作并参加实验的全过程。主要用于操作比较简单，容易、带有游戏性质的实验。例如，磁铁吸铁的实验、种子发芽的实验等，这种实验由于是幼儿自己动手操作，在操作过程中，幼儿可以充分摆弄材料、仪器，充分观察实验过程中的现象和变化，还可以反复操作、多次尝试，满足幼儿的好奇心，所以他们实验的积极性很高。由于幼儿在操作实验中兴趣很高，体验较深，获得的知识也就更为巩固。而且更为重要的是，幼儿在实验过程中学习了一些简单实用的方法，例如测定方法、实验条件控制的方法、记录方法等，并且还学习了如何经过分析得出结论。在条件许可下，应尽可能让幼儿有实验操作的机会。

3. 指导要点

对小班实验操作型科学实验活动的指导要点如下。

(1) 教师的预备性实验。无论是教师的演示性实验，还是幼儿操作型实验，在进行实验前教师都要进行几遍实验，以便妥善安排实验过程中每个环节的时间，检验实验仪器和材料的情况，以保证实验效果。在进行预备性实验中，需要考虑以下一些问题：这个实验能否成功？要使实验成功，必须注意哪些问题？如材料准备上的问题、操作上的问题、时间上的问题等。如果是幼儿进行的操作实验，还要考虑幼儿在操作过程中可能会遇到的障碍，并且考虑给予什么样的支持，或者如何解决。

(2) 为实验提供必要的用具和材料。首先，由于小班幼儿年龄较小，幼儿实验操作的用具和材料一般比较简单，应尽量用一些玩具、日常用品代替。其次，要根据实验内容为幼儿准备相应数量的用具和材料：人手一份或各组一份。材料数量的多少因具体内容而异，但要保证让每个幼儿都能参与活动。

(3) 给予幼儿充分的实验时间，允许幼儿反复操作并有所发现。充分的时间能保证幼儿反复进行实验活动，并在操作过程中探究发现，提出问题，自己找出问题的答案。在实验操作过程中，不能机械地用时间限制，而是让幼儿尽量用自己的方式进行操作，以达到实验效果。

(4) 指导幼儿使用工具材料，并学习操作技能。因为小班幼儿的实验操作一般都简单并且有趣，所以应尽可能让幼儿自己动手操作。但在实验中的某些环节，或在某些材料的使用上，幼儿仍会遇到各种困难。又因为幼儿能力的不同，即使简单的实验，也会有一些幼儿难以操作与完成。因此需要教师根据实验内容的难度和幼儿个人情况，给予不同程度的指导。另外，在实验操作过程中，还应引导幼儿通过观察，注意实验材料、方法、操作过程中的变化和实验结果，使幼儿不仅能了解实验结果，更学习了实验的方法。

(5) 交代实验规则，并保证幼儿安全。实验操作规则对于保证幼儿实验成功起着重要的作用，所以在实验操作开始前，教师有必要交代清楚有关的规则；在实验操作过程中，也应及时指导幼儿遵守规则，以保证实验成功。如果有的活动不是幼儿操作，则可改由教师演示实验，以保证幼儿的安全。实验初期，教师应经常给幼儿提示实验的过程，以及实验操作中应注意的事项，一段时间后可逐渐放手让幼儿实验操作。

(6) 实验与讲解、提问紧密结合。教师的演示、讲解、提问应与幼儿的实验紧密结合。教师在演示时动作要熟练，操作速度要慢，而且要规范，在实验效果上要做到现象明显，使幼儿能较清晰地看到实验的结果。教师还应根据幼儿的实验进展情况进行提问，启发幼儿在观察和思考的基础上回答问题，理解知识。在需要时教师还可进行讲解，讲解一定要简明，提问要富有启发性，使幼儿始终处于积极的探索和求知之中。

(三)种植与饲养

1. 含义

种植是栽培植物，而饲养则是指饲养动物。学前儿童科学实验活动中的种植，是指幼儿在园地、自然角(或用泥盆、木箱等)种植花卉、蔬菜和农作物等的活动。学前儿童科学实验活动中的饲养，是指幼儿在饲养角喂养和照管习性温顺的动物的活动。种植与饲养的方法既是学前儿童科学实验活动的重要方法，同时也是小班幼儿喜爱的活动。小班幼儿对周围环境中最喜爱的东西莫过于动物和植物了，在对动植物的观察中，有意识地让幼儿亲自操作，种植一些蔬菜、花草，饲养一些小鱼、乌龟、小鸟，让幼儿不仅观察了动物和植物的外形特征，也了解了它们的生长过程。通过种植与饲养的方法进行科学学习，伴随着动植物的生长，也就激发了幼儿热爱自然、热爱科学的兴趣与情感。在种植与饲养的过程中，幼儿对对象进行观察、分类、比较、记录，能促进幼儿认知能力的发展，并使幼儿学习一些简单的劳动技能，也可培养幼儿手脑并用的能力。

2. 指导要点

对小班种植与饲养活动的指导要点如下。

1) 选择合适的内容

小班幼儿年龄较小，种植、饲养的技能差，因此在选择种植、饲养的内容时，要根据小班幼儿的年龄特征以及动植物本身的特点来进行。具体来说，在选择种植的植物时，应选择一些易生长、易照顾、对种植的土质肥料要求不高、生长周期相对较短的植物。对于小班幼儿，比较适宜的植物是较大粒的种子，例如扁豆、玉米、牵牛花等。

在对饲养的动物进行选择时，应注意选择一些比较温顺、对饲料要求不高、不易死亡，而且对幼儿没有伤害的，包括不会传染病菌的小动物，例如金鱼、小蝌蚪、蚕、乌龟、兔子等。

2) 鼓励幼儿的自主探究

在种植与饲养活动中，幼儿扮演了“小小园艺家”“小小动物学家”的角色，他们会以十足的热情参与科学实验活动。但是由于种植与饲养的活动需要一定的操作技能，包括挖土、浇水、除草、喂食、打扫动物笼子等，如果掌握不当，会在一定程度上影响幼儿的种植与饲养活动，这时，教师切记不要包办代替，而应指导幼儿学习操作技能，克服一定的困难，鼓励他们，坚持以幼儿为主的种植与饲养。这样才能使整个过程成为幼儿亲身体验的过程，使幼儿由浅入深地了解事物，充分发挥幼儿的想象力和创造力。

3) 种植与饲养的过程应和幼儿的认识活动相结合

小班科学实验活动中运用种植与饲养方法的主要目的是学习科学。因此，在活动过程中要注意结合种植与饲养过程，指导幼儿观察对象及种植与饲养的工具。例如，在饲养蚕的过程中，指导幼儿观察蚕的外形特征、生活习性、生长过程等，观察蚕是怎么进食桑叶的，是怎么行进的，又是如何蜕皮的……同时，还应让幼儿认识桑叶的主要特征，了解桑叶与其他树叶的不同之处。又如在种植花卉时，指导幼儿认识使用的工具与种植的器皿——小铲、花盆，让幼儿了解花盆底为什么有个小洞，尝试一下，如果花盆没有洞，植物会怎么样。以此使幼儿的认识更全面、完整。教师要利用各种机会，因势利导，帮助幼儿扩大知识面，满足好奇心，发展求知欲，提高认知水平。

4) 爱护动植物，关爱生命

在小班种植与饲养活动中，幼儿是通过与动植物的亲密接触而获得对对象的了解的，这个过程的本身，就是生命教育的过程。学前儿童科学实验活动要培养幼儿热爱动植物、热爱自然的种子，产生关爱生命的情感。在具体的种植与饲养活动过程中，由于小班幼儿年龄小，无论从他们的心理特点，还是手眼协调，以及控制手部力量的能力来看，都会发生无意识伤害动植物的行为。例如，在给植物拔草的时候，不小心把植物也拔掉了。又如，本想轻轻地抚摸一下小动物，结果因为抱得太紧而把小动物弄疼了。

在饲养活动中，可以通过照顾小动物的过程，让幼儿了解动物也是有生命的，培养幼儿形成“动物是人类的朋友，地球是人类和动物的共同的家，人和动物要和谐共存，就要从关爱动物做起”的意识，激发幼儿关爱动物的情感，产生保护动物的行为。在种植活动中，通过“与小树一起成长”“树的秘密”“百花园”等活动，让幼儿在照顾植物生长的过程中，体会植物的生长特征，积累关于植物生长的经验，自然而然地产生“爱绿”“护绿”的行为。

(四)分类

1. 含义

分类亦称“归类”，是根据事物的同和异把事物集合成类的过程，即把一组物体按照特定的标准加以区分，抽取同类事物的共同特征，进行概括的过程。客观事物是互相联系的，它们之间存在着各种关系，其中一种关系就是类别关系。幼儿科学实验活动中的分类活动是指幼儿把具有一个或几个共同特征的物体聚集在一起的活动。分类活动是观察过程的延伸和应用。

分类既是幼儿学习科学的一种方法，也是幼儿需要发展的一项重要技能。分类是获取和分析信息、简化信息的有效和经济的方法。幼儿在与自然界的接触中，很自然地想把事物进行分组和聚类，幼儿用分类的方法整理自己所观察到的东西。在分类过程中，幼儿可以了解多种物体的特性，从而帮助幼儿把周围事物进行抽象与概括，有助于幼儿探索事物之间的关系，使认识活动类化、简化。

2. 指导要点

对小班分类活动的指导要点如下。

1) 在充分感知物体的基础上进行分类

充分感知物体是对物体进行比较，找出它们之间的相互关系，并根据其共同特点与特性进行分类的必要前提。小班幼儿的年龄特点又决定了幼儿不可能在抽象的概念水平上进行分类，而必须依赖于物体具体的形象和动手操作，所以，首先，教师要提供充足的材料，让幼儿感知。其次，教师要允许幼儿细致观察、反复操作物体，使幼儿在具体的感知与操作中，获知关于物体的共性与差异，然后进行分类活动。例如，在纽扣分类活动中，教师要提供(也可和幼儿一起收集)大量不同大小、形状、颜色、材料、结构的纽扣，供幼儿观察操作。在收集以及操作观察中，教师可启发幼儿边感知边讨论：这么多的纽扣有哪些是相同的，把相同的挑出来归为一组。教师要引导幼儿仔细观察、比较各种纽扣，帮助幼儿找出共同点，才能使幼儿正确分类。

2) 指导幼儿学习根据不同的标准进行分类

科学实验活动中的每一种分类，必须根据同一个标准，否则就会出现分类重叠和分类过程的逻辑错误。幼儿分类不同于成人，尤其是小班幼儿，他们往往根据自己的想法进行分类，分类依据也在不断改变。但只要各类彼此不交叉和重复，该分类依据就可成立。在幼儿阶段，可以帮助幼儿学习根据不同的标准进行分类。

(1) 根据物体的外部特征进行分类：例如根据物体的颜色、形状等外部特征的差异进行分类。

(2) 根据物体量的差异进行分类：例如按物体的大小、长短、粗细、厚薄、宽窄、轻重等的差异进行分类。

(3) 根据物体的材料进行分类：例如将物体分为木头的、塑料的、铁的，等等。

(4) 根据物体的功能进行分类：例如将物体分为玩具、学习用品、家具等。

(5) 根据物体的物理属性进行分类：例如把有弹性的物体分为一类等。

(6) 根据物体之间的联系进行分类：例如把兔子和萝卜分为一类，把鱼和水分为一类。

一般来说，小班只要求按事物的外形特征和量的差异来进行分类，因为这些特征都是外在的、易观察到的。对于 3～4 岁的幼儿来说，同时在头脑中考虑两件事，以及从不同方面来描述事物是比较困难的。因此，在让幼儿学习根据两套标准进行分类时，可以要求幼儿先根据一个特定属性给一组物体分类，然后再根据另一个属性对这些物体进行分类。

3) 帮助幼儿学习不同的分类活动类型

在学前儿童科学实验活动中有挑选分类、二元分类和多元分类等三种分类活动类型，在小班幼儿阶段主要指导幼儿采用挑选分类方法，即要求幼儿从许多物体中将具有一种(或几种)共同特征的物体挑选出来，成为一类。

4) 帮助幼儿明确分类标准或鼓励幼儿自己确定分类标准

小班幼儿对事物类别关系的认知还不成熟，分类能力仍在初步发展中，表现为幼儿能按基本类别标准分类，能按事物的功能分类，对按上级类别标准分类比较困难，他们也往往不能前后一致地按概念标准分类。因此，在运用分类的方法进行学习时，应帮助幼儿明确分类的标准，特别是在小班年龄阶段时，可以用“请你按照……来分类”这样的语言帮助幼儿明确分类标准。在幼儿已有了一定的认识的基础，并已学习了分类方法之后，可以鼓励幼儿确定分类的标准。例如，面对着一大堆形态各异、材料不同的杯子时，问幼儿：“想一想，这些杯子可以怎么分类呢？”逐渐使幼儿能自己确定分类标准。

在这样的分类活动中，我们特别要注意不能以成人的标准要求幼儿。不能认为符合成人概念分类标准的才是对的，否则就是错的。在分类中，其要点就是找出事物的共同点，而对共同点有不同的抽象概括水平，从而显示出幼儿认知发展水平上的差异，但只要幼儿能找出共同点就应予以肯定。例如在分类活动中，有的幼儿把“飞机”和“火车”放在一起，显然他们是从两者的作用去分类的。另外，有的幼儿却把“飞机”和“鸟”放在一起，因为他们认为“它们都是有翅膀的，都会飞”，两者都发现了共同点，但共同点和标准不同，只有水平高低之分，而没有对错之分。

第二节 小班科学实验活动设计

一、观察认识型活动的设计

案例 1：气味真正多

背景分析：小班幼儿的嗅觉感官经验较少，他们对气味的概念停留在好闻与不好闻、香与臭的水平上，即便有也是潜意识里积累的，很少有探索各种物品气味的机会。通过这次探索活动“气味真正多”，旨在给幼儿提供一个积累嗅觉经验的机会，让幼儿了解各种物品的气味。

活动目标：

(1) 学会用鼻子辨别不同的气味，用语言描述自己的发现。

(2) 了解简单的保护鼻子的方法。

活动准备：若干瓶子，里面分别装有香水、香油、醋、酒等，尽可能地提供有各种气味的物品。

活动过程：

(一)使用橘子引出气味，激发幼儿对气味的感知兴趣

教师："小朋友你们知道鼻子有什么用吗？"(呼吸、闻气味)拿起一只瓶子，"假如我想知道瓶子里有什么东西，应该怎么办呢？"(看或闻)

(二)引导幼儿感知各种各样的气味

(1) 教师："桌子上有很多瓶子，你们知道里面都是些什么吗？"

(2) 请小朋友们打开瓶盖，闻一闻瓶子里装的是什么东西。闻好一个盖好，再换其他的瓶子闻。"等一会儿告诉大家，你闻到了什么气味。"

(3) 幼儿交流自己刚才闻到了什么气味。

(4) 老师请每组一个小朋友找出装有醋的瓶子，看谁先找出来。

教师："小朋友你在家里或别的地方还闻到过什么气味？请你告诉大家。你最喜欢什么气味，不喜欢什么气味？"幼儿讨论交流。

教师小结：不同的东西有不同的气味，鼻子能告诉我们各种各样的气味，帮助我们辨别不同的东西。

(三)引导幼儿讨论、扩展经验，了解鼻子的功能

(1) 请幼儿用手捏住鼻子，闭紧嘴巴，说说有什么感受。

教师：每个瓶子里都装有什么东西？我想考考大家怎么才能知道里面装的是什么。你们会闻吗？闻熟悉的东西可以这样闻，可是闻不知道的东西不可以这样闻。我来教你们一个方法，我们可以将小手做成小扇子，把气味靠近鼻子，小手轻轻扇一扇，气味就可以闻出来。

(2) 教师小结：原来气味是不一样的，有酸的、辣的、香的，还有甜的，鼻子可以帮助我们分辨各种不同的气味。

鼻子的用处很大，可以帮助我们呼吸，让我们辨别气味。有时鼻子也会失灵，比如感冒、鼻炎、鼻子受伤的时候，它就不能发挥本领了。请幼儿思考：你有没有鼻子失灵的情况？假如鼻子失灵了，会给我们带来哪些困难？

(3) 讨论保护鼻子的一些方法：①我们平时不应该挖鼻孔，鼻子痒时用手轻轻按压；②不把东西塞入鼻孔；③有了鼻涕要用干净的手帕轻轻擦，不要用力擤；④做游戏时避免碰撞、推挤小朋友。

活动延伸：在社会体验区的厨房里放上一套深色的瓶子，里面分别装有香水、香油、臭豆腐、酱油、醋、酒、蜂蜜等，制成"气味瓶"，让幼儿辨别各种气味，并用语言讲述自己的发现。

案例分析：

本次活动的目标是能够辨别不同的气味，并尝试讲述自己的感受，了解简单的保护自己的方法。活动的第一个环节是用神秘的橘子引出鼻子的功能。第二个环节是出示了若干瓶子，让幼儿尝试闻味道。第三个环节是教育幼儿以后怎样去保护自己的鼻子不受到伤害。科学是严谨的，一定要让孩子先猜想后验证。结合工作实际，努力实现教育方式的转变，尽可能把期望幼儿学习的内容，转化为幼儿自身学习的兴趣和需要。充分调动每一个幼儿

参与活动的主动性和积极性，让幼儿自由地、愉快地展现自己，让幼儿在快乐的童年生活中获得有益于身心发展的体验。

案例 2：镜子里的我

活动目标：

(1) 初步了解镜子的用途，知道镜子能照出人或物体。

(2) 通过照镜子和参与照镜子游戏，感知镜子中的我，了解镜子的基本特征。

(3) 乐意照镜子，积极参与照镜子游戏活动，对用镜子观察周围的事物感兴趣。

活动准备：

(1) 经验准备：幼儿在生活中见过并用过镜子。

(2) 物质准备：镜子人手一面。

活动过程：

(一)出示镜子，引起幼儿的兴趣

教师："瞧！这是什么？它是什么样子的？"

(二)幼儿自由摆弄镜子，探索、感知镜子的特征

让幼儿自己玩一玩、说一说发现了什么。引导幼儿摸一摸、看一看，说一说自己对镜子的认识。

(三)照镜子，感知自己的五官及表情

教师："镜子里有什么？动一动镜子，你还看见了什么？"

教师："瞧一瞧，镜子里的你是什么样子的？"

让幼儿照镜子做各种表情和动作。启发幼儿说说，照镜子时都发现了什么？

(四)了解镜子在生活中的广泛用途

教师："你都在哪里见过镜子？还有谁用过镜子？这面镜子和你的镜子有什么不一样的地方？"

(五) 引导幼儿开展"照镜子"的游戏活动

(六)让幼儿介绍"照镜子"游戏的玩法，启发幼儿动脑筋想一想

老师做照镜子的人，小朋友做镜子里的人，老师做什么，小朋友应该做什么。

鼓励幼儿模仿老师的动作，跟着老师的动作而变化，感知镜子里的人和照镜子人的动作的一致性，体验照镜子的快乐。

案例分析：

活动开始让幼儿自由地玩一玩、摸一摸、看一看、说一说，初步探索、感知镜子的特征。幼儿在这个过程中会十分感兴趣。在照镜子的过程中，让幼儿体验到自己与众不同的特点，激发幼儿兴趣，感受到每个人都有自己独特的地方。同时使幼儿了解了镜子的用途和基本特征。

二、实验操作型活动的设计

案例 1：浮与沉

水在日常生活中十分常见，幼儿对关于水的游戏非常喜爱。通过嬉戏、玩耍，孩子们

可以在不经意间发现许多关于水的科学知识。此案例试图通过简易实验，帮助孩子了解简单的科学探究途径、方法，学习开展科学探究必要的记录手段，思考生活中的科学现象。

活动目标:

(1) 让学生在猜测、实验、记录中感知浮与沉。

(2) 在活动中引发幼儿的好奇心和求知欲，培养其实事求是的科学态度。

(3) 在活动中，引导幼儿自己观察发现现象，并能以实证研究科学现象。

(4) 培养幼儿对科学现象进行探索的兴趣。

(5) 培养幼儿观察能力及动手操作能力。

活动准备:

(1) 在整理箱中提前装好水。

(2) 石头、磁铁、乒乓球、积木等若干。

(3) 记录纸人手一份。

活动过程:

(一)创设情境，激发幼儿探究的兴趣

(1) 出示实验材料，引导幼儿观察、发现材料的特征。

(2) 设计游泳比赛的情景，请幼儿猜想、预测材料“跳入”水中的现象。

教师：这么多东西，要进行一个游戏比赛，它们跳到水里会怎么样呢？

(二)简单操作并记录，引导幼儿初步建立猜测、假设的概念

(1) 教师记录自己的假设，并详细说明怎样使用记录表。

(2) 引导幼儿自己猜想、假设并记录。提示幼儿：“这些东西跳到水里会是什么样的呢？我们来猜一猜。不要讲出来，先用笔把我们猜到的画出来。”(教师指导幼儿记录的方法)

(3) 通过实验操作，引导幼儿体验“浮”与“沉”的概念。

教师：“现在我们来做一个实验，验证一下是否和我们猜想的一样。”

例如：把一个积木和石头分别投到水里，请幼儿观察积木在水里是怎样的。“我们用一个字来说——‘浮’，表示积木在水的上面”。用同样的方法引导幼儿观察石头是“沉”的，表示石头在水底下。

(4) 鼓励幼儿用图示表示自己看到的实验结果。

提示：“将你看到的结果画下来，必须根据自己看到的情况来画。”

(5) 幼儿自由操作，并记录结果。

先记录好的幼儿将记录的结果与自己的预测进行比较，教师帮助幼儿整理对物体沉浮现象的认识。

(三)交流实验结果，鼓励幼儿将自己的观察记录结果与他人分享与交流

请幼儿说一说自己为什么这样记录，每一个符号表示什么，用什么方式来表现浮与沉，假设与实验结果是否一样。

(四)教师小结

(1) 引导幼儿将猜测、假设与实验结果对照，强调记录的真实性。

(2) 鼓励幼儿回忆活动中自己的操作与记录。

(3) 激发幼儿继续探究的兴趣，提出延伸问题。

请幼儿想一想，在我们的生活中，幼儿把家里的东西放在水里是沉的还是浮的？试试看，并尝试自己做记录，带来与老师、小朋友们分享。

案例分析：

由于小班幼儿的思维仍然处于直觉行动阶段，所以他们常常停留于游戏的表面，而忽略了实验内在的教育价值。本案例创设的情境容易引起幼儿的兴趣，教师的引导可以给幼儿积极参与和大胆的猜想、假设的空间。小班幼儿记录的意识还未建立，记录能力相对较弱，但是到了小班后期，可以让幼儿初步了解记录的方法。此案例教学设计的特色是整个活动以幼儿动手为主，给幼儿一个自由活动的空间，让幼儿在自主探索过程中经历发现过程；全体幼儿参与合作完成，促进了幼儿之间的交流与合作。

案例2：有趣的溶解

生活中有很多琐碎的事情，其中往往蕴含着丰富的知识经验和科学现象。如“糖和盐不见了”这一活动作为小班的幼儿，也是经常见到的，但幼儿没有真正去了解这种现象。此活动提供给幼儿实践操作的机会，既能满足幼儿动手操作的欲望，又能在活动中让幼儿充分地去发现问题，积累经验。如：幼儿在活动中观察溶解过程和了解溶解现象，激发了幼儿对日常生活中一些现象的探索兴趣和求知欲。

活动目标：

(1) 让幼儿发现糖和盐能溶解于水的现象，同时发现搅拌能加快溶解。

(2) 使幼儿知道有的物体在水里能溶解，有的物体在水里不能溶解。

(3) 培养幼儿对溶解这一现象产生好奇心和激发幼儿产生浓厚的探索兴趣。

活动准备：

(1) 每位幼儿一个杯子，一把小勺。

(2) 每组一个大盆，一把大勺。

(3) 实验材料：白糖、红糖、盐、奶粉、果汁粉、大米、豆子、温水。

活动过程：

(一)情境故事“小鸭子买糖”导入

故事内容：一只小鸭子想帮妈妈做事，妈妈让她帮忙买一袋白糖，小鸭子答应了。小鸭子高高兴兴地买了一袋白糖，到了河边，一不小心，把糖袋子弄破了，糖都洒到了河里。小鸭子会游泳，连忙到河里去捞，可是它在河里翻了个遍，也没有找到白糖。小朋友们，你们知道白糖到哪里去了吗？

(二)实验操作：溶解现象

1. 教师示范实验。

观察糖在水里的溶解现象。小朋友们想一想，小鸭子袋子里的白糖到哪里去了呢？

(1) 先用小勺舀一勺白糖放入空杯子里，让幼儿看看杯子里的白糖的颜色和形状。(白色的、颗粒状)

(2) 让幼儿尝尝温水的味道，是无味的。再向盛白糖的杯里倒入温水，让幼儿观察白糖在水里，教师用小勺搅拌几下，这时幼儿观察，白糖有什么变化？(白糖不见了)那白糖到哪里去了？(跑到水里去了)

(3) 让幼儿尝尝杯子里的水有什么变化？(变甜了)

(4) 教师小结：白糖在水里过一会儿就不见了，水变甜了，白糖就是在水里面溶解了。

2. 幼儿操作进行实验。

(1) 认识操作材料。教师介绍桌面上的材料：红糖、果汁粉、大豆、大米、石子、奶粉、勺子等。

(2) 幼儿动手操作实验，进一步探索。

① 教师提出操作要求：老师为每位小朋友准备了一个杯子，一把小勺。每组都有好多实验材料放入碗里，一大杯温水，一把大勺。操作实验时自己自由选择一种材料放入杯子里，每组小朋友所选的材料应不同，再向杯子里倒入温水，用小勺搅拌，看这些东西在水里是不是像白糖和盐一样，在水里就不见了，溶解了。操作时要注意互相合作，不要争抢。

② 教师提醒幼儿把盛有在水里能溶解的东西的碗放到老师桌子的左上角，把盛有不能在水里溶解的东西的碗放到桌子的右上角。

③ 每组选两名幼儿，说说各组实验探索的结果。(谁在水里能溶解，谁在水里不能溶解)

④ 教师小结：小朋友们真能干，都发现了有的东西能在水里溶解，有的东西不能在水里溶解。

(三)各种糖的实验

教师出示各种糖，请小朋友们来试一试，它们在水里会不会溶解呢？

幼儿进行实验操作，做一做、说一说。

(四)活动小结

在我们的日常生活中，像糖和盐这样在水里能溶解的东西有好多；像大米、豆子、石头这样在水里不能溶解的东西也有很多。在生活中，请小朋友们注意观察哪些东西也能在水里溶解，与你的爸爸妈妈或小伙伴们分享吧！

案例分析：

幼儿在生活中经常会遇到溶解现象，幼儿对这种现象非常好奇，此案例就满足了幼儿的好奇心，使幼儿充分了解溶解现象，有效地帮助幼儿认识到什么东西在水里可以溶解。

三、种植与饲养活动的设计

案例 1：种大蒜

活动目标：

(1) 乐意参加种植活动，愿意照料大蒜并关注大蒜的生长。

(2) 观察、认识大蒜，学习用简单的语言讲述对大蒜的认识和发现。

(3) 能尝试用“按”“压”的方法种植大蒜。

(4) 发展观察能力、操作能力，掌握简单的实验记录方法。

(5) 培养探索自然的兴趣。

活动准备：

(1) 幼儿认识大蒜，知道大蒜的生长环境。

(2) 适合种植的大蒜若干。

(3) 装好松软泥土的废旧杯子、罐子若干，小洒水壶。

活动过程：

(一)直接出示大蒜，引导幼儿认识大蒜的外形特征

(1) 出示大蒜，引导幼儿观察。

教师：“小朋友，这是什么呀？谁认识它？你在哪里见过呢？”

(2) 引导幼儿从颜色、形状上认识大蒜的外形特征。

(3) 剥大蒜，引导幼儿进一步认识大蒜。

教师：“请你们把大蒜掰开，看看是什么样子的？和刚才的大蒜有什么不一样的地方？”

(4) 请幼儿摸一摸、闻一闻，并说说自己的感受。

(二)学习种植大蒜的方法

(1) 引导幼儿讨论种植大蒜需要的材料和器具，如器皿、土、洒水壶等。

教师：“你会种大蒜吗？我们种大蒜需要什么？”

(2) 引导幼儿自由讲述如何种植大蒜。

(3) 教师小结、示范种植大蒜的方法。

种大蒜分为三步——第一步：选择种植需要的材料和器具。第二步：找出大蒜根部，把大蒜的根须朝下，用手按到土里，轻轻地把泥土压在大蒜身上。第三步：给大蒜浇水，再将种好的大蒜端平摆在户外平台上。

(4) 请个别幼儿进行示范，和教师一起种大蒜。

(三)幼儿尝试种植大蒜

(1) 教师讲解种植要求与注意事项。

教师：“在种大蒜的时候要把大蒜的尖头朝上，把大蒜按在土里，保持地面干净。”

(2) 幼儿分组自由种植大蒜，教师巡回指导。

(四)活动评析和小结

(1) 展示幼儿的种植结果，引导幼儿观察。

(2) 师幼共同检验种植情况，并进行改进。

(3) 给大蒜浇水，再将种好的大蒜摆在户外平台上。

活动延伸：

将种植的大蒜摆放在自然角，并让幼儿进行日常观察、管理，同时把生长情况拍下照片，按顺序贴在墙上，帮助幼儿了解大蒜的生长过程。

案例分析：

《纲要》中提出：小班幼儿乐意参加科学活动，引导幼儿观察常见的个别动植物的特征，初步了解它们与人、环境的关系，幼儿能够观察并获得粗浅的科学经验，等等。幼儿的发展特点决定了幼儿的学习本来就是整体的、生活化的，幼儿的课程应该回归生活。小班幼儿的思维是具体形象的，在学习过程中着重于感知事物的明显特征，并尽量与他们的经验结合起来，因此，为小班幼儿安排的活动内容要贴近幼儿的生活。选取大蒜作为活动的载体，引导幼儿感知大蒜的特征，激发其探索种植大蒜的兴趣，提高幼儿对事物的观察能力和感知能力。

小班幼儿年龄在3～4岁，天生具有好奇心。他们动手能力强，喜欢触摸、摆弄，还会提出各种问题。幼儿正处于语言迅猛发展的时期，但幼儿在日常生活中对自己已有的知识

经验加以运用和表述对他们来说是有一定困难的。但他们最喜欢在真实的操作探索、亲身体验中去发现事物的变化。对于大蒜，他们多数是在家里见过，对这个既熟悉又陌生的物品，自然而然心生好奇，此案例顺应了幼儿的发展需要。

案例2：自然角里的小乌龟

小班幼儿对周围的一切都充满着兴趣与好奇，而对小动物的喜爱更在不言之中。小乌龟的性情十分温顺，它既便于幼儿的触摸、抓握，又易于饲养，便于幼儿在日常活动中进行随机和长期的观察活动，让幼儿在轻松有趣的环境中认识乌龟，了解乌龟的生活特性。

活动目标：

(1) 初步了解小乌龟的外形特征及生活习性。

(2) 能细致观察小乌龟并大胆地表达自己的发现。

(3) 喜欢小乌龟，愿意关心、爱护小乌龟。

活动准备：

(1) 带幼儿观察自然角里的小乌龟。

(2) 背景图、乌龟实物若干(分别摆放在三个不同环境下：在水里的，在沙子上的，在地上的)。

活动过程：

(一)设置情境，通过寻找、观察乌龟的局部，引导幼儿猜测

(1) 出示背景图片。

教师："有只小动物在草地上，要和我们玩捉迷藏，它已经藏好了，我们去把它找出来吧。"

教师："仔细找找，它藏在哪里？猜猜它是谁？"

(2) 教师边将草拿开边揭晓答案："哇！原来是只小乌龟啊！"

(二)请出乌龟，初步观察乌龟的外形特征

(1) 教师："小乌龟带着它的好伙伴来啦，我们去和它们一起玩吧！注意玩的时候不要弄疼它们哦！"

(2) 幼儿观察。

(三)教师以提问的方式，引导幼儿用语言、动作表达对乌龟观察的结果

(1) 对乌龟的头的观察结果。

(2) 对乌龟的壳的观察结果。

(3) 对乌龟的腿的观察结果。

(4) 对乌龟尾巴的观察结果。

(四)再次观察，重点引导幼儿观察乌龟所在的三种环境

(1) 在水里的乌龟。

(2) 在地上的乌龟。

(3) 在沙子里的乌龟。

(4) 教师小结：我们的乌龟可以生活在水里，也可以生活在陆地上，而它待在沙子里是因为在冬眠。

(五)了解乌龟的饮食

教师："你们知道乌龟喜欢吃什么吗？"

教师："乌龟喜欢吃肉、小鱼和乌龟饲料。"

(六)爱护动物，联系生活

教师：“小朋友和这么多小乌龟成了好朋友，你们愿意照顾乌龟吗？那我们要怎样保护它们呢？”

案例分析：

《纲要》中指出：引导幼儿对身边常见事物和现象的特点、变化规律产生兴趣和探究的欲望，并通过引导幼儿积极参加小组讨论、探索等方式，培养幼儿合作学习的意识和能力，学习用多种方法表现、交流、分享探索的过程和结果。幼儿的科学教育是科学启蒙教育，重在激发幼儿的认识兴趣和探究欲望，因此，要尽量创造条件，让幼儿实际参加探究活动，使他们感受科学探究的过程和方法，体验发现的乐趣。喜欢动物是孩子的天性，尤其是小班的孩子很喜欢接近小动物，和动物们交朋友。此案例是从幼儿的兴趣出发，让幼儿在喜欢动物的基础上，探索自然角里的小乌龟，了解它的外形特征和生活习性，激发幼儿积极思考的愿望。同时在整个活动中，爱护小动物的情感贯穿其中，引导幼儿饲养、照顾小乌龟，让幼儿在获得知识的同时，情感得到熏陶。

此案例将幼儿带入一个游戏的情境，以捉迷藏的游戏引出小乌龟，后面就很自然地过渡到了观察乌龟的环节，情节环环相扣。作为一堂科学课，更是以两次观察将乌龟的外形和生活习性了解透彻。第一次观察时幼儿只注意到乌龟的外形，是一些比较外在的东西，而以教师引导性语言为基础的第二次观察，有目的地将幼儿带往了解乌龟生活习性的方面。案例的最后，以游戏的形式将乌龟的主要特征和习性呈现，达到巩固知识点的作用。

四、分类活动的设计

案例 1：动物的尾巴

小班幼儿年龄普遍在 3～4 岁，思维呈现出直觉行动思维向具体形象思维发展。此案例是从幼儿的兴趣出发，让孩子在喜欢动物的基础上，探索各种动物尾巴的特点，了解它们尾巴的作用，激发幼儿积极思考的愿望。

活动目标：

(1) 培养幼儿对小动物的兴趣，增强幼儿的探索欲望。

(2) 通过故事，知道并能够按照形状对尾巴进行分类，简单了解尾巴的作用。

(3) 在活动中培养幼儿爱护小动物的感情。

活动准备：

(1) 带领小朋友观察身边的小动物。

(2) 音乐《尾巴歌》、可粘贴的不同动物的身体和尾巴图片人手一份。

活动过程：

(1) 听儿歌《尾巴歌》，幼儿和老师一起学做动物的尾巴的形状。

(2) 观看动物的尾巴，请小朋友说说课件上动物的尾巴像什么？引出故事《小壁虎借尾巴》。

(3) 教师有感情地讲述故事，启发幼儿边听边思考。

(4) 听完故事后，教师提问。

教师：“小壁虎的尾巴是怎么断的？小壁虎都向谁借了尾巴？”

启发幼儿思考：“小猴子、小鱼、小麻雀的尾巴像什么？作用是什么？”

(5) 认识各种动物尾巴的形状，能根据尾巴的特征分类。

长尾巴的动物：老虎、猴子、小猫等。短尾巴的动物：兔子等。伞状尾巴的动物：松鼠、孔雀等。长尾巴会飞的动物：小燕子、麻雀、老鹰等。

(6) 小动物的尾巴作用真大，我们是小动物的好朋友，应该帮助小动物，有些小动物的尾巴找不到了，请小朋友们来帮它们把尾巴贴好吧！

活动延伸：

在家里与父母讨论各种动物尾巴的形状并分类。

案例分析：

此案例从幼儿的兴趣出发，在幼儿喜欢小动物的基础上，激发幼儿探索各种动物尾巴的特点，了解它们的作用，并对其按照形状等特点进行分类。正如《纲要》中所述：“既符合幼儿的兴趣和现有经验，又有助于拓展幼儿的经验。”案例中，教师引导幼儿自由讨论，适当启发提问，帮助幼儿厘清想出的办法。幼儿在掌握老师的教学内容后，可运用游戏操作进一步探索动物尾巴的不同，并进行分类。活动后，在幼儿园选择活动区进行表演，在家与父母进行谈话交流等延伸活动。

案例 2：红黄白分类

小班幼儿对于生活中鲜艳的颜色非常感兴趣，但由于年龄小，受生活经验的限制，他们往往会把各种颜色张冠李戴，因此教师必须帮助幼儿梳理有关颜色的知识，使幼儿能正确认识常见的颜色，说出其名称并进行分类。本活动以游戏的形式贯穿整个活动，让幼儿在游戏活动中体验学习的乐趣，成为活动真正的主人。

活动目标：

(1) 学习从多种颜色的物体中找出具有同一种颜色的物体，并进行归类。

(2) 喜欢参与科学游戏，并体验游戏的快乐。

活动准备：

春天花园的 PPT，红、黄、白三种颜色的花若干朵，蝴蝶若干。

活动过程：

(一)谈话导入(幼儿伴随着轻柔的音乐，欣赏春天花园的图片)

提问：花园里有几种颜色的花？都有哪几种颜色？

(二)教师讲故事《三只蝴蝶》

提问：

(1) 故事里有几只蝴蝶？它们是什么颜色的？

(2) 故事里还有漂亮的花朵呢，它们是什么颜色的？它们各自喜欢什么颜色的蝴蝶？

(三)引导幼儿按颜色分类

1. 以“送花”的游戏，引导幼儿进行颜色的分类，并请幼儿自行检查是否送对了花。

(1) 请幼儿给红蝴蝶送它喜欢的花。

(2) 请幼儿给黄蝴蝶送它喜欢的花。

(3) 请幼儿给白蝴蝶送它喜欢的花。

2. 以“避雨”的游戏，引导幼儿进行颜色分类。

(1) 教师讲解游戏玩法。

玩法：请幼儿扮演蝴蝶，在花园里自由飞翔玩耍，花朵也要自由摇动。当听到打雷的声音后，蝴蝶赶快去找和自己相同颜色的花朵避雨，花朵要赶紧把蝴蝶保护起来。当太阳出来后，蝴蝶高高兴兴地在草地上唱歌、跳舞、做游戏。

(2) 幼儿做游戏，教师指导。

重点指导幼儿是否找对了颜色。

(四)幼儿在游戏中自然结束活动

案例分析：

此案例符合小班幼儿的年龄和认知特点，主要通过游戏的形式展开活动。在活动中，借用了多媒体、头饰等辅助教具，极大地吸引了幼儿的注意力，增强了活动的趣味性；运用形式多样的游戏贯穿始终，并引导幼儿紧紧围绕教学目标来开展游戏活动；为幼儿提供了一个非常宽松而愉悦的环境，让幼儿在看看、玩玩、学学的过程中不知不觉辨别红、黄、白三种颜色，并进行分类，形成了良好的师生互动、生生互动的学习氛围，有力地激发了幼儿的学习兴趣，使其充分体验到了科学活动的快乐。

第三节　小班科学实验指导策略

在幼儿开展各类科学实验活动中，教师的指导十分重要。尤其小班幼儿年龄较小，教师应根据科学实验活动类型，本班幼儿的特点、实际水平等对科学实验活动进行有的放矢的指导。这里的科学实验指导策略特指对各类科学实验活动过程的指导。具体应注意以下几点。

一、明确任务，引起兴趣，导入活动

指导小班幼儿进行科学实验活动，从一开始就应该明确活动的任务，激发幼儿的兴趣，使幼儿在好奇心的驱使下，积极地投入科学探索活动。教师在进行导入活动时，应注意简短、有趣、有指向性。导入活动对于整个活动过程的开展很重要，不成功的导入，有可能成为一次混乱活动的开始。教师要以对科学活动的热情，生动而简短的谈话，或以启发提问、儿歌、谜语等引起幼儿参与活动的兴趣和愿望，明确活动目的和要求，将幼儿的注意力集中到活动对象上。如果是在活动开始时出现了活动对象，要让幼儿对对象的整体观察片刻。不要以过多的语言分散幼儿的注意力，打扰幼儿的观察，更不要制止幼儿对活动对象的自由讨论和交谈，要注意倾听、观察幼儿的言行，以便有针对性地引导幼儿观察。

二、创设良好的心理环境

良好的心理环境是指幼儿学习科学的良好气氛，是科学实验活动进行的前提。教师应提供大量的实践机会和各种教育活动，支持幼儿按自己的兴趣去参与探索活动；鼓励幼儿大胆探索，大胆表达自己的想法和做法，表扬、肯定幼儿点点滴滴的进步；教师要经常以同伴的身份和幼儿一起进行科学探索活动，让幼儿感受到教师对他们的关心和爱护，使师

生之间的关系变得积极融洽。在这平等、和谐的气氛中，幼儿的学习就会无拘无束，其主动性、创造性会得以发挥。创设良好的心理环境可以从以下几个方面着手。

1. 给予幼儿信任，提供机会

教师和其他成人要给予幼儿应有的信任，提供充分的机会，让幼儿能够自主、独立地进行科学探究活动。教师的信任对幼儿尤为重要。这种信任是幼儿培养、增强自信心的基础，而自信心又是发挥幼儿创造性所不可缺少的因素。

2. 应减少不必要的规定

在活动中，应尊重幼儿，允许幼儿自由表达、自由探究。过多过细的限制，会使幼儿因为害怕违反各种规定而紧张、焦虑，甚至压抑。

3. 延迟评判，或者拒绝评判

所谓的延迟评判，就是在幼儿做一件事或者说出一种想法之后，不急于或不对他的言行做出评判或结论，而是让它处于一种自然发展的状态。例如，教师提问："有什么办法让传到管子里的声音被更多的人听见呢？"幼儿可能有多种回答：管子分叉、管子开洞、让声音出来、管子上的另一头拔掉等。教师并不在每个幼儿回答后及时做出评判。拒绝评判能给幼儿带来心理安全的感觉。试想，如果幼儿一有想法就遭到评判(当然也包括表扬)，或者想到一种探究方法就遭到制止，新的想法就不会紧接着出现，原来的想法本身也不会变得深入。不恰当的评价就是给孩子的思维划定框架。

4. 对幼儿表示诚恳的支持

赞扬、奖励是常用的方法，但也不能一味地这样做。当幼儿的探究活动出现了某种问题，并且幼儿对其状况不满的时候，如果教师一味地赞扬，是不合适的，而应给予适当的评价。但要注意，评价不应让幼儿产生自己能力不足的想法，而应指明其现有的表现并未发挥他的真实水平和应有的潜在能力，这样才能激发幼儿的求知欲和继续探究的行为。

三、引导幼儿运用多种感官、多种方法进行感知、操作

在小班的科学实验活动中，教师的重要角色在于刺激、引导，而不是示范、说明知识，也不是纠正错误反应。当幼儿遇到问题时，教师的重要工作是安排情境或提出问题，以暗示幼儿注意线索。幼儿是通过自身探索活动学科学的，因此应重视幼儿自身的活动。因为科学实验活动就是让幼儿从事感官探索、观察、实验、测量等活动。伴随着这样的活动，幼儿内心就会产生好奇、猜测、感动及欣赏。在科学实验活动中，教师应指导幼儿运用多种感官去感知客观事物，应指导幼儿运用自己的各种感官来感知事物多方面的特征，使幼儿能比较全面地认识事物。通过视觉感知物体的形状、颜色、大小、高低，通过听觉感知物体的声音，通过嗅觉感知物体的气味，通过触觉感知物体的轻重、手感、温度，通过味觉感知物体的味道，等等。教师还应允许和支持幼儿用他们自己的方法进行操作感知、比较发现，引导幼儿从不同角度去思考问题，从而获取答案。

四、让幼儿自由选择活动内容和材料

在小班的科学实验活动中，摆放在幼儿面前的是丰富多彩的活动内容。由于活动内容的丰富性就使得幼儿的自由选择成为可能。在活动过程中，应让幼儿真正地按自己的兴趣和意愿、自己的水平和需要来选择活动内容与材料。教师不仅要了解幼儿的共同需求，还要了解每个幼儿的兴趣和他们把握材料的能力。投放的材料并非越多越好，材料的投放还要有一定的层次性和挑战性。教师不仅要了解幼儿现有的发展水平，还要了解他们潜在的能力水平，并以此来合理、有序地投放材料。当然，在这样的选择中，由于小班幼儿年龄较小，一定会有一些情况发生：某些内容没有幼儿选择，而有的内容，特别是新投放的内容选择的人比较多。教师可采取各种方法进行调整，如新投放的材料幼儿选得多，可采取暂时轮换的方法，无人选择的材料可及时撤换或由教师进行一些指导。但不管怎样进行调整，都应尽量满足幼儿的需要，符合幼儿的意愿。

五、观察了解幼儿的活动，及时提供指导和帮助

在小班的科学实验活动中，教师应随时关注幼儿的操作情况，耐心观察、了解他们的需求和水平。一是要看整个活动环境能否激发幼儿的活动兴趣，材料是否适合不同水平的幼儿。二是要看个别幼儿的探究情况：兴趣、需要、态度、个性等，针对个别幼儿提出问题或要求。教师对幼儿提出问题和要求，是激发幼儿探索欲望和引导幼儿深入探索的重要因素。如玩磁铁时，教师可先提出："请你试试看，磁铁有什么用？"当遇到幼儿不能耐心仔细地去探索时，教师也可给予提醒："你是不是把所有东西都吸过了？找找看，有没有漏掉的？"当然并不是对所有幼儿都提同样的问题，要根据幼儿的不同情况有的放矢地提出各种问题。在活动过程中，幼儿会遇到各种困难，一些幼儿会对教师提出问题。教师对幼儿的提问要做出不同的反应，对幼儿的探究活动会产生不同的影响。教师不应直接把问题的答案或解决的方法告知幼儿，更不能代替幼儿完成，也不能对幼儿的问题不做出反应或不提供帮助，应该先肯定幼儿的成绩，再鼓励他继续尝试或用提问去引导他，这样来使幼儿通过自己的进一步探究去解决问题。

六、引导幼儿学习用各种方法进行表达与表现

幼儿科学实验活动的目的并非是将成人的知识堆积在他的记忆中，而是培养"成长动力"，作为日后正式学习的基础及准备。因此，科学实验活动就是让幼儿在活动中接触和发现科学事实。伴随着科学活动，幼儿会产生好奇、猜测、感动及欣赏，这些都为幼儿的表达提供了丰富的材料。而幼儿也乐于将自己的发现、感受、体验表达出来，相互交流、相互补充，并与同伴共享。因此，在幼儿充分探索的基础上，引导幼儿用各种形式表达交流自己的发现，描述操作的过程、方法和结果，是科学实验活动的重要部分。通过活动，使幼儿所产生的触动及想法获得抒发，形成深刻的经验，也是幼儿继续探索科学的兴趣源泉。在小班科学实验活动中，教师引导幼儿表达的形式可以是多样的，可用语言、绘画、音乐等，也可以运用故事、戏剧等。幼儿表达的内容也是丰富多彩的，可表达自己的经验，也可表达自己的发现和创造，还可以表达自己感知操作的方法、过程和结果。

七、使幼儿真正成为学习的主体

在小班科学实验活动过程中，应发挥幼儿的主动性、积极性和创造性，使幼儿真正成为学习的主体。教师可用启发性的提问、少量的指令来代替强制的灌输知识，引导幼儿充分进行各种感知、操作、讨论等活动。允许幼儿在一定的范围内，根据自己的生活经验、自己的意愿、自己的步骤和方法进行学习；允许幼儿结伴合作探索和与同伴交流自己的发现、想法；允许幼儿为探索需要而移动位置；允许幼儿提出不同的问题，或者要求教师提供更多的材料。在活动过程中，教师要尊重幼儿，成为幼儿的好朋友，当好幼儿学科学的合作者、指导者、材料的提供者。教师还要根据活动过程中幼儿不同的表现，及时调整指导方式，而不是用同一种方式指导不同水平的幼儿。幼儿在活动过程中会有一些新的想法、意愿，应允许幼儿表达，对于一些大多数幼儿需要的、有教育价值的想法，应给予支持和鼓励。

八、帮助幼儿遵守活动规则

由于小班幼儿年龄较小，规则意识较弱，在科学实验活动中，制定相应的活动规则是很有必要的。应让每个幼儿都了解活动规则，并在每次活动中提醒幼儿去遵守。例如要求幼儿在活动时保持安静，不影响同伴的探究活动；又如，提出互相谦让和轻拿轻放实验材料的要求。这些活动规则应一直坚持，并可以作为活动结束时评价的内容之一，以保证科学实验活动的顺利进行。要求幼儿遵守规则，也可以运用一些办法。例如对于一些材料较少的活动，可以利用一些标志来控制人数，区角前的小脚印的数目、椅子的数目都是控制人数、培养幼儿遵守规则的方法。

九、注意活动结束的时间及方式

小班科学实验活动有一定的时间限制，当活动达到了一定的目标，幼儿的活动也达到了一定的高潮时，可以考虑结束活动。应注意以下几点：①为了不挫伤幼儿探究的积极性，以及考虑到小班幼儿的年龄特点，活动不要突然结束；②教师可以采用多种方式结束活动，如简单小结、传递某些幼儿不可能通过自己探索得到的知识，安排继续学习的任务等；③可安排一些延伸活动，让幼儿继续探索，如让幼儿在科学桌或活动区继续活动，提出一些新的问题，让幼儿思考、探索等；④可以指导幼儿一起整理活动材料，培养幼儿良好的科学探索的习惯。

本章小结

幼儿科学实验活动应尊重幼儿的认知特点和科学的本质特征。它不追求幼儿说出来的、准确的、科学的概念，而是强调让幼儿亲身经历探究和发现过程，获得有关的经验。这些经验可能是幼儿可以悟到但说不出来的，也可能是在成人看来是幼稚的、童话般的，但幼儿却在探索和获取知识的过程中真正体验到了科学的精神、科学的思维方式和过程。更何况任何科学知识都是在不断发展着的。本章主要讲述的是针对小班幼儿的年龄特点及发展水平，而展开的不同类型科学实验的设计与指导策略。

《3～6 岁儿童学习与发展指南》提出：幼儿科学学习的核心是激发探究兴趣，体验探究过程，发展初步的探究能力。成人要引导幼儿通过观察、比较、操作、实验等方法，学习发现问题、分析问题和解决问题，帮助幼儿不断积累经验，形成受益终身的学习态度和能力。

推荐阅读

[1] 张俊. 幼儿园科学教育[M]. 北京：人民教育出版社，2006.

[2] 董旭花. 幼儿园优秀科学活动设计[M]. 北京：中国轻工业出版社，2001.

[3] 张俊. 幼儿园科学领域教育精要[M]. 北京：教育科学出版社，2006.

[4] 陈晓芳. 幼儿科学活动设计与指导[M]. 北京：北京师范大学出版社，2013.

[5] 谭楣. 幼儿园五大领域核心经验[M]. 北京：中国轻工业出版社，2004.

思考与练习

一、名词解释

观察认识型科学实验　　实验操作型科学实验　　饲养与种植　　分类

二、简答题

1. 简述小班幼儿学习科学实验的特点。
2. 简述小班幼儿学习科学实验的类型有哪些。
3. 简述观察认识型科学实验的指导要点。

三、论述题

1. 试论述小班科学实验指导策略。
2. 论述实验操作型科学实验的指导要点。

【实践课堂】

如何丰富科学实验区域并能让幼儿愿意动手操作？

第六章　小班科学实验与活动指导.pptx

世界上没有才能的人是没有的。问题在于教育者要去发现每一位学生的禀赋、兴趣、爱好和特长，为他们的表现和发展提供充分的条件和正确引导。

——苏霍姆林斯基

第七章　幼儿园科学实验的开发和利用

本章学习目标

- 了解科学实验环境的开发与合理利用。
- 了解科学实验材料的开发与合理投放。
- 了解科学实验内容的开发与实施途径。

核心概念

科学(science)　幼儿园环境(kindergarten environment)　实验材料(the experimental materials)　实验内容(the experiment content)

引导案例

在幼儿园日常活动中，刘老师经常让幼儿和家长配合，回去协助寻找科学活动中所需的一些相关资料，但是效果总是不够理想，只有一小部分的家长会配合刘老师的工作去帮忙寻找素材或者搜集材料。在这种情况下，刘老师有时甚至在心里埋怨家长不配合开展工作，从而产生了一些消极情绪，影响到与家长之间的关系。

王老师给刘老师提了一些建议，刘老师认识到可能是自己的方式不对，“我不应该把收集资料的事像下达任务一样交给幼儿和家长，让他们去找去查。因为有的幼儿和家长非常愿意回去找资料，但大多数的家长因为很忙，在暂时找不到老师要求的资料的情况下会产生消极情绪，以致影响到幼儿的积极态度，最后导致幼儿越来越没兴趣。”

案例分析

在案例中，教师采用的方式就是给幼儿或是家长“留作业”，整个过程没有互动，而且幼儿和家长只是被动地接受，所以效果总是不尽如人意。所以，我们可以换一种方式来处理，就是可以不断开发、充分利用幼儿园的环境和材料，并且教师与幼儿充分互动，让幼儿主动地融入科学活动。这样不用教师“下任务”，他们也会主动发现幼儿园里不了解的东西，然后找教师寻找答案。

学习指导

本章的重点是科学教育活动中对幼儿园环境、材料以及活动内容的开发和利用。在学习的过程中首先要对教材充分阅读和理解，另外要结合自身所掌握的知识，同时结合实践活动，在原有的理论基础上进行探索和创新。

第一节　幼儿园环境的开发与利用

随着当今科学技术的发展，科学启蒙教育已经成为幼儿园教育的一个重要部分。幼儿园是促进幼儿身心发展的其中一个重要场所，对幼儿具有特殊的意义，对幼儿实施科学教育，适宜的教育环境必不可少。一个充满科学信息的良好环境，能够激发幼儿的好奇心、求知欲和探索兴趣，发展其思维能力。所以，幼儿园开发和利用好科学教育环境很有必要。

一、环境是教育资源

古代教育学家颜之推认为，环境是通过潜移默化的方式对儿童产生影响的，而这种影响是深刻而持久的。儿童心理学家皮亚杰认为，环境是儿童发展最重要的因素之一，所以说环境对幼儿的发展作用是不可替代的。开发幼儿园科学环境，有利于用环境对幼儿进行生动、直观、形象的教育，利用环境对幼儿进行信息全方位包围教育，使幼儿在潜移默化中受到熏陶，激发幼儿内在的积极性，让幼儿直接得到情感体验和启迪。

在幼儿园的教育活动中，环境可以看作是一种“隐性课程”，在开发幼儿智力、发展动手能力方面，越来越引起重视。环境可以说是重要的教育资源，可以通过环境的开发和利用，有效促进幼儿的发展。做好开发的前提，就是要对幼儿的身心发展特点有全面的了解，充分认识环境所蕴含的教育价值。

二、科学环境的开发

(一)科学区域的创设

创设科学区域是在教室内专门为幼儿设定学习科学、自主认知、实验探究的活动空间。因此，科学区域的创设要适合幼儿的身心发展特点、认知能力、理解能力和逻辑思维能力，并且贴近幼儿现实生活，注重趣味性、参与性和知识性，能够吸引幼儿的注意，提升幼儿对学习的关注度，激发幼儿主动认知、动手实践、积极探究，进而有效促进幼儿科学知识学习的发展。

(二)科学环境开发的重要性

科学环境开发的重要性具体如下。

(1) 做好科学环境的开发能够提升幼儿对知识学习的关注度，激发幼儿对科学知识探究的积极性，从而有效培养幼儿对科学知识学习的浓厚兴趣和主动意识，促进教学效率提升，实现幼儿的有效学习。

(2) 做好科学环境的开发能够帮助幼儿强化学习过程中的情感体验，使幼儿感觉到学习的快乐、探究的快乐以及合作的快乐，从而帮助幼儿获得主动学习的动力。

(3) 做好科学环境的开发是教育的要求，能够为幼儿构建科学化、人性化、最优化的认知课堂，最大限度地开发科学学习环境的教育价值，为幼儿营造积极、高效的成长氛围，可以直接促进课程改革形势下教育理论的研究。

(三)科学环境的创新

1. 空间的设置

空间怎样合理开发是科学区域开发和利用的基础工作。科学区域是幼儿课堂学习和生活认知的拓展，是幼儿接触、领悟、掌握科学知识的重要场所，幼儿园应该在思想上和行动上重视开发和利用科学区域及其教育价值，为幼儿学习科学知识提供最优化的学习环境。

科学区域的空间位置应该与教室的格局相协调，与教学区域的空间合理搭配，还应该满足幼儿探究过程中的集体活动、小组活动和个别活动的需要。科学区域材料的摆放可以有“柜台”一样的摆放形式，也可以有“塔式”的立体摆放，能够最大限度地拓展学习材料的空间，实现科学区域空间利用的最优化。另外，科学区域是幼儿长期进行科学知识探究的地方，因此，科学区域的设置还要注意自然通风、空气新鲜，利于幼儿的身心健康。

2. 建立“科学活动室”

为适应科学启蒙教育的要求，幼儿园应该不断进行环境开发，以及更有效地利用原有资源，建立真正属于幼儿的“科学实验室”，使其真正成为幼儿探究科学的小天地。

可以把活动室开发为“科学样本参观区”和“科学实验操作区”。参观区可以陈设一些标本、操作仪器、操作材料等。操作区主要以各种操作材料为主，例如磁铁、各类镜子、小斜坡、平衡杠杆、能发出不同声音的器材等，主要供幼儿亲自动手操作和探索。通过亲身体验，幼儿的观察、思考、判断、发现问题和解决问题的能力都得到了充分发展。

三、微观环境的布置与利用

(一)墙饰环境

在幼儿园中，幼儿的大部分时间是在活动室内度过，因此，墙饰就成为幼儿耳濡目染、最直观接触的环境，让幼儿在与墙饰的接触中感知科技知识的力量很重要。幼儿园应该以课程教育结合科技教育，精心设计一些与科技有关的墙饰作品。如利用走廊墙壁、室外墙壁布置科学画廊，突出科学教育的主题，可以是科学幻想主题，也可以是反映动物生长繁殖主题，还可以是自然界变化主题等，使孩子置身于科学知识的环境中，潜移默化地受到科学的熏陶。另外，让幼儿参与墙饰的制作，可以把幼儿的一切探究问题通过绘画的形式挂在墙上，通过让幼儿亲身参与，使他们对探索科学的奥秘产生兴趣。

墙饰的利用应该调动幼儿的积极性、主动性、创造性，关键是让幼儿成为墙饰作品真正的创作者和设计者。在墙饰开发中应该注重幼儿自己动手创作，亲身体验，有利于拓展和激发幼儿的学习兴趣，引发幼儿主动学习的好奇心和主动探究的欲望。

(二)区域环境

1. 自然区

可以设立室外种植园地或者饲养角，为幼儿科学教育提供良好的室外课堂。幼儿可以从室外种植园地、饲养角中观察植物的生长变化，以及了解动植物的生活习性和生长过程。如可以建造种植园地，可让幼儿尝试播种、栽培、收获的过程；可以建造饲养角，饲养小兔子、小蝌蚪、小鸟等幼儿喜欢的小动物，幼儿通过细心照料，可以学习科学喂养的方法。可以用图片记录动植物整个生长的过程，从而让幼儿体验自然科学带给他们的快乐，同时，感受自然界的奇妙，也培养了幼儿的好奇心和探索的热情。

2. 实物区

幼儿喜欢动手操作物体，幼儿的认知能力和经验是在具体操作过程中并与环境的相互作用中获得发展的。幼儿对世界的认识是感性的、具体的、形象的，常常需要通过实物来帮助幼儿获取认知，因此可以说环境是幼儿学习的桥梁。所以，幼儿园应该将希望幼儿获得的知识和经验蕴含在环境之中，使幼儿在操作中获得经验的积累。

(三)盥洗区环境

幼儿盥洗区环境的利用，主要以富有童趣的形象和画面为主。这样可以引导幼儿对盥洗有更形象的认识，还能帮助其学习盥洗的正确方法。例如可以在墙壁贴上小动物洗手顺序的图片等，来引导幼儿掌握洗手的方法；还可以贴上水龙头哭泣的图片，提醒幼儿节约用水。

(四)区角环境

区角的有效利用可以为幼儿的自由探索提供条件。教师可以在教室开设例如科技游戏区、动植物观察角、科学画廊、科学图书角等，积极为幼儿的自由探索活动配备充足的物质环境，随时满足幼儿求知欲的需要。设置要体现趣味性、操作性、游戏性、安全性，内容要丰富，形式多样。在游戏区里可以结合主题教学活动，创设各种问题情境，幼儿可以自由进入，独立或合作地进行观察、操作、实验，让幼儿在自主探索中感受到学科学、做科学是一件有趣的事。

四、自然环境的利用

教育学家陈鹤琴先生曾经指出："大自然、大社会是知识的主要源泉。"自然环境提供了天然有趣、丰富生动并且开放的场所。在大自然中引导孩子发现自然界的变化和奇妙，能极大地激发他们对自然界的好奇心和探索欲望。

大自然变幻万千，是幼儿科学启蒙教育最好的课堂，同时大自然又为幼儿科学教育提供了最充分、最直观、最生动的材料。多彩的自然环境为幼儿认识世界展示了生动、真实的视觉感受。幼儿从对色彩、声音、四季的变化的观察中发现其中的奥妙，激发了探索的兴趣和欲望。

如可以设计以季节为主题的活动，这样的主题可以贴近幼儿的生活，容易被幼儿接受、理解，能引起幼儿对自然环境的好奇和探索兴趣，教会幼儿主动适应外界环境变化，发展幼儿的观察力和思维能力。又如，可以组织户外观察活动，让幼儿走出课堂，采摘野花，玩玩泥土等，使幼儿的科学活动由课堂走向大自然。

五、家庭环境

幼儿园的教育不是孤立的，它与家庭和社会息息相关，“家园合作”也是幼儿科学启蒙教育的一个重要环节。常见到幼儿园里有的孩子在饲养角、种植园里不愿意动手，是因为父母觉得脏从来就不让碰。类似的情况还有很多，这些现象都说明了部分家长对幼儿的科学教育不太重视或不理解，体现出幼儿园的教育目标与家庭教育目标的不一致。所以，幼儿园应该采取一些方法使家长们重视科教活动。

(一)加强科普宣传

首先应让家长了解科学学科教育的目的和重要作用，通过开家长会、给家长写信等形式，让家长了解科学启蒙教育的内容，真正理解早期科学教育对一个人的科学素养的形成具有的重要作用。通过宣传，促使家长关注和参与孩子的科学启蒙教育。

(二)邀请家长共同参与

开发家长和孩子共同探究的各种情境，提高家长的科学意识，加深家长对科学教育的理解，对共同培养孩子科学素养产生潜移默化的作用。让教师了解到幼儿在家里的科学学习情况，也使家长对自己的家庭科学教育进行反思和改进。

(三)充分利用家庭内部科学教育资源

家庭内部的教育资源主要有家长的阅历与职业背景、家庭饲养与种植的动植物、家庭科技图书、影像资料等，可以把这些资源带到学校，从幼儿熟悉的内容开始对幼儿进行教育，使幼儿园和家庭二者的教育结合在一起。

(四)邀请家长共同督促

通过书面通知的形式，邀请家长一同关注和督促幼儿的观察和实验任务，如一起栽培、饲养、观察记录一些事物变化，等等。有教师的书面通知，家长配合完成任务的效果会增强。

六、温暖和谐的心理环境

心理环境是幼儿进行科学探索的前提。幼儿在和谐的环境气氛中、在心理有安全感的环境中，能集中精力去尝试和探索。幼儿园的心理环境主要是指幼儿园的人际关系及一般的心理气氛，也具体体现在教师与幼儿、幼儿与幼儿、教师与教师间的相互作用、交往方式等。这种心理环境虽然是无形的，但直接影响着幼儿的情感、交往行为和个性的发展。幼儿园应创设温暖、和谐的心理环境。幼儿对教师是信赖与尊重的，因此，幼儿园心理环境的创设首先取决于教师。

教师应大力支持并鼓励幼儿的科学探索活动。在每日活动中，教师们都注意给幼儿充分的自由活动与探索空间，不过分干扰和限制幼儿的行为，充分发挥幼儿的积极性、主动性。幼儿在这样的环境下会觉得有安全感，感受到被尊重、被关心，因而才可能真正大胆尝试、探索、发现和创造。

(一)建立平等、和谐的师幼关系

尊重理解幼儿，用心倾听幼儿的需要，教师与幼儿建立平等、和谐的师幼关系，理解尊重孩子的需求。在科教活动中，教师既是指导者，又是参与者。参与幼儿的活动，使幼儿感到教师是他们的亲密伙伴，与教师在一起感到自然、温暖，没有压抑感。幼儿在探索时，应当让他们自己去思考，发挥想象力，过多的干预会限制他们，太高的期望会造成幼儿的压力，使他们的想象力、创造力不能正常发挥。因此，教师应明确，在幼儿的探索过程中，自己不是领导者，而是幼儿的合作者和支持者，主要是协助幼儿操作，不能去支配幼儿或干预。只有在这种宽松、平等的环境中，幼儿才能自然地、真实地表现自己。

(二)时刻关注幼儿的活动

幼儿在操作过程中，难免会遇到困难，可能是由于幼儿水平差异，也可能是由于幼儿对操作方法不明确而无从入手，无法深入，这就要求教师讲解清楚并及时给予指导；时刻观察幼儿的活动，及时发现幼儿在操作中存在的问题，对存在的问题及时做调整。根据幼儿的发展水平选择相应的材料，让他们的能力得到充分发挥，最大限度地发挥科学探究的教育作用。

(三)建立互助、友爱的伙伴关系

幼儿之间的伙伴关系是影响其心理发展的一个重要因素。幼儿间互相关心、互相帮助、友好谦让，在科学探索中共同协作，提高了幼儿探索的主动性、积极性。因此，教师应加强幼儿的情感教育和集体教育，建立互助、友爱、和谐的伙伴关系，使幼儿在一个轻松、愉快的合作环境中获得全面的发展。

七、环境创设问题及原则

(一)存在的问题

《幼儿园工作规程》明确指出，要创设与教育相适应的良好环境，为幼儿提供活动和表现能力的机会与条件，促进每个幼儿在原有的水平上得到不同的发展。这是幼儿教育的基本任务之一。然而，仍有一部分幼儿园在环境创设上存在一些问题。

1. 只注重单向作用

一些幼儿园的指导思想没有从考虑幼儿需要的角度出发，较多的是停留在幼儿园自身环境上，主要目的是装饰，只追求外在的形式，而不注意发挥环境在科学教育中的作用。

2. 内容不够全面

在内容表现上比较简单、缺乏整体感、不系统。如只注重物质条件的提供，进行开发及利用时不注重教育过程对环境利用的需要，这种片面的环境利用不利于幼儿的全面发展。

3. 空间利用不够充分

只重视基础空间的开发和利用，忽视其他空间所隐藏的教育作用，缺乏对环境创设的研究和创新，使幼儿园环境教育的功能没有完全发挥。

4. 忽略幼儿参与

为了环境利用的完美性，往往由教师们全权负责，很少让幼儿参与，只是让幼儿作为环境的“欣赏者”，被动地接受安排，这样不利于幼儿思维的发展、个性和创造力的培养。

(二)创设的原则

1. 全面性原则

根据幼儿身心发展全面性的特点，幼儿园科学环境创设也应该具有全面性的特点，避免随意性和盲目性，应从整体上开发，在利用时渗透到幼儿园教育工作中，使幼儿园环境对幼儿身心发展产生整体效应。

2. 效用性原则

充分利用环境发挥教育效应。任何环境的创设都必须服从教育的内容和需要，充分发挥环境的综合功能和内在潜能，因地制宜，充分挖掘、利用已有条件构建。

3. 主体性的原则

幼儿园环境的开发和利用必须以幼儿为主体，创设幼儿熟悉、喜爱和感兴趣的环境，让幼儿感觉到自己是环境的主人，促进幼儿主动发展，主动参与环境的开发并从参与过程中获得知识，促进幼儿认识和操作能力的发展。

《幼儿园教育指导纲要(试行)》指出：“环境是重要的教育资源，应通过创设并有效地利用环境，促进幼儿的发展。”在科学教育过程中充分认识环境中可能蕴含的教育价值，并用科学的方法引导幼儿和环境相互作用，是幼儿园要认真考虑和研究的。

幼儿生活在物质世界中，外界不断的变化不仅引起了幼儿强烈的好奇心，也激发了幼儿的求知欲。与良好的环境相互作用不仅能激发幼儿思考，而且能引导规范幼儿的行为与活动，提高幼儿对科学的认识与理解能力。幼儿的发展是通过与环境中的人和物的相互作用而获得的，因此，环境作为重要的教育资源，在幼儿的科学教育过程中也不能忽视。为此，幼儿园要为幼儿创设一个学科学、爱科学的良好氛围和环境，这是时代的需要，也是幼儿自身发展的需要。

第二节　幼儿园实验材料的开发与利用

杜威说过：“儿童有调查和探索的本能，好奇、好问、好探究是儿童与生俱来的特点，也是使他们的认识活动得以维持和获得成功的首要前提。”幼儿的思维与成人有很大区别，他们主要依赖于具体的动作和表象，所以幼儿需要通过各种具体的活动来认识事物，学习科学，而丰富的物质材料能刺激幼儿的探索行为。新的科学教育观强调面对真实，与真实接触。幼儿通过自己动手动脑，探索解决问题，才能真正地获取知识。因此，幼儿园应不断开发丰富多样、适宜幼儿操作的材料，并且要适合幼儿发展水平，满足其内在需要和兴趣所在，以满足幼儿不断提高的探索欲望。

一、开发丰富、适宜的实验材料

(一)材料开发的多样性

给幼儿提供多样性的实验材料是幼儿科学探究的基础，材料开发的多样性和有效利用是科学活动的主体工程，应该符合幼儿身心发展特点和认知规律，吸引幼儿对科学区的注意力，激发幼儿进行科学知识探索的欲望，培养幼儿参与科学活动的热情。教师为幼儿提供的操作材料可以是多样的，不要局限于让幼儿反复记忆、反复练习的玩教具，可以收集废旧物品，也可以是大自然环境中的一些草木，让幼儿在自由操作中获得思维的发展。

(二)材料开发的合理性

注意实验材料开发的合理性是构建科学区域的关键环节之一，材料的外形、数量、品质等都会直接影响幼儿参与科学活动的积极性和主动性，进而影响幼儿的学习兴趣。因此，幼儿园应该注意材料开发的趣味性、操作性、科学性，为幼儿准备内容丰富的科学材料。材料不但要安全卫生，还要符合幼儿的喜好，能够通过材料的趣味性和可操作性，在材料的各种变化中吸引幼儿的注意力，培养幼儿积极利用材料进行大胆尝试的探究意识。

(三)材料开发的主题性

幼儿园在实验材料开发时还要注意主题化和体系化。幼儿使用科学材料的过程就是理解教学意图、实现教学一致性的互动过程。通常在科学材料投放前需要先确定一个主题，使幼儿能够清晰地在学习过程中感知学习目标。可以让幼儿围绕一个主题开展材料的探究，在这个主题中获取并掌握一些信息，之后进行更深一步的延伸，最终通过独立探索与主动克服困难而实现知识的增长、能力的提升以及学习品质的建立。

二、对实验材料开发的新认识

《幼儿园教育指导纲要(试行)》指出：幼儿园科学教育是科学启蒙教育，重在激发幼儿的认识兴趣和探究欲望。要尽量创造条件让幼儿参加探究活动，使他们感受科学探究的过程和方法，体验发现的乐趣。幼儿园在组织幼儿科学探索活动时，应该为幼儿选择适合的探索内容，有效地指导和帮助幼儿进行观察、探索，发现科学的奥秘，所以幼儿园在材料开发方面应该有新的认识和想法。

(一)材料的来源广泛

科学教育的内容覆盖面比较广，只要是幼儿感兴趣的、来源于生活的科学现象都可以作为幼儿科学教育的内容。所以对于材料的开发想法可以更宽广，如空气、风、沙子、水、磁力、光等都有可能作为幼儿科学探索材料的来源。但同时，科学探索的材料必须在幼儿熟悉的生活环境、社会环境中发现，只有幼儿感兴趣的现象才能激发他们主动去探究。另外，还要关注幼儿的兴趣和需要，要善于观察和发现幼儿的兴趣点，开发出更多的实验材料。

(二)材料的开发要符合幼儿年龄特点

在幼儿园中，有的实验材料只适合一种年龄段的幼儿进行探索，有的实验材料三个年龄段的幼儿都可以探索，幼儿园要根据幼儿的年龄特点开发适合幼儿的材料。只适合大班的幼儿材料，小班的幼儿操作后就达不到教学目标的要求。有的材料虽然三个年龄段的幼儿都可以操作，但是不同的年龄段所关注的现象和理解的重点是不同的。

(三)教师要提高科学素养

科学探索活动对幼儿园教师的科学素养也是有一定的要求的，教师作为幼儿科学教育的指导者和帮助者，自身要具备一定的科学素养，对探索的科学活动的原理要充分了解，这样才能更有效地指导幼儿。如果教师缺乏科学知识和经验，对于科学实验的原理不理解，是不能够做出正确指导的。所以，作为教师也应该通过多种形式丰富自身的科学知识。

三、投放适宜幼儿自主探究的实验材料

冯晓霞提出："幼儿在区域进行自主操作时，往往都是围绕着发现问题、探究问题、解决问题的过程。而幼儿能探索问题和解决问题的复杂程度，不仅仅受幼儿认知水平的影响，也受到区域材料的影响。"为此，科学区域中要投放适宜幼儿自主探究的材料。幼儿园要为幼儿开发适合幼儿操作的，安全的，支持其自主学习、大胆操作的科学实验材料。通过投放这些材料，幼儿可以直接通过动手操作、亲身观察来实现自主学习。

(一)材料种类的丰富性

种类丰富实验材料的利用，可以为幼儿提供一个可供挑选的学习环境，激发幼儿自我选择，给幼儿的选择提供更大的空间。科学探究类材料不仅包括生活中许多包含科学现象的玩具，还有能创造出许多科学现象的操作材料及必须配备的使用工具等。还应该将科学探索类材料分类，比如分为弹性类、惯性类、平衡类、光学类、模型、标本等。

利用丰富的活动材料可以扩大幼儿自主选择的范围，同时还要提供辅助幼儿自主操作的材料，如实验流程图、实验观察记录图等。这些具有辅助功能的材料的利用可以让实验过程直观化、明确化。这些材料可以既给予幼儿探索的线索，也不会限制幼儿探索的空间。

(二)材料外观的新颖性

科学材料外观的新颖性可以激发幼儿对活动材料的自我选择。幼儿选择的学习内容多是兴趣所在和贴近自身实际生活的事物，选择的学习内容要适合幼儿，学习内容应该与幼儿的自身因素以及实际生活相联系。实验材料多数是由幼儿园选择和提供，幼儿的学习动机多数受外在因素影响。实验中材料的外观有吸引力是促使幼儿选择材料最重要的影响因素，有些功能性的实验材料不会像美工区材料一样具有吸引力，外观上也不会有什么变化。一些像天平、放大镜等传统材料并不具备鲜明的外观特点，但往往对这些材料稍加创新和调整，对幼儿的吸引力就会增大。

四、实验材料利用的要求及原则

(一)实验材料利用的要求

科学教育应该突出学习的自主性，让幼儿做学习的主人。在科学实验中参与材料投放的大多是幼儿园、教师及家长，应该让幼儿也充分参与，因为以幼儿为主体投放的材料有利于增强幼儿的学习动机。

科学实验材料大部分是由幼儿园购买、教师自制、家长提供，少部分的材料还有教师利用废旧物品或者教师自行购买的。如果由幼儿自行收集则更能提高幼儿学习的自主性，可以做到将学习内容的选择权交到幼儿手中。

1. 以幼儿认知发展特点为依据投放材料

《3～6 岁儿童学习与发展指南》中针对大中小班三个年龄段的幼儿都提出了不同的发展目标，而在创设科学区的过程中各班教师利用的材料应满足本班年龄段幼儿的年龄特点，依据本班幼儿的认知发展特点进行投放和利用。3～4 岁的幼儿喜欢接触大自然，触摸和摆弄物品，因此小班的教师更多的是投放可以观察的实际物品、成品玩具等能直观地带给幼儿感知体验的实验材料。4～5 岁的幼儿好奇心强，可以动手进行探究，因此中班的教师应投放大量的操作工具类材料，并配合以记录类材料。5～6 岁的幼儿已经可以发现问题和验证问题了，因此大班教师投放实验材料的形式更多样，幼儿可以较为完整地进行操作和探究。

2. 以集体活动目标为依据投放材料

教师在实验活动中常常会根据集体实验的内容进行材料投放，教师会按照课程活动计划的要求准备实验材料。教师在科学集体教学活动结束后，就会把实验所用的材料放在科学区域，科学集体活动受幼儿一日活动安排的限制，有些幼儿往往不能得到长时间的观察和操作时间，这时幼儿就会在区域活动时间里将集体活动的内容在区域里进一步完成。

3. 以班级幼儿兴趣为依据投放材料

兴趣是幼儿学习动机中最活跃的因素，幼儿对事物产生的兴趣也是激发幼儿对其进行探索的重要内在动力。幼儿学习的出发点往往是“好玩”和“有趣”，因此要想吸引幼儿自主地进行科学活动，教师就应按照幼儿的兴趣所在进行材料投放，让科学区的材料能够激发幼儿对学习内容进行选择。教师也应经常观察幼儿，按照幼儿的兴趣进行材料的投放。

(二)实验材料利用的原则

1. 材料选择应源于幼儿的实际生活

幼儿科学活动应该与幼儿生活实际密切关联，这就需要教师对幼儿身边的现象或事物充分利用，将其作为科学探究的主要对象，同时要对幼儿的年龄特点进行考虑，确保材料的选用能够帮助幼儿认识生活中的科学知识，并实现探究经验的积累。

教师在对实验材料进行准备时，还应组织幼儿进行收集和准备，获得丰富的材料来源。幼儿收集的材料大都是生活中较为常见的，教师将其利用在实验活动中，能够使幼儿的认同感得到有效提升，有利于激发幼儿活动兴趣。这样，幼儿就可以在探究活动中进行积极的探索和操作。

2. 材料内容应能够活跃幼儿思维

1) 注意材料的引导性

教师所提供的材料能够对幼儿产生引导作用，使其能一步一步提高操作技能和探究能力。如果材料不具备引导性，那么幼儿只能对其进行盲目摆弄，无法实现自主探究的目标。想要保证材料的引导性，需要教师了解幼儿的能力水平，并对材料之间的联系进行考虑，对其启示作用进行分析，确定材料的选用最终会使幼儿获得能力的提高与发展。在此过程中还应该注意，这里所说的材料引导并不是要教师代替幼儿进行操作，而是要将这种指导作用内化在材料中，强调的还是幼儿的自主探究。

2) 材料结构科学合理

对材料进行选择要以结构性为要求，首先要考虑材料的选用是为了对哪种科学概念给予揭示，材料结构与概念之间存在怎样的关系，这些材料的组合方式是怎样的。教师在进行材料选择及投放时，应该将科学内涵作为出发点，对主体材料以及辅助材料进行科学选择，让幼儿可以对特定范围的活动材料进行自主选择并尝试操作，从而获得相应的科学经验。

3. 材料利用应有利于幼儿操作和探究

1) 材料应具备可操作性

幼儿在对事物进行认知和理解的过程中，往往需要借助自身的感知活动来完成，而操作探究能够为幼儿探寻答案及解决问题提供有效途径。为此，幼儿知识能力的提升有赖于可操作性的材料，幼儿可以根据自身经验开展科学探究活动，并通过对材料的观察来发现问题，进而通过自己的动手操作加深对问题的认识和理解，并在具体的观察、思考和操作中得出相关结论。教师在对科学区域材料进行选择及投放时，必须保证材料的可操作性，使所投放材料能够引发幼儿的兴趣和思考，并对幼儿的探究提供支持，使幼儿能够与活动材料进行积极互动，进而不断提升自身的动手和探索能力。

2) 材料应具备可探究性

幼儿在进行科学探究过程中，具有明显的试错性特征，其探究过程往往会包括问题的发现、假设、探究、总结、表达及交流等，而且受到年龄特点的影响，这种探究过程通常会循环很多次。因此，在对科学区域材料进行利用的过程中，教师要保证材料可以支持幼儿进行反复探究。幼儿年龄越小，就越喜欢对同一实验进行反复操作。因此，在科学区域中投放的材料不能是一次性材料，应该保证材料可以反复操作，这样才能使幼儿的探究需要得到满足，使活动的效用得以真正发挥。

4. 材料的利用应能引起幼儿的探究兴趣

儿童心理学家皮亚杰曾经说过：“一个人对自己太过熟悉的东西不会产生注意，也不会对不太熟悉的与自己没有任何联系的东西产生注意。”因此，教师要尽量提供能够引起幼儿探索兴趣的材料。

1) 利用具有可操作性的材料

在进行科学实验的过程中，教师给幼儿的讲解和演示不要过多。虽然教师的导入和演示可能非常吸引人，但毕竟还没有转化为幼儿自身的能力，幼儿也可能没有真正理解与吸收。因此应尽量给幼儿提供具有可操作性的材料以激发幼儿的探究欲望，让他们主动进行探究。同时还要多角度、多侧面地指导幼儿进行探索和实验，让幼儿利用材料进行科学探索并享受到发现的快乐。

2)　鼓励幼儿自己动手制作材料

进行科学实验的过程中，在幼儿所能掌控的能力范围内，教师应鼓励让幼儿亲自动手制作实验材料。幼儿自己制作材料不仅锻炼动手能力，同时也能够对所用的实验材料有进一步的了解。

五、科学实验材料利用的策略

(一)材料开发应激发探究兴趣

1. 提供贴近生活经验的材料

1)　开发的材料应是幼儿生活中经常接触到的

幼儿生活中经常接触到的材料，更能引发认同感和亲切感，由于幼儿熟悉这些材料，为他们开展进一步的探究提供了经验，有助于在活动中建构新的经验。

2)　材料的设计应源于幼儿生活中常见的科学现象

幼儿生活中常见的科学现象是生动、具体的，更容易被幼儿关注，更适合开展持续探究。在实验中，幼儿对原有经验进行改造和创新，建构新的经验。

2. 提供有趣味性的材料

1)　开发具有情境背景的材料

教师应提供具有情境背景的材料(即材料能帮助营造幼儿感兴趣的情境)，刺激和引导幼儿实验探究的发生和发展。幼儿都喜欢角色扮演，如果材料具有情境背景，幼儿以角色身份投入活动，体验游戏的感觉，这样的材料能更有效地激发幼儿的实验兴趣。

2)　开发具有游戏背景的材料

幼儿熟悉的游戏背景能激发幼儿的实验探究热情，中班以上的幼儿更适用。一些幼儿熟悉的小游戏都具有很强的游戏背景，能激发幼儿强烈的愿望去操作和探究。

3. 开发符合幼儿年龄特点的材料

1)　开发的材料应考虑幼儿操作技能的发展

幼儿操作技能的发展有其年龄特点和发展规律，而幼儿与材料的互动往往通过对材料的操作来进行，这就会受限于其操作技能的水平。例如，小班幼儿手部小肌肉群的运动并不发达，一些对手指操作技能要求高的材料并不适合他们。

2)　开发的材料应考虑幼儿思维水平的发展

幼儿期思维的主要特点是具体形象性。其中，小班幼儿对事物的认识很大程度上依赖行动。由此可见，小班的实验材料应更多考虑可操作性，以满足幼儿喜欢操作、摆弄的特点。此外，小中大三个年龄阶段都应开发和利用色彩鲜明的材料，以充分吸引幼儿的注意，增强材料的魅力。

(二)材料提供应支持深入探究

1. 开发富有层次的材料

我们从维果茨基的“最近发展区”理论中了解到，不仅要了解幼儿的实际发展水平，而且要了解其潜在的发展水平，从探究的过程中寻找幼儿的最近发展区，因为幼儿的潜在发展水平在一定条件下可以转变为下一个阶段的实际发展水平，并产生新的最近发展区。所以，要让幼儿在对材料的操作中将科学的核心概念转化为真正的经验。

在这个转化的过程中，不同的幼儿表现出了明显的差异性。因此，教师应尊重幼儿的差异性，提供富有层次性的材料，由浅入深，使材料不仅适合幼儿的最近发展区，还能适合幼儿的下一个最近发展区。在幼儿探究完一个层次后，积累了经验，使其潜在发展水平转变为实际发展水平，并寻找到新的最近发展区，进入下一层次的探究。教师开发这样的材料，不仅尊重了幼儿的差异性，还能吸引幼儿的实验活动能够继续深入开展和探究。

2. 开发含有记录功能的材料

科学活动中的记录是幼儿实验历程和认知发展的真实呈现，也是其表达发现的依据之一。记录能培养幼儿对事物的客观描述能力；也能帮助其通过回顾梳理自己的整个实验过程，进一步体验探究的乐趣；还能帮助其展示探究的过程、发现和成果，分享成功的喜悦。有了这种展示和分享的动力，有助于维持幼儿实验的兴趣，推动其开展持续探究。

(三)开发的材料应直接体现科学要素

科学活动区材料的开发和利用都包含着科学要素，幼儿只有在材料中直观地感受到这些科学元素和现象，获得丰富的感性经验，才可能对科学现象真正地理解。

(四)开发的材料应加强沟通合作

维果茨基认为，合作学习活动之所以能促进儿童成长，是因为年龄相近的儿童可能在彼此的最近发展区内操作，进而表现出比单独学习时更高的水平。而在科学区，幼儿间的沟通和合作使每个幼儿的实验经验和思维成果进行共享，促进幼儿自身认识在不同层面得以提高。因此，材料应为幼儿创造更多互动的条件，应能支持幼儿在沟通与合作中完成经验的积累。

1. 利用支持幼儿开展共同探究的实验材料

实验材料数量应充足，能满足两个或者两组幼儿同时开展共同探究，以支持幼儿将相似的探究经验进行分享。这种实验方式多在幼儿早期使用。

2. 利用支持幼儿开展分工合作的实验材料

实验材料数量应有限制，能促使幼儿通过分工合作来开展同一个探究活动，以支持幼儿在实验过程中对科学现象、实验方法以及如何解决问题不断地进行互动。这种实验方式多在幼儿晚期使用。

3. 利用支持师幼配合提供的实验材料

在科学活动中，要让幼儿探索幼儿园里的材料资源，教师也经常让幼儿和家长配合寻找或者制作活动所需材料，这样会和幼儿有真正的互动。所以，教师应该充分利用幼儿园里的材料，让幼儿在与教师的互动中主动融入活动，从“要我学”变成“我要学”。

(五)材料的开发和利用应不断调整

材料的开发和利用是一个动态发展的过程，无论多么有趣味性的材料，如果总是一成不变也会失去教育作用。因此，材料开发利用应不断进行调整，材料的动态调整是材料开发利用的关键。

(1) 对于投放的新的实验材料，应观察材料能否引发幼儿积极的探究兴趣，幼儿能否更好地使用材料，以及材料能否帮助幼儿建构和获得新的经验。

(2) 对于投放了一段时间的实验材料，应观察材料是否与大多数幼儿的生活和能力经验相匹配，幼儿对材料是否仍然有兴趣，幼儿是否表现出有进一步的需求，材料的层次性方面是否有调整的空间。

(3) 对于已经利用时间较长的实验材料，观察幼儿使用的频率是怎样的，以及材料是否还能发挥探究的价值。如果材料使用时间已经很久，但幼儿仍热衷于探究，并仍有持续发现，那么这些材料就有继续保留的价值；相反，如材料已很少使用，也就无调整空间，应替换为新材料了。

(六)材料的利用应提高安全系数

应提高实验材料的安全系数，尽量减少或彻底避免其中隐含的不安全因素。首先，特别尖锐或有毒害的材料或工具应禁止使用；其次，对相对安全，但略有隐患的材料，要先进行安全设计和加工；最后，对材料的使用要有明确的安全操作方面的使用规则和注意事项。

科学实验区的特点决定了材料提供的重要性。对教师而言，实验材料是物化了的教育目标；对幼儿而言，实验材料是引发其探究欲望的直接刺激物，通过与材料的互动，实现其在“做中学”的探究过程。

对于幼儿园科学实验活动而言，其材料的开发、投放及利用会对实验效果产生直接影响。为此，幼儿园在开展科学实验活动时，一定要根据相关原则对材料进行科学的开发和利用，保证材料选用的合理性。材料的选择与投放要源于生活，确保材料内容能够活跃幼儿思维，材料的利用应有利于操作和探究。尤其要注重材料的引导性，材料结构的合理性，材料的操作性及材料的反复、持续、深入探究性，这样才能有效激发幼儿的操作兴趣，提升幼儿的创造力，从而达到培养幼儿科学综合能力的目的。

第三节　幼儿园实验内容的开发与利用

随着科学实验活动形式的不断发展，实验内容的开发和利用日益显示出其重要性，如果没有实验内容的支持，多生动的实验过程也不能体现出最后的教育价值。科学实验的内容是科学实验活动形成的要素来源与实施的必要而直接的条件，构成了科学实验中可利用的一切人力、物力以及科学文化资源。幼儿园科学实验的充分开发和利用离不开有关部门政策和财政的支持，教师在开发过程中也是起到了关键的导向作用。在实验内容中可以开发和利用的资源很多，幼儿园内外部的物质资源，家庭、社区资源，网络信息等文化资源，都可以为科学实验提供资源。

一、开发科学实验内容的意义

开发科学实验内容的意义具体如下。

(一)不断提高幼儿的科学兴趣

美国天文学家卡尔·萨根(Carl E. Sagan，1934—1996)说：“每个人在他幼年的时候都是科学家，因为每个孩子都和科学家一样，对自然界的奇观满怀着好奇和敬畏。”因此，参与科学实验的过程不可小觑，而实验的内容更是有着很大的意义。许多科学家的成长经历告诉我们，科学实验的兴趣和能力应从小培养。所以，在科学小实验中引导幼儿对实验内容的开发和更好的利用进行分析和总结，对自然界的各种现象进入到实验内容当中进行自主探究，可为幼儿喜爱科学、探索科学打下良好的基础。

(二)不断提高幼儿的思维能力

科学实验活动本身具有复杂性、丰富性、新颖性、连贯性和趣味性。幼儿园开发的科学实验内容是幼儿感兴趣并且能集中注意力解决某一个问题的操作体验。实验内容如果选择合适，那么在参加实验活动的过程中，幼儿不仅与老师互动、与小伙伴互动，还会与实验材料互动。所以说实验的内容不仅影响到能否调动幼儿学科学的主动性和积极性，而且还影响到能否培养幼儿的动手操作能力，能否发展幼儿的观察能力和分析能力，使幼儿的大脑得到开发，促进其思维能力的提高。

(三)不断提高幼儿与同伴协作的能力

很多小实验在内容的设置上是需要多个幼儿合作才能完成的，每个幼儿负责操作的那一部分都需要认真观察、记录。只有每个幼儿都做好了，最后得出的结果才能达到实验预期的效果。同时，在实验过程中，幼儿会对实验活动的内容不断地进行探讨、改进，在不断改进的过程中，幼儿的协作能力得到了培养，他们之间的友情也变得更深厚了。

(四)不断提高幼儿的创新意识

科学实验内容的开发和利用应能够使幼儿的思维处于开放、活跃的状态。在动手操作的过程中，幼儿能够获得直接的感性经验，掌握丰富的科学知识和生活常识。在实验过程中，教师设置的实验内容应设法引导幼儿进行思考，让他们跳出常规的束缚，解决问题；实验的内容设置还应该考虑到不能超出幼儿的能力范围，然后鼓励幼儿独立完成实验任务，引导幼儿的思维经历单向、多向、正向、反向等过程，以使幼儿的创新意识得到提高，进而转化为自身的创新能力。

二、科学实验内容的开发途径

对于教师来说，开发符合幼儿发展水平的实验内容一直以来都是比较棘手的问题。一方面由于目前大多数学校的学前教育专业偏重艺术素质和人文素质的培养，相应的理科课程设置略显缺乏，幼儿教师积累的科学知识普遍比较薄弱，科学素养相对较低；另一方面由于一部分幼儿园以及家长对幼儿科学教育认识不足，重视不够，幼儿教师设计科学实验的相关内容积累不够，使得幼儿教师在传授幼儿可接受的科学知识中容易遇到困难和障碍。因此，多种幼儿科学实验内容途径的开发就显得尤为重要。

(一)从幼儿生活中寻找

生活中处处存在着科学，在幼儿的生活中有无数有趣的自然物体与科学现象，蕴含着丰富的科学常识和科学概念，这些都可以作为幼儿科学教育的好材料和内容来源。比如夏天阳光下穿黑色衣服比穿白色衣服更热，进而可以设计出让孩子探索物体颜色的不同吸收的辐射热不同的实验。很多简单的生活问题，仅仅靠教师的语言是很难解释清楚的，最好的办法就是让幼儿亲自实验探究，通过自己的观察和感受学习科学知识，这样既可以满足幼儿的好奇心，也可以提高幼儿的观察能力和科学探究能力。自然界中的生活材料如此丰富，如何选择适合幼儿的科学实验内容是很关键的问题，不同年龄段的幼儿有一定的空间时间顺序，需要按一定的关系和顺序分类。

(1) 小班幼儿更容易关注和探究自己日常生活中喜欢、熟悉、可反复操作的事物。

(2) 中班幼儿喜欢探究生活中时有接触但不太熟悉的事物，对应的实验内容设计，教师应关注特征明显、多元化、有变化且好玩的事物与现象。

(3) 大班幼儿更爱关注事物的变化、奇特的现象以及事物的细节特点与功用等，这些内容或问题具有一定的挑战性，对应的实验内容设计，教师应关注事物的变化规律、原因及原理。

(二)从科学教材中寻找

《幼儿园教育指导纲要(试行)》提出幼儿科学教育的总目标是：“对周围事物、现象感兴趣，有好奇心和求知欲；能运用各种感官，动手动脑，探究问题；能用适当的方式表达、交流探索的过程和结果；能从生活和游戏中感受事物的数量关系并体验到数学的重要和有趣；爱护动植物，关心周围环境，亲近大自然，珍惜自然资源，有初步的环保意识。”但至今我国幼儿园阶段还没有科学教育内容标准，参照国内外幼儿园科学教育，发现其教育内容具有共性，生命科学、物质科学、地球和空间科学、科学技术四个领域是幼儿园科学教育的主要内容。与小学科学课程标准中的物质科学、生命科学、地球科学和技术四大领域教育内容有重复。因此，不同版本的幼儿教材和小学科学教材都可以作为幼儿科学实验内容的素材，按照学科体系，将知识点缩小，难度缩小，也能给实验内容的设计带来灵感。

(三)从科普刊物中寻找

在当今这个知识大爆炸的时代，大批针对幼儿的科普刊物在不断地出版，给幼儿园教学带来了极其丰富的教学资源。教科书不再是唯一的教学内容来源，教师还需要利用课外资料开发优质和新奇的实验内容。许多关于幼儿科学实验的书也已经出版，有的书中包含很多孩子很喜欢的小实验，每一个探究活动不仅有简明扼要的关键经验、材料准备和活动过程，还明确提出了幼儿能够掌握的核心概念以及科学词汇，从而使探究活动既生动，又有清晰的方向，这些实验的内容稍加修改或改编就可以为幼儿科学教学所用。

(四)从主题活动中寻找

教师应该在科学主题活动中融入学科领域的知识与技能。在主题活动的开展过程中寻找学习相应知识技能的“际遇”。只要认真观察就会发现生活中有很多知识和技能可以与主题活动相契合。教师可以把从幼儿身上发现的问题编成小儿歌，这样让幼儿困惑的事可以以很生动的方式让幼儿理解，从而很快记住。

(五)从网络资源中寻找

随着网络技术的不断发展更新，以多媒体技术和网络技术为核心的信息技术为实验内容的拓展提供了广阔的空间。纷繁多彩的网络资源可以拓宽视野、丰富知识、拓展思维，给幼儿科学实验内容的设计提供更多的素材参考。如中国婴幼儿教育网中的“幼儿科学小实验大全”，搜集了很多个可供幼儿开展的科学小实验，每个小实验都有具体的说明，包括材料准备、制作方法、实验操作、指导建议、拓展与替代，并附有科学小知识进行实验原理的解释。类似的网络资源还有很多，这些平台都会给幼儿科学实验内容的设计带来启发。

近年来，科学启蒙教育逐渐成为儿童教育领域中关注的热点，如何有效地在幼儿教育中进行科学知识的启蒙教育成为儿童教育领域研究的重要课题。在幼儿科学实验设计原则的指导下，通过多种途径开发幼儿科学实验内容，不仅使实验有趣、简单易做，同时还可达到预期的目标。开发和利用适宜的实验内容势必会提高幼儿学科学的积极性，培养幼儿对科学的热爱和科学思维能力，从而使幼儿的科学素养得到提升。

三、科学实验内容的开发策略

(一)树立正确的资源观念

科学实验是由教师、教材、幼儿多层面共同建构和生成的一个整体，它是宽泛的、多层次的，不能只局限于某种教材、学科或相关参考书。幼儿园及教师的资源观念直接制约着幼儿科学实验内容开发的深度和广度。正确理解资源的含义首先要树立“教材不是唯一的资源”“教师和幼儿也是最重要的资源”等新理念。在资源建设中，教师是最为重要的资源，这一重要资源的突破可以带动资源的优化发展。

(二)提供实验内容开发的环境

1. 给教师提供宽松、和谐的环境

幼儿园应多给教师提供实验开发的宽松、和谐的环境，能让教师在工作中感受到被尊重。另外，幼儿园领导者应用人文关怀去激励教师内心的创造性，教师就会更加自觉、更加热情的投入工作。因此，幼儿园应尽可能地提供一种和谐宽松的氛围，让教师有更多的时间去思考和实践实验内容开发的策略、方法等。给教师自由，减轻教师心理上和工作上的压力，以保证教师有极大的热情去投入实验内容开发的探索。

2. 给教师提供科学活动的培训

幼儿园应尽可能邀请相关专家对教师进行科学领域相关活动的教师培训，请名师走进幼儿园指导科学实验教学，以此拓宽教师的视野，强化教师的课程意识，提高教师实验内

容开发利用的能力，使其发挥更大的效用。幼儿园要加强此方面的培训，通过幼儿园有组织的培训让教师对什么是科学活动内容、怎样开发科学活动的内容、如何有效利用科学实验的内容有更深入的了解，为教师自我开发资源提供支持和指导。

(三)教师不断提高科学实验内容的开发意识

1. 努力提高对科学实验内容的认识

幼儿园科学实验内容开发和利用的关键和重点是教师队伍建设。幼儿园教师的素质决定了实验内容的识别范围、开发与利用的程度以及发挥效用的水平。实验内容的开发对教师提出了新的专业能力要求，即实验开发的专业素养和能力。在开发实验内容的过程中，教师的专业知识无疑也是重要的实验资源。因此，要始终把教师专业素养的提高放在首位，幼儿的发展必须依靠训练有素的专业教师，教师必须在能力、专业知识、学术素养等方面做好准备，以便能为幼儿提供优质的教学。

2. 用不同类型的实验资源提升开发意识与能力

科学实验资源是实验内容开发的素材与条件，是科学课程的来源，也是科学课程的前提。教师除了要了解科学资源的种类、科学活动内容的重要性外，还要不断提升自己开发实验内容的意识与能力。对此，幼儿园教师在进行实验设计时，要突破教材和既定物质资源的视角，尝试从多种渠道的资源出发进行开发设计，要使各种资源有机结合，为教学服务。

3. 构建科学实验协作开发机制

长期以来，幼儿园都处于一种相对封闭的状态，各幼儿园的领导者与领导者之间，教师与教师之间，幼儿与幼儿之间缺乏交流，幼儿园之间合作开发实验内容及实验资源共享更是少之又少。这种封闭状态使得信息交流不畅，各幼儿园中资源的优势得不到互补，先进的教学、管理经验得不到有效、及时的推广。

(四)探索现代信息资源

从实验资源的角度看，幼儿园的科学教学用书、教辅材料无疑是最重要的实验资源之一，开发实验内容的过程在一定程度上就是幼儿园科学课程建设的过程，教学用书可以说是资源开发的成果和载体。随着网络和多媒体技术的飞速发展，教学用书概念的内涵和外延大大扩展，形成了以教学用书为中心的系列信息资源。多媒体技术集成了文本、声音、图像、动画、视频等多种信息优势，可以提供给幼儿园大量丰富多彩的素材，极大地激发了幼儿的学习兴趣，并按照幼儿的认知特点进行动态的建构。

网络资源非常丰富，一些专业教学网站吸纳了大量的实验案例和其他教学资源，这些资源是开发实验内容的良好素材，有效地解决了教师在技术、资料等方面的问题。这样，教师节省了时间和精力，可以更多地考虑实验内容、实验过程和实验方法的设计。一些数码产品还可以用来收集生活中的点点滴滴作为实验资源，如用相机拍摄各地的自然风光、有代表性的建筑等。这些素材，经过剪辑和修改，就可以运用到教学中。另外，一些视频节目的直观效果和感染力对科学教学有很重要的作用，如《走进科学》《科学世界》《科技博览》等节目也可进入科学教育的课堂，帮助幼儿解决科学实验中难以感知、体验和理解的问题。

(五)开发家庭科学教育资源

幼儿园与家庭的合作共育中，教师必须摒弃主从观念，树立平等意识，把家长当成合作的伙伴和对象，以构建健康、和谐的家园合作关系。教师要利用各种形式开发、利用家庭科学教育资源。

1. 亲子活动

家长是幼儿园科学活动内容开发的重要资源。教师可以设计一系列亲子科学实验活动，每周固定时间邀请家长一起参与孩子的小实验、小制作，与孩子一起观察、选择材料并动手操作、讨论交流。让幼儿感受到科学活动的快乐与成功的喜悦，培养幼儿对科学活动的兴趣及亲子感情。

2. 家长助教活动

家长本身就是一种很好的教育资源。教师可以根据幼儿科学实验的需要采用“走出去”和“请进来”的方式开展家长助教活动。利用家长们不同的工作单位、不同的职业特长为幼儿园科学教育提供帮助。这种家长助教活动，可以大大激发幼儿的学习兴趣。或者请科学教育学科背景丰富的家长到幼儿园给小朋友们组织相关活动。如家长是物理、化学等课程的教师，那么可根据幼儿的兴趣和需要，设计一些生动有趣的科学小实验，帮助幼儿解答生活中的许多问题，解释许多科学现象。

3. 家长培训活动

现代家庭的家长越来越重视孩子的科学启蒙教育，但毕竟很多家长没有学过专门的幼儿科学教育，自身的科学素养又不高，在日常生活中，缺乏对幼儿进行科学活动指导的能力。幼儿园可以通过设立“科普知识宣传栏”等途径，帮助家长树立正确的幼儿科学教育观，了解幼儿园科学教育的情况和基本要求，掌握一些基本的幼儿科学教育知识和方法。

(六)开发社区科学教育资源

1. 提高开发利用社区资源的意识

随着基础教育改革的深入展开，社区实验资源的开发与利用成为有效开展幼儿园科学实验的有力支撑。社区不仅是幼儿园教育发展的背景和基础，也是幼儿园完成教育目标的基本保证。因此，幼儿园要从课程改革的要求出发，摆脱知识本位、课堂中心、教师中心等狭隘的教育观念，从总体上支持和指导社区实验资源的开发与利用。幼儿园应从可持续发展的高度出发，增强内容开发意识，让社区为幼儿园的科学实验提供充足的教学资源和良好环境。同时，幼儿园要将目光投向整个大社区，树立新的社区资源观，使幼儿在与社区的接触中接受教育。

2. 建立完善的开发机制

幼儿园要建立和完善相关的机制，有利于促进教师积极地开发与利用社区科学资源。

幼儿园要以国家相应的政策为依据，通过协商的方式，采取与社区签订协议等方法来规范幼儿园和社区的合作。这样不但会约束双方的权利和义务，也能使双方合作更加顺畅，获得更多的合作机会，保持合作的动力。同时，幼儿园需要一定的组织机构做保证，如建立社区教育委员会、家长委员会、学区教育委员会等组织机构，使幼儿园对社区科学资源的开发与利用规范化、组织化和系统化。充分发挥社区科学资源的优势，使幼儿园与社区形成教育合力，从而为幼儿的科学教育提供强有力的支持。

3. 提高教师的开发意识与专业能力

教师是社区科学资源开发与利用的核心人物与“领航员”，担负着重要的指导作用。因此，教师要自觉重新构建开发与利用社区中有关科学内容的观念，将目光扩展到一切可利用的社区资源。同时，教师要根据幼儿园科学课程发展的需要，在了解学生已经具备知识、技能等素质的基础上，结合幼儿身心发展的特点等情况，将社区的实际资源情况与科学实验灵活结合，对其加以充分的开发与利用。

4. 积极开展多样化的活动形式

幼儿园科学实验中，可开发与利用的社区科学资源主要包括田园、农场、植物园、企业、各种实验基地、科技场馆等。我国《2001—2005 年中国青少年科学技术普及活动指导纲要》指出，要加强幼儿园与社区、科技场所、大众传媒、企业、家庭的科技教育联动活动，包括各主体组织开展形式多样的幼儿创造发明活动、各种科技竞赛活动、科技夏令营、社区科技俱乐部、科技周、科技月、科技节等。有了国家、地方各级部门的政策支持，教师可以根据课程目标的需要和社区的具体条件，采用开展科普宣传讲座、科技展览、科技竞赛等多种多样的科技活动形式，有针对性地组织幼儿参与一些实践活动，使幼儿在积极参与实践活动过程中，激发学习积极性，培养掌握知识和运用知识的态度和能力。此外，幼儿园也可以聘请科技人员和某领域的专家担任幼儿园科技活动的指导教师，邀请他们给教师及幼儿进行科普讲座等。一些乡村幼儿园还可利用自身的地理优势，与一些农业生产户、蔬菜种植户、动物养殖户建立联系，建立幼儿园的科技实践基地，更加丰富科学实验活动的内容。

第四节　科普基地的开发与利用

落实国家《科学素质纲要》精神，大力发展科普基础设施，满足公众提高科学素质的需求，实现科学技术教育、传播与普及等公共服务的公平普惠，对于全面贯彻落实科学发展观、建设创新型国家、实现全面建设小康社会的奋斗目标都具有十分重要的意义。

从小培养幼儿的科学技术学习与社会科技资源紧密联系的学习习惯，丰富幼儿的科学技术学习经历，加强创新素质培养，实践“拓展学习时空，完善学习方式”的理念，引导幼儿园的教师改革课程实施形态，重视课程的实施过程对学习情景的创设，指导幼儿提高在真实情景中体验知识生成与应用的能力，促进幼儿对学习资源和学习内容进行“问题化”“结构化”的思维与实践，科普基地是理想的实践基地。

一、科普基地的基本概述

(一)科普基地的定义

科普基地是指在本市行政区域内、具有相当规模的科普固定场所和设施条件，向社会公众开放，能够承担科学技术普及、宣传、培训、服务功能的场所。

科普基地是科学技术普及工作的重要载体，是为公众提供科普服务的重要平台，具有鲜明的公益性特征。公众通过利用各类科普基地，了解科学技术知识，学习科学方法，树立科学观念，崇尚科学精神，提高自身的科学素质，提升应用科学技术处理实际问题以及参与公共事务的能力。

(二)科普基地的分类

中国科协根据类型、科普定位、服务性质和服务对象的不同，把全国科普基地分为9类：综合类科技馆、博物馆，专业类科技馆、博物馆，科技教育中心、科技名人馆，各类自然、历史文化景区，各类动植物观赏景区，科研机构，高等院校实验室，科技型企业，工农业科技园、科技种养示范场等。

按照功能，科普基地可分为场馆类和活动类两种。场馆类科普教育基地多是利用单位现有的空间、场地，进行集中的展品仪器展示，让科普爱好者通过直观的感受来诠释科学知识、揭示科学奥秘，如科学宫、自然博物馆、天文宫等基地。场馆类基地又可分为综合和专业两大类，如科学宫为综合类基地，中科院沈阳生态所树木园即为专业类基地。活动类科普教育基地则是用人们喜闻乐见的形式组织青少年开展科普活动，鼓励青少年进行发明创造和提高创新意识，培养他们爱科学、学科学、用科学的良好风尚，如健康教育所、青年科技发展中心、少年宫等。无论是场馆类还是活动类的科普基地，它们都各有千秋，而且会有更多的、有科普活动潜力的单位面向青少年开放，成为科普教育基地。

二、科普基地的基本现况

(一)国际现状

科普作为科技和教育的一个交叉环节，受到越来越多的国家重视。很多国家的政府通过政策、立法、组织、资金等手段，积极推动本国科普事业的发展。美国政府特别重视科普基地建设，这很大程度上得益于国会的促进和支持。由于美国联邦政府没有专门的科技行政管理部门，政府在科技领域的目标任务是通过国家科学基金会(NSF)、国家航空航天局(NASA)、能源部、商务部等分头承担的，美国国会因此明确要求这些政府部门和机构都要担负相关的科普职责，并通过预算、年度报告、听证会等手段监督其科普工作实施情况。NSF科普计划支持的项目分为科技馆、传媒以及青少年与社区科普三大块。

美、英、日等国家在抓大中小学正规科学教育的同时，也积极发展对青少年的校外科普教育。在这些国家，众多的科技馆、青少年科技活动中心散布在学校和社区，为青少年提供亲自动手探究科学的场所和机会；电视台在政府等的资助下不断推出趣味横生的科普节目；高品位的科普科幻类书刊琳琅满目，赢得众多青少年读者；科普专业组织、大学、研究机构、企业等也经常为青少年安排科普讲座、科技博览会、科技设计发明比赛、见习研究等科技活动。所有这些都是学校教育力不能及的，它们丰富了青少年的科技经历，拓宽了青少年的科技视野，对青少年科技兴趣、创造力、想象力的培养起到了不可低估的作用。

(二)我国科普基地现状

1999 年中国科协命名了首批 201 个全国科普教育基地，并于 2003 年 5 月下发了《全国科普教育基地标准(试行)》(以下简称《标准》)，要求全国科普教育基地按照《标准》，充分发挥科普教育基地在面向社会开展科普活动方面的重要作用。在各有关全国性学会、各省(自治区、直辖市)科协的共同努力下，全国各级、各类科普教育基地的建设得到较快发展，工作水平有了新的提高。

几年来，全国科普教育基地发挥各自优势，通过普及科学知识、传播科学思想、倡导科学方法、弘扬科学精神，在提高全民科学文化素质、推动学习型社会的建立中，发挥了积极的作用。各类科普教育基地的广泛建立，在一定程度上满足了公众科普需求，已成为开展科普工作的一支新生力量，为促进各地科普事业的发展做出了贡献。

三、幼儿园对科普基地的利用

幼儿园组织者应该了解身边的科普基地分布情况，制订参观计划并执行，组织幼儿去学习科普知识，提高自身科学文化素养，使幼儿热爱科普，愿意主动探究科学的奥秘。科普基地有以下几个方面。

(一)校园科普基地

校园科普基地是把科普基地建立在大学校园中，成为学生学习生活的一部分，这样可以使大学生近距离接触科普知识，市民可以去参观学习。例如：带幼儿参观自然博物馆，认识各种动植物的形态和名称；参观古生物博物馆，了解生物的进化过程；参观兵器博物馆，了解国防知识；参观人体科学展览馆，了解人体知识。

(二)航天科普教育基地

航天科普教育基地是国防教育基地，带幼儿参观航天科普教育基地，让幼儿认识火箭、导弹、卫星、炮弹等实物或模型，在航天知识录像室学习航天知识，观看火箭模型、发射的场地等，认识军用飞机、雷达、高射炮等武器装备。

(三)禁毒科普教育基地

全国禁毒科普教育基地是国家禁毒委继北京、虎门、贵阳等地之后，由公安部、各省人民政府共同投资的一座大型禁毒科普教育基地，带幼儿参观禁毒科普教育基地，让孩子从小知道毒品的危害。

(四)农业科普基地

农业博览园是以“三农”为主题，以文化为灵魂，人文景观与自然景观相结合的旅游区。让孩子认识农作物和蔬菜，是幼儿开展农业实践的好课堂。

(五)其他科普基地

其他科普基地主要有科普公园、气象科普基地、生态所树木园、植物园、健康教育所、青年科技发展中心、少年宫等。社区积极组织各种形式的科普活动，大力宣传科学知识，科学思想、科学方法，杜绝封建迷信和刑事案件发生，每季度开展一次科普活动。

总之，幼儿园要充分宣传和普及科学技术方面的知识，经常性地举办有一定特色的科普宣传教育活动，营造学习文化知识，立志科研，推进科技进步的良好氛围。幼儿园也要有自己的科普基地，布置美观，内容丰富，并能充分展示科技教育成果。

拓展阅读

探索科学小实验，拓展幼儿发现之旅

巴尔扎克曾经说过：“打开一切科学的钥匙，毫无疑问是问号。”波普尔也曾说：“科学知识的增长永远始于问题，终于问题。”而幼儿学习科学则始于对周围世界的好奇，并由此而产生对周围事物的探索。幼儿对物体都想触摸，通过幼儿多种感官对物体的认知，来感知物体的属性，发现它们与周围环境的相互关系，来获取直接经验，以语言或非语言的形式表达和交流，在此过程中发现问题，并提出问题。

本章小结

科学教育是幼儿园五大领域教育的重要组成部分。科学作为一门以实验为主的自然学科，在倡导探究性学习的今天，幼儿园及教师需要为幼儿提供科学实验的学习环境，投放适合的实验材料以及选择适宜的实验内容来引导幼儿通过探究世界，表达自己对外部环境的认知，从而发现问题、解决问题，完成幼儿科学素养的提升。与其让幼儿毫无目的地探索，不如让幼儿参与有目的的科学实验活动更有意义。教师可以通过儿童天生的好奇心和不懈努力的探求周围世界的本能，结合更好地开发和利用科学实验，把幼儿引领到比他们自身经验和想法更深、更复杂、更广泛的理解领域。

这个实验探究的过程，往往是借助于一个个的实验操作来完成的。也就是说，开发符合幼儿认知水平的科学实验是幼儿教师必备的技能之一。实践证明，因幼儿心理和生理的特殊性，幼儿科学实验开发需遵循一定的原则，在符合儿童发展规律的基础上，开展多种途径的实验开发，才能提高幼儿科学实验的适用性和有效性，从而达到提升幼儿科学素养的目的。

推荐阅读

[1] 黄娟. 玩+科学实验室[M]. 北京：机械工业出版社，2018.

[2] 四季科学乐园. 幼儿趣味科学实验[M]. 上海：复旦大学出版社，2015.

[3] 刘占兰. 有趣的幼儿科学小实验[M]. 北京：教育科学出版社，2011.

[4] 安提亚·赛安，艾克·冯格. 101 个神奇的实验[M]. 谢霜，译. 武汉：长江少年儿童出版社，2017.

思考与练习

一、名词解释

幼儿园环境

二、简答题

1. 实验环境创设的原则有哪些？
2. 实验材料怎样能更有效地利用？
3. 开发实验都有什么途径？

三、论述题

1. 投放什么样的实验材料更适合幼儿？
2. 请结合实践谈谈幼儿园中有哪些实验环境可开发。

【实践课堂】

分析下面的科学教育活动案例，对其中存在的问题谈谈你的看法。

认识天气

师：“大家昨天晚上看天气预报了吗？天气预报中都说了什么呢？”

幼：“明天多少度，哪里下雨、下雪、降温……”

师：“并不是每天都是晴天，会有雨、雪、风、干旱等现象。这些好像大自然的心情一样，就如小朋友的心情，高兴时是温暖、晴朗的，伤心时是下雨、刮风。小朋友们知道为什么天气有晴朗和下雨吗？”

(幼儿无人回答)

师：“那我们先回忆一下以前学过的内容，一年四季分哪几个季节？”

幼：“春天、夏天、秋天、冬天。”

师：“为什么有春夏秋冬呢？”(拿地球仪简单演示)

师：“地球离太阳的远近会出现四季，地球的大心情变化会有四季，地球还有小心情。地球外部由大气层、水、空气、灰尘等包裹着，天气变化与大气层的关系很密切。比如，湖泊蒸发，小水珠上升到大气层中会产生乌云，乌云多了就会下雨，乌云里带有的水分多，互相摩擦会产生闪电，云里面没有那么多的水分时，就是多云的天气。刮风时小朋友们有什么感觉？”

幼：“疼、冷、红脸蛋。”

师：“风是从哪里来的呢？怎么来的？”

(幼儿无人说话)

师：“地球转的同时大气层也在转，总有一面的大气层是被太阳照射，那么另一面就是黑夜，所以一半暖，一半冷。地球转动时带动大气层转动，在转动中冷空气和暖空气互相碰撞，会形成不同的风，如春天吹东南风，冬天吹西北风。”

师：“天气预报中说的风力，大家知道是什么意思吗？风有力气，有的大，有的小，如龙卷风能把房顶吹走。”

师：“小朋友们回家看晚上的天气预报，看这些标记代表什么？”(教师出示一些小纸片，上面画有天气标识，如太阳、雨、多云、多云转晴、风等)

师：“小朋友们要养成看天气预报的习惯，每天的值日生要报天气预报。那小朋友们知道为什么会刮沙尘暴？为什么会刮龙卷风吗？”

(幼儿默然)

师：“如果江河湖海都没水了会怎样？”

幼：“干旱。

师：“为什么湖里没水了？”

(幼儿无人说话)

师：“地球上有植物，像被子盖在地球上，叫植被，能保存水分，释放氧气，但人们把树都砍了做筷子，羊把草吃了，这时地球的被子没了，就露出土、沙等，也不下雨了，天气就生气了，就刮风了。那你们知道怎么能不让天气生气吗？”

幼：“种树。”

师：“还要节约用水，不要用一次性筷子。”

第七章　幼儿园科学实验的开发和利用.pptx

教师一方面要贡献出自己的东西，另一方面又要像海绵一样，从人民中、生活中和科学中吸取一切优良的东西，然后再把这些优良的东西贡献给学生。

——加里宁

第八章　幼儿园科学实验教案集锦

本章学习目标

- 熟悉幼儿园各年级科学实验方法。
- 掌握幼儿园各年级科学实验教案内容。

核心概念

教案(teaching plan)　活动目标(activity goal)　活动准备(activity preparation)　活动过程(activity procedure)

引导案例

奇妙的传声筒

一次午餐后的休息时间，我让幼儿们自由看图书时，看到有的幼儿把图书卷起来当话筒、当望远镜、当枪玩。于是我受到启发：何不做些“声筒”给孩子们玩，让他们在玩中获得一些粗浅的科学知识。这样就产生了科学活动“奇妙的传声筒”的方案设计。我用薄的硬纸板卷成一些“声筒”，有的是空心的，有的里面塞了一些纸团，让每个幼儿通过游戏传话，探索空心和实心的声筒传出的声音是不一样的。这样为幼儿的探索活动创造了宽松的环境，使每个幼儿都有机会参与尝试，支持他们去发现问题、解决问题。

案例分析

小小的纸棒在小朋友的手中变得奇妙，也很有魔力，是活动良好的开端。在整个活动过程中，教师始终坚持“活动在前，认识在后”“发现在前，结论在后”“尝试在前，引导在后”的原则，幼儿在玩中感知科学现象、在玩中发现问题，是非常适合小班幼儿年龄特点的。因此，幼儿在活动中玩得很主动、很开心，确实有所发现、有所发展。而且，在活动中，让每个幼儿都积极主动地参与活动，教师尽量以鼓励为主，幼儿尽量以体验为主，避免了因个体差异出现的矛盾和问题，每个幼儿都增强了自信心，并在活动中乐意与同伴交往，学习互助、合作和分享，每个幼儿的心理得到了满足，为他们带来了探索的成功和喜悦。

学习指导

本章的重点是通过学习幼儿园各年级科学实验教案，使教师明白在指导幼儿开展实验探究活动中，教师应注意以下几点：

(1) 为幼儿营造安全的实验探究氛围；

(2) 为幼儿提供充足、多样的实验材料；

(3) 给予幼儿充足的操作时间；

(4) 鼓励幼儿提出问题。

第一节 大班科学实验教案

实验一 淀粉躲猫猫

淀粉躲猫猫

【活动目标】

1. 观察化学小魔术，激发探索兴趣和积极尝试的欲望。

2. 了解淀粉遇到碘酒会变成蓝色的现象，初步了解生活中哪些常见的食物含有淀粉。

3. 在科学游戏中尝试运用多种感官感知科学现象，会用语言表达自己的探索结果。

【活动准备】

1. 土豆、馒头、玉米等含淀粉的物质若干，萝卜、黄瓜等不含有淀粉的物质若干。

2. 小喷壶、碘酒、清水、透明的杯子、盘子若干。

3. 预先准备好的食物图片。

4. 教师用米汤画好的示范画一张、白纸若干。

【活动过程】

(一)魔术表演，了解淀粉的作用

1. 由手指操“田鼠和小鸟打电话”中祝福田鼠生日快乐片段导入活动，啄木鸟也给田鼠寄来了贺卡和两瓶魔水，出示贺卡，引导幼儿观察，咦，什么也没有？再观察两个瓶子上写的字：水，碘溶液。啄木鸟说，用其中的一种水喷一下，就能看到贺卡上的字了。

2. 幼儿猜想哪一瓶水有这种魔力。

3. 教师请两名幼儿将液体喷在贺卡上，验证猜想。

4. 教师解答疑惑，介绍碘溶液：碘溶液就是我们平时打针时，医生用来给我们皮肤消毒的酸溶液。另外啄木鸟是用含淀粉的水写的字，当淀粉遇上碘溶液，就会发生变色反应，变成紫黑色。

5. 介绍淀粉的用途：厨房做菜常见的材料，出示淀粉，引导幼儿感知其润滑细腻的特点。

6. 出示两杯清水，一杯倒入淀粉，滴碘溶液实验，再次感知神奇的变化。

(二)寻找遇到碘溶液会变色的食物

1. 设置疑惑：“我们平常吃的食物也有的含淀粉，怎样才知道哪些食物含淀粉呢？启发幼儿运用刚刚获得的经验作答。”

2. 进一步引导：“只要这些食物遇到碘溶液就会发生神奇的变化，那么，碘酒碰到哪些好吃的东西也会变紫黑色呢？我今天带来了几样食物，大家先来猜一猜，如果碘酒碰到馒头会变什么样？”(幼儿猜想)“我们先把它记下来。”(出示记录表)“猜好以后，我要请碘酒来帮忙。我把馒头蘸一点点碘酒，小心，仔细观察，发现了什么？变蓝了！”

3. 幼儿动手操作并记录。

(1) 出示记录表，引导幼儿一一指认记录表中的食物。

(2) 请幼儿猜一猜，哪些食物中含有淀粉？

(3) 教师引领幼儿做实验验证猜测。

(三)交流讨论

1. 幼儿交流实验的过程和结果。

(1) 幼儿自由交流。

(2) 请个别幼儿介绍一下自己的猜想和使用碘酒以后的实验结果。

2. 根据幼儿的介绍，教师一一验证。

(四)小结及延伸活动

有的食物会变颜色，有的食物不会变颜色。这里还有一个小秘密呢！变色的食物里都藏着一样东西，叫“淀粉”。“淀粉”和“碘酒”是一对很有趣的朋友。它们在一起会发生奇妙的变化。在我们生活中，还有许多这样的小奥秘，幼儿回家猜测并验证家里的哪些食物中含有淀粉。

实验二　空气的秘密

空气的秘密

【活动目标】

1. 知道空气的存在，且具有占据空间的性质。

2. 明白空气很重要，应该保护空气。

3. 与其他小朋友合作，体验动手操作的乐趣。

【重点和难点】

认识空气的性质。

【活动准备】

玻璃杯、水槽、纸巾等。

【活动过程】

(一)导入课题

1. 猜谜：奇妙奇妙真奇妙，看不见来摸不着，无孔不入变化多，动物植物都需要。(多媒体出示)

2. 幼儿回答：“空气。”

3. 谈话：“不错，谜底是空气。什么是空气呢？”

4. 幼儿回答：“看不见摸不着的、风、没有味道……”

5. 谈话：“空气虽然看不见、摸不着，但是借助其他看得见的物体，就可以觉察到它的存在。”

(二)操作实验

1. 证明空气的存在。

这里有一个透明的大玻璃缸(出示已注有大半缸水的大玻璃缸)，把一团纸塞进玻璃杯的底部，然后将玻璃杯倒置，垂直放到玻璃缸的底部，杯中的纸会怎样呢？如果玻璃杯倾斜着放，又会产生什么现象呢？

2. 预测：你认为杯子里的纸湿了吗？

3. 幼儿预测：①湿了；②没湿。

4. 幼儿分组实验。

(三)展示交流

1. 思考：为什么杯子直立时纸团没湿，倾斜时湿了呢？

幼儿回答：杯子倾斜时空气跑进杯子里了。

2. 总结：①空气占据空间；②空气占据空间的大小会变化。

3. 实验拓展：用塑料袋装空气，空气的体积是不是会变大呢？

(四)活动总结

1. 空气看不见摸不着，围绕着我们。

2. 我们呼吸靠空气，空气新鲜才能不得病。

3. 保护环境，空气才能干净。

(五)活动延伸

请小朋友们回家和父母一起来做这个实验，分享快乐。

(六)活动评估

1. 幼儿能在指导下完成实验。

2. 幼儿能与同伴分享感受。

实验三　神奇的气球

神奇的气球

【活动目标】

1. 知识目标：幼儿简单了解表面张力知识。

2. 情感目标：在实验中感受快乐；对科学小实验产生兴趣，体验合作的快乐。

3. 技能目标：会吹气球；能够用棉线打结；手的灵活运用。

【活动准备】

1. 实验用具：气球若干、棉线若干、吸管若干

2. 实验视频、PPT、背景音乐。

【重点和难点】

培养儿童实事求是的科学态度，激发幼儿对日常生活科学的探索兴趣。

【活动过程】

(一)导入

师：“小朋友们好，我是跃跃老师。今天第一次见到大家，老师很高兴，小朋友们呢？”

生：“跃跃老师好。”

师：“今天呀，老师刚从神秘实验室回来。小朋友们看老师带回来了什么东西呢？”(依次出示气球、棉线、吸管，同时播放PPT)

生：“气球、线、吸管。”

师：“那小朋友们猜猜看，今天老师要用这些东西和大家一起做什么呢？”

生：“比赛吹气球”“拍气球”。

师：“好，小朋友们都猜对了，今天上课我们就是要玩吹气球的。不过呢，在吹气球之前，我想问小朋友们一个问题(教师边说边在黑板上画)：如果一个吹得大一些的气球和一个小一点的气球，中间用一根吸管连接起来，当两个气球被连起来的时候，它们会发生什么变化呢？小朋友们能大胆说出自己的猜想吗？”

生：“大的更大，小的更小。”“大的变小，小的变大。”“两个都变小。”

师：“小朋友们猜了这么多，那我们一起试试气球到底怎么变，好不好呀？”

生：“好！”

(二)示范实验

主讲老师解说步骤，一名辅助老师与主讲老师示范实验过程。

师：“第一步呢，吹两个一大一小的气球，分别用两根棉线系上，在靠近气球的里面，打活结。但是也要注意不要太松了，以免漏气哦。如果担心漏气可以由小伙伴捏着。”

师：“第二步，将两个气球用剩下的两根棉线分别扎在吸管两端，要在靠近气球嘴的位置。注意要扎紧，不紧的话空气都会跑了呢。”

师：“第三步，打开原先的两个活结。”

师：“最后一步，观察两个气球的变化。”

(三)原理讲解

师：“小朋友们看到了什么？”

生：“小的更小了，大的更大了。”

师：“小朋友们知道为什么吗？”

生：“大的把小的吃掉了。”

师：“好像有点这个意思呢。但是这个科学原理叫作气球表面张力原理。就像我们树叶上的露珠，总是小露珠向大露珠流去是一样的原理。所以小气球中的气体就会向大气球中的气体汇合。也就是小朋友们说的被大气球‘吃了’。是不是很神奇呀？”

生：“是。”

(四)组织实验

师：“下面呀，由小朋友们自己来动手做实验。看看气球会不会发生神奇的变化。小朋友们要和小组成员共同完成哟，还要注意小心一些，不要把气球弄爆。”

生：“好。”

(将班级幼儿分为四人一组，每组提供两个气球、一根吸管、两根橡皮筋。在实验进行期间，各组幼儿发挥团结协作的精神。教师可以巡视各小组的进行情况，必要时给予幼儿一些建议或者帮助)

(五)组织结束

老师看小朋友们全部做过实验后结束活动。小朋友们和老师一起把桌子收拾好。

(六)活动延伸

师："小朋友的气球有没有发生神奇的变化呀？"

生："有。""没有。"

师："那没有变化的小朋友们不要失望哟，等下课了老师再和小朋友一起做这个实验。小朋友们回家了也可以找爸爸妈妈一起再尝试一下，看能不能成功地让气球发生奇妙的变化。那今天老师就要跟小朋友们说再见了。"

生："老师再见！"

【活动反思】

1. 讲解原理的时候要注意不要讲得太复杂，要考虑幼儿的认知水平。

2. 组织幼儿进行实验的时候要注意观察幼儿，及时给予帮助，引导幼儿成功地进行实验。

实验四　水的张力

水的张力

【活动目标】

1. 情感目标：培养幼儿关注与水的表面张力有关的科学现象，使幼儿萌发好奇、好问、反思的积极情感和态度。

2. 认知目标：幼儿通过观察了解及动手实验，探索发现水的表面张力。

3. 能力目标：培养幼儿良好的操作习惯，发展幼儿的观察能力和思维能力。

【活动准备】

4个塑料盒以及塑料瓶、缝衣针、硬币、水(供幼儿做水的表面张力的实验)、教学课件。

【活动过程】

(一)谜语导入

教师："小朋友们，我们准备上课了。在上课之前呢，老师想给你们说一个谜语，看看哪位小朋友先猜出来。"

(二)做一做，说一说

老师操作缝衣针落入水的实验，探索发现水的表面张力。

1. 出示缝衣针，交代实验要求。

如果把针放在水里会怎样？如果把针托在纸巾上放在水里又会怎样？

2. 教师演示将缝衣针放在水里的实验。

小结：把针直接放在水里针会沉下去；把针托在卫生纸上放在水里，纸沉下去，缝衣针浮在水面上。水很神奇，它的表面能承受轻微的压力，这就是水的张力。

(三)看一看，想一想

"小朋友们，我们刚才已经学习了神奇的水的张力，那么我们再做一个实验，看看水的张力还有什么神奇的地方。"

看课件：往盛满水的杯子里加硬币，水面会怎么样呢？

教师："小朋友们看我们的水杯现在是满满的，现在我们往水杯里加硬币，小朋友们觉得水会溢出来吗？那我们就来试试吧。"

教师组织小朋友们往水杯里依次投硬币，观察投入多少个硬币时水溢出水面，并播放

PPT，将最终结果与老师所做的实验结果做比较。

小结：水的表面张力就像人的皮肤一样，让水不会流出来，帮助幼儿理解水的表面张力。

(四)试一试，找一找

幼儿通过实验继续感知水的表面张力。

1. 介绍实验材料及要求：“我们还可以从另一个实验中看到水的表面张力，你们想不想做一做？这个实验怎么做呢？”(出示步骤图)“首先有一瓶水和一张有孔眼的小纸片，把纸片轻轻地放在瓶口上，用手托住纸片，将瓶子慢慢地倒过来，上面的手不要用力捏瓶子，另一只手护着瓶口处的纸。看一看水会不会从纸片上的小洞洞里流出来。为了避免水泼到地上，老师给你们准备了盒子，请你们在盒子上面试一试。你们猜一猜水会不会从小洞洞里流下来？觉得会流出来的举手！觉得不会流出来的举手！想知道答案吗？那请小朋友三四人一组，合作试一试吧！”

2. 教师巡回指导并参与游戏。

3. 幼儿说说做实验的情况。

4. 小结：“水的表面张力是不是很神奇？其实我们的身边有许多有关水的表面张力的现象。”(看课件：欣赏一些动物在水面行走的图片，巩固对水的表面张力的理解)“平时只要小朋友们仔细观察，多想想，多问问，你就会发现许多的奥秘。”

【活动延伸】

小朋友们回家后可以和爸爸妈妈一起尝试做水的表面张力实验。

实验五 油和水可以做好朋友

和水可以做好朋友

【活动目标】

1. 幼儿通过操作感知油和水之间倾倒、搅拌后分离的现象，对科学探索活动感兴趣。

2. 了解生活中水油分离、融合的现象，体验科学知识在生活中的运用，能将所学内容运用于生活实际——当物品上沾染油渍知道如何去除等。

3. 培养幼儿认真、细致的科学态度及乐于猜想的意识。

【活动准备】

油、水、盐、白砂糖、洗衣粉、若干透明的玻璃杯、搅拌棒、色素、塑料小勺若干、教学 PPT、背景音乐。

【活动过程】

1. 利用日常生活中幼儿熟知的现象，吸引幼儿的兴趣和注意力。

出示两个分别盛有少许清水和油的玻璃杯。

师：“小朋友们，今天老师给大家请来了两个小朋友到咱们班做客，它们是水宝宝和油宝宝，你们看看它们俩是不是一样的？现在呢，老师让它俩坐在一起，和大家一起玩儿，好不好？”(教师将少许水和油依次倒入一个空的玻璃杯，结果出现了水和油明显分离的现象)

2. 寻找原因，突出本次课的主题。

师：“咦？它们俩怎么分开了呢？是不是吵架了呢？哪位小朋友来帮大家问问它们到底怎么了！”(幼儿询问)

师：“哦！原来它俩没有吵架，它俩都想成为对方的好朋友，所以两个宝宝刚刚想要互相抱抱，可是，也不知道是什么原因，它俩怎么也抱不到一起！小朋友们，我们该怎么帮帮它们俩呢？”(幼儿动脑筋想办法)

3. 教师提问。

师：“老师请来了三个小帮手，大家看看它们都是什么？”(盐、糖、洗衣粉)

师：“下面就让我们看一看，哪一个能够帮助水宝宝和油宝宝抱在一起呢？”

4. 教师示范对比小实验，最后观察洗衣粉在水和油中的作用。

师：“现在老师拿一点儿洗衣粉，放入油宝宝和水宝宝这里面，仔细看，有什么变化？是不是水宝宝和油宝宝可以互相拥抱了？它俩可以做好朋友啦！”

教师总结：洗衣粉可以让油溶于水，这就叫“乳化作用”。

师：“那么，小朋友们看一看洗衣粉哪里去了？油和水都有什么变化？”

5. 幼儿实验。

(1) 介绍操作方法。

每个小组都有装油和装水的玻璃杯，还有三个空的透明玻璃杯、搅拌棒，盐、糖、洗衣粉各少许。教师要做的就是告诉幼儿投放材料的顺序，还有注意幼儿的安全。

(2) 幼儿操作实验。

每组幼儿自己动手操作，观察油和水的分离和溶解现象。

(3) 幼儿讲述实验过程。

6. 小结。

洗衣服的时候使用洗衣粉会使衣服上的污渍去除得更快更彻底，而生活中还有很多和洗衣粉有着一样原理的物品，比如洗洁精、油烟净等。小朋友们回家可以在爸爸妈妈的陪同下试一试，看看洗脏衣服时不用洗衣粉和用洗衣粉洗完的衣服有什么不同？

【活动反思】

幼儿对这次科学活动很感兴趣，积极地探索为什么油和水会相溶的问题。但是由于幼儿对于一些知识例如“乳化作用”“密度”的不理解，导致有些幼儿没能透彻地理解这个实验，操作时间也过短。

实验六　有趣的蛋宝宝

有趣的蛋宝宝

【活动目标】

1. 探索在清水里加入一定量的盐后，鸡蛋沉浮状况的变化，初步感知悬浮现象的存在。

2. 幼儿能两两合作进行操作实验，认真观察实验现象，学习记录和描述自己的操作过程和实验结果。

【活动准备】

两只透明玻璃杯(分别装有等量的淡水和盐水)、鸡蛋、盐、勺子、碗、水彩笔、记录表、抹布等，每组若干。

【活动过程】

(一)引出课题，激发兴趣，猜猜蛋宝宝沉浮的状态并记录

1. 师：“今天老师给小朋友们带来了两杯水，你们仔细看看，这两杯水一样多吗？”(出

示装有等量淡水、盐水的杯子，引导幼儿比较)

2. 师："老师还请来了一位小客人，你们看是谁呀？(出示一个鸡蛋，教师以蛋宝宝的口吻讲话)大家好，我是蛋宝宝，今天我想和水做个游戏。你们猜猜看，我到了两个水杯里会怎么样？"

3. (教师设疑)："鸡蛋宝宝到了第一杯水(淡水)里会怎么样呢？它是沉下去还是浮上来？请你们把猜想的结果写到记录表上。(↓表示下沉，↑表示上浮)等会儿我们再来比比看，你们猜的和操作结果是否一样。"(幼儿猜测鸡蛋在淡水里的沉浮状态并记录)

4. (教师继续设疑)："鸡蛋宝宝到了第二杯水(盐水)里会怎样？它在水里是沉下去还是浮上来？(幼儿再次猜测鸡蛋在盐水里的沉浮状态并记录。实际操作，记录鸡蛋的沉浮变化，初步感知悬浮现象)

(二)引导幼儿对探索中出现的问题进行讨论，找找鸡蛋宝宝悬浮的秘密

1. 师："小朋友们刚才都将自己的猜测和实验结果记在了记录表上。那么，你们的猜测到底对不对呢？通过刚才的实验，把你的想法和问题提出来好吗？(幼儿针对自己观察的现象自主提问)"

2. (教师顺应幼儿提出的问题设置悬念)："为什么鸡蛋宝宝在第一个杯子里是沉在水底的，到了第二个杯子里却浮上来呢？这里究竟有什么秘密？小朋友快快想一想，找一找。"

3. 引导幼儿通过各种感官寻找鸡蛋宝宝沉浮的原因，启发幼儿看一看、摸一摸、尝一尝，区分淡水和盐水的不同，从而找到问题的缘由：鸡蛋装在淡水杯里是沉下去的，在盐水杯里是浮上来的。

4. (进一步把问题引向深入，探索沉浮的秘密)："是不是鸡蛋宝宝只要在盐水里都会浮上来呢？加了多少盐后才会浮上来呢？我们再一起猜猜看，动手试一试，记录下来好吗？"(幼儿猜测并在记录表上画上自己猜想的位置——实验验证——观察结果——记录鸡蛋在水中的位置)

(三)讨论与交流实验情况，说说鸡蛋宝宝沉浮的规律

1. 提出实验要求：两两分工合作，明确怎样加盐、搅拌、记录注意点等

2. 展示幼儿记录纸，幼儿实验操作，教师观察幼儿做实验并根据具体情况给予适时适度的指导。

3. 交流实验情况。师："为什么鸡蛋宝宝在加入第 1 勺、第 2 勺盐的水中没有浮起来，在加入第 3 勺、第 4 勺盐后会浮起来呢？"(幼儿根据记录表讲述自己的实验感受，发现鸡蛋的沉浮规律)

4. 师："鸡蛋宝宝除了在盐水里能浮起来，你还有什么办法能让鸡蛋宝宝浮起来？"(幼儿回忆生活经验，自由讲述)

【活动延伸】

如果在盐水里不断地加盐，鸡蛋还会往上浮吗？

实验七　动物是怎样过冬的

【活动目标】

1. 认知目标：引导幼儿了解动物过冬的不同方式。

2. 能力目标：培养幼儿的观察能力，初步了解动物对环境的依存关系和适应特点。

3. 情感目标：激发幼儿探索动物生活的兴趣和关心爱护动物的情感。

【活动重点】

能说出几种常见动物是怎样过冬的。

【活动难点】

知道动物过冬的几种不同方式。

【活动准备】

PPT 课件、动物头饰、文字卡片。

【活动过程】

一、谈话导入

师："小朋友们，现在是什么季节？"(冬天)"冬天你们感觉怎么样啊？"(天气寒冷)"那么这寒冷的冬天我们是怎样过冬的呀？"(穿棉衣、戴帽子、戴手套、生火炉、生暖气、地热取暖、多跑步)"那么小动物是怎样过冬的呢？"

总结：这一环节中，通过谈话的方式，引发幼儿对动物怎样过冬产生兴趣。幼儿能根据自己的生活经验说出人们是如何过冬的，由人们怎样过冬自然地过渡到动物怎样过冬。

二、实验过程

师："今天小文老师给小朋友们带来了好多好多的朋友！"(有蛇，有蚂蚁，有小兔子，有小燕子……)"那么这些动物朋友都是怎样过冬的呢？老师就带小朋友们先看一段视频。第一个问题：看看视频中有哪几个小动物？第二个问题：视频中的小动物分别都是怎样过冬的呢？"(小朋友回答：有青蛙，有蜜蜂，有小燕子。青蛙冬眠，蜜蜂储藏食物，小燕子南飞过冬)

师："小朋友们说得都非常好，现在老师就带小朋友们了解一下小动物的过冬方式。"

(一)讲授

1. 这是我们的动物朋友小青蛙，小青蛙说："到了冬天天气很冷，没有虫子吃。我们准备吃得饱饱的。过两天钻到泥土洞里去，好好地睡一大觉。"

总结：

① 小青蛙整个冬天都躲在洞里，不吃也不喝，一动不动地睡觉，到第二年春天才苏醒。这样的过冬方式叫作冬眠。

② 冬眠是动物对冬季不利的外界环境(如寒冷和食物不足)的一种适应。

2. 那么还有哪些小动物和青蛙一样是通过冬眠过冬的呢？有蛇，蛇到了寒冷的冬天，会藏到泥土洞里睡上一大觉。有熊，熊到了寒冷的冬天，会躲到树洞里睡上一大觉。

3. 刚才的视频中还有哪个小动物呀？哦，有蜜蜂。蜜蜂说："我藏了很多食物在蜂窝洞里，够吃一个冬天呢。"

总结：

① 小蜜蜂藏了好多好多的食物在洞里，留着冬天吃。这种过冬方式叫作储藏食物。

② 冬天的天气很冷，小动物是很难找到食物的，所以它们在秋天里就找到许多食物储藏在自己的窝里，冬天就靠吃这些储藏的食物过冬。

4. 那么还有哪些小动物和小蜜蜂一样是通过储藏食物过冬的呢？有蚂蚁，蚂蚁们搬运了好多的食物藏到了洞里，留着冬天蚂蚁大家庭一起吃。有小松鼠，小松鼠会在自己的洞里藏好多的松果，够吃一个冬天呢！它们的过冬方式叫作储藏食物。

5. 视频中还有最后一个小动物，它是小燕子。小燕子说："冬天快要到了，我要飞到南方去，那儿暖和，等到明年春暖花开的时候，我再飞回来。"

总结：

① 小燕子随着季节的变化进行长距离的迁居活动，这样的过冬方式叫作南飞过冬(也叫迁徙)。

② 每当春天的时候小燕子们就会成群地飞到我们这儿和我们一起玩耍，但是每到秋天的时候，小燕子们就会成群地飞走，和我们再见，不过来年的春天小燕子们就又飞回来和我们一起玩耍啦。那么还有哪些小动物是和小燕子一样南飞过冬的呢？有大雁，到了秋天，大雁们就会商量好一起飞往南方过冬。

总结：小朋友们现在我们都学习了小动物的哪几种过冬方式呀？(有冬眠，冬眠的小动物有青蛙、蛇、熊。有储藏食物，储藏食物的小动物有蜜蜂、蚂蚁、松鼠。有南飞过冬，南飞过冬的有小燕子、大雁)

6. 现在老师带着小朋友们听一首好听的儿歌，在这首儿歌里又出现了一种小动物的过冬方式。

7. 听完儿歌了，这种过冬方式就叫作换毛过冬。冬天来了，不要紧，小朋友们穿上了厚厚的衣服。而小狗、小兔子身上换了一层厚厚的毛，就像穿上厚厚的衣服，所以不怕冷，这就是换毛过冬。

总结：所以小动物们有四种过冬方式，分别是什么？(冬眠、储藏食物、迁徙、换毛)

这一环节中，通过形象、生动的课件演示，以故事的形式让幼儿感知小动物是如何过冬的。如燕子南飞、青蛙冬天睡大觉、小松鼠储藏食物、小兔换厚的皮毛。当幼儿说到青蛙睡大觉，随即丰富幼儿词汇：冬眠。本环节幼儿了解了动物不同的过冬方式。

(二)讨论与提问

1. 现在老师要向小朋友们提两个问题。

(1) 动物们为什么会有各自不同的过冬方式？

保护自己，生存，适应季节。

(2) 假如这些小动物不想办法过冬，那么将会怎么样？

冻死，饿死。

2. 小动物过冬我们该怎么做？

我们知道动物是人类的好朋友，因此，我们要保护小动物，爱护大自然，为小动物创造良好的生存环境。

总结：这一环节中，给幼儿自由讨论的时间，鼓励幼儿大胆想象、思考、交流。拓展了幼儿的发散性思维，丰富了知识，进一步拓展了幼儿的认知空间。在交流中了解动物不同过冬方式与季节、环境的依存关系。

(三)延伸

游戏——快快找个温暖的家。

1. 介绍游戏玩法：小朋友们选择自己喜欢的小动物进行扮演，按照动物过冬的方式为自己找一个温暖的家。

2. 教师去询问小朋友：你是谁？你是怎样过冬的？

总结：这一环节中，幼儿扮演小动物为自己找家，加深了对动物过冬方式的认识。

(四)结束

今天我们一起了解了动物的四种过冬方式。其实小动物们还有好多其他的过冬方式，小朋友们在日常生活中要留心观察，把你发现的小秘密和爸爸妈妈一起记录下来，下次告诉老师好吗？小朋友们再见。

总结：这一环节中，给幼儿留下悬念，进一步引发幼儿的探索兴趣。

实验八　有孔纸片托水

有孔纸片托水

【活动目标】

1. 使幼儿在实验中了解到粗浅的物理学知识。
2. 使幼儿学会操作这项实验的技能。
3. 培养幼儿动手操作能力，让幼儿感受到实验的乐趣。

【活动重点】

教会幼儿如何操作实验。

【活动难点】

让幼儿了解到粗浅的物理学知识。

【活动过程】

(一)谈话导入

引入：视频导入。(小明、卡卡、小贝上完体育课去买果汁，小明有感而发，问道：有小孔的纸片能托起一杯果汁吗？)

(二)猜测实验结果

那么小朋友们猜一猜，带孔的纸片究竟能不能托起一杯水呢？

(三)实验过程

老师听了小朋友们的回答，有的小朋友认为带孔的纸能托起来一杯水，有的小朋友比较怀疑。那接下来由丹丹老师给大家做这个实验。

1. 播放实验视频。

2. 亲自实验。

(1) 在杯子内盛满水。

(2) 用有孔纸片盖住瓶口，并用手压着纸片压紧，将杯子倒转，使杯口朝下，然后将手轻轻移开。(表演时要注意，用小口的杯子(如用大口的杯子时，纸片要用硬一些的)，瓶内装水越满效果越好。倒转瓶口后，手要慢慢地轻轻地移开，以免纸未盖平而漏水，甚至使水倒出来)

(3) 实验成功了，小朋友们知道这是为什么吗？啊，非常好，老师听到了有个小朋友说是因为有大气压强。

(4) 讲解科学原理：薄纸片能托起瓶中的水，是因为大气压强作用于纸片上，产生了向上的托力。小孔不会漏出水来，是因为水有表面张力，水在纸的表面形成水的薄膜，使水不会漏出来。这如同布做的雨伞，布虽然有很多小孔，仍然不会漏雨一样。

(5) 动手操作。

分组，让幼儿亲自动手操作，感受有孔纸片托水的神奇。(注意：儿童可能手部力量不

足，不能很好地压紧纸片与杯口，在操作过程中需要老师帮助；如果操作失败，及时安慰，对操作成功的小朋友提出表扬)

【活动延伸】

回家和父母讲述今天科学课学的小实验以及学到的原理，有兴趣的小朋友可以和父母一起做一遍。

实验九　有趣的指纹

【活动目标】

1. 观察指纹，了解其外形特点及三种类型，知道每个人的指纹都是不同的。

2. 从各方面了解指纹的作用，树立科学的观点。

3. 有动手动脑的积极性，仔细观察，体验发现的快乐。

4. 培养仔细观察的好习惯。

【活动准备】

PPT、颜料、胶布、白纸、橡皮泥、抹布、指纹卡。

【活动过程】

1. 教师首先示范手指操，之后带领幼儿做手指操，吸引幼儿注意，引起幼儿的兴趣。

2. 教师带领幼儿欣赏课件，引导幼儿发现指纹，让幼儿观察，提问：这些画和平时画的画有什么不一样的地方？(引导幼儿答出是用手指印出来的)

3. 用手指印出的图案上有各种各样的纹路，请小朋友们仔细看一看自己的每一个指肚，是不是都有纹路呢？

4. 了解指纹的类型，观察自己的指纹。

(1) 看一看和旁边小朋友的指纹一样吗？(看来每个小朋友都有自己的指纹)

小结：世界上有许多许多的人，每个人的指纹都是独一无二的，没有两个手指的指纹是一样的，是不是很神奇呢？

(2) 指纹有几种类型呢？我们一起来看看。(指纹 PPT)

第一种是同心圆或螺旋纹线，看上去像水中漩涡的，叫斗形纹；第二种纹形像弓一样，叫弓线纹；第三种一边开口，就像簸箕似的，叫箕形纹。

5. 了解指纹的作用。

(1) 指纹具有增强皮肤摩擦力的作用，使手指能紧紧地握住东西，不易滑掉。我们平时画图、写字、拿工具、做手工，能够那么得心应手、运用自如，这里面就有指纹的功劳。

(2) 警察通过犯罪现场留下的指纹，就可以找到坏人。

(3) 小朋友们，我们已经知道了指纹可以帮助警察叔叔破案(抓坏人)，回家以后，小朋友们可以留心一下指纹在我们的生活中还有什么作用，大家可以记录下来，看看哪个小朋友发现的作用更多。

6. 探索环节。

将橡皮泥、胶带、印泥发给小朋友，让小朋友自己探索并讨论用什么方法可以最清晰地印下自己的指纹。

7. 游戏环节。

(1) 制作自己的指纹卡：由教师制作指纹卡分发给每个幼儿，指导幼儿将自己的指纹印在指纹卡上。

(2) 创意指纹画：幼儿使用彩色印泥在白纸上制作指纹画。

8. 活动结束。

幼儿在展板上展示自己的作品，并向老师和同伴讲解自己的创意。

结束语：小小的指纹蕴藏着大智慧，医学上发现，通过检查人的指纹也能发现某种疾病。将来指纹究竟还会有哪些新的用途？新的挑战又摆在我们面前，等待着我们去寻找答案。

第二节　中班科学实验教案

实验一　会翻跟头的小胶囊

会翻跟头的小胶囊

【活动目标】

1. 知道重心的变化会改变物体的运动状态。
2. 具有动手操作制作材料的能力。
3. 喜欢探究科学知识、探究实验原理。

【活动准备】

3 个空胶囊、1 粒钢珠、若干小沙粒、1 块棉花、1 块硬纸板、若干积木。

【活动重点和难点】

重点：让幼儿了解生活中的重心转移。

难点：让幼儿了解重心转移的原理。

【活动过程】

师：“今天老师给你们带来一个好朋友，好朋友的个头特别小，但是本领特别大，小朋友们想不想知道他是谁啊？想不想知道他有什么样的本领啊？”

幼：“想！”

师：“下面我们用热烈的掌声欢迎小客人好不好？”

(老师拿出胶囊)

师：“你们知不知道他是谁啊？”

幼：“药！”(胶囊)

师：“今天小胶囊要给我们表演一个杂技——翻跟头！下面请小胶囊给我们表演。”

(老师展示胶囊翻跟头)

师：“好不好玩？精彩不精彩？那我们给他点掌声吧！”

提问环节。

师：“你们知不知道为什么小胶囊会翻跟头啊？”(小朋友回答)

师：“那你们想不想试一试啊？老师给你们准备了圆筒和胶囊，你们轻轻地拿起来，开始我们的游戏：加油！加油！小宝贝！我们来看一看谁能让小胶囊连续不断地翻跟头。我们用手堵住圆筒两端，这样小胶囊就不会掉在地上受伤。”(给孩子装有棉花和沙子的胶囊)

师：“那你们猜一猜为什么你们的小胶囊不会翻跟头而我的可以呢？是因为有了这个神秘的材料，小胶囊才能翻跟头。大家看下大屏幕，这个神秘的材料藏在这三个里面，你们猜猜是哪一个啊？”(PPT 展示棉花、沙子、钢珠图片)

师："每一种材料小朋友们都说了，那我们都来试试，看看哪种材料能让小胶囊翻跟头吧！"

师："老师给你们准备了这三种材料，你们自己动手试一试吧！"(教师指导幼儿把每一种材料装进胶囊里，进行操作)

实验操作后，请小朋友们回答哪种材料能让小胶囊翻跟头。

师："下面老师来给大家揭开小胶囊能翻跟头的秘密吧！"

(播放视频)

师："现在知道小胶囊为什么能翻跟头了吧？因为钢珠是圆的，会自由滚动，而且比胶囊重，所以当小钢珠滚到一头时，另一头就翘起来了，这样接连不断地滚动，小胶囊就像杂技演员一样翻跟头。这种有趣的现象就叫重心转移。"

师："其实我们生活中有很多这样的现象，下面老师给大家展示一下。"(PPT 展示仓鼠爬滚轮、翻跟头、玩水球)

把带有钢珠的胶囊放在斜面上时，钢珠在重力的作用下滚动，带动胶囊下滑，同时改变胶囊的重心。在不断下滑的过程中，胶囊的重心也在不断改变，就会不停地翻跟头。而沙粒和棉花等物质不具有在斜面上滚动的性质，所以它们不能改变胶囊的重心，胶囊也就不能翻跟头。

实验二　瓶子赛跑

瓶子赛跑

【活动目标】

1. 知道什么是摩擦力。
2. 知道沙子对瓶子内壁的摩擦力比水对瓶子内壁的摩擦力要大。
3. 培养幼儿的思维能力。

【活动准备】

同等大小重量相等的瓶子两个，沙子、水若干，长方形木板一块，两本厚书。

【活动过程】

1. 用长方形木板和两本书搭成一个斜坡。
2. 将水倒入一个瓶子中，将沙子倒入另一个瓶子中。
3. 把两只瓶子放在木板上，在同一起始高度让两只瓶子同时向下滚动。
4. 装水的瓶子比装沙子的瓶子提前到达终点。

小结：沙子对瓶子内壁的摩擦力比水对瓶子内壁的摩擦力要大得多，而且沙子之间还会有摩擦力，因此装沙子的瓶子的下滑速度比装水的瓶子要慢。

【活动延伸】

回家后在爸爸妈妈的帮助下，将瓶子里装上不同的物质，再来比一比，看一看谁跑得快，记录下来分享给老师和其他小朋友。每个孩子在教师的指挥下进行瓶子比赛，亲自感受、接触一次实验，让每个孩子都参与进来。

实验三　神奇的武器

神奇的武器

【活动目标】

1. 能与同伴交流自己对动物尾巴的认识，了解一些动物尾巴的明显外形特点和特殊用途，感知动物多样性。

2. 幼儿能够大胆地参与活动，激发幼儿喜爱动物的情感并有了解动物的兴趣和愿望。

3. 培养幼儿良好的观察能力、语言表达能力。

【活动准备】

PPT 课件；故事视频《小壁虎借尾巴》；小鱼、老牛、燕子、壁虎、猴子、松鼠的动物拼图。

【活动过程】

师："小朋友们，你们喜欢小动物吗？"(喜欢)"为什么喜欢呢？"(动物是人类的朋友，所以大家喜欢)"那每个小动物都有一个神奇的武器，小朋友们想不想知道是什么武器呀？"(想)"今天我们就一起来学习动物的尾巴。"(教师板书课题：神奇的武器——动物的尾巴)

(一)欣赏故事，培养幼儿的观察力及探索的欲望

1. 欣赏故事，看视频《小壁虎借尾巴》。

2. 认识故事中动物尾巴的形状及用途，发展幼儿的语言表达能力。

3. 小结：动物的尾巴有不同的用途，不同的动物它们的尾巴也不一样，有的尾巴大，有的尾巴小；有的尾巴长，有的尾巴短；有的尾巴粗，有的尾巴细；有的尾巴光滑，有的尾巴毛茸茸。

(二)帮小动物找尾巴

操作材料帮动物找到相应的尾巴，并把尾巴贴在动物身上。

教师总结：小动物们是我们人类的好朋友，所以我们要爱护并保护动物，让我们和动物成为好朋友，好吗？

【活动延伸】

课后通过幼儿自己不断地收集信息与资料，让幼儿回家后观察生活中其他常见的小动物的尾巴是什么样子的，有什么作用。布置一个展示动物尾巴的环境，将大家搜集到的资料展览出来。

【活动总结】

教师总结幼儿今天的表现，表扬和鼓励在活动中表现积极的幼儿，让幼儿在进行游戏的同时，感受到科学活动的快乐。同时，教师要照顾到那些在活动中比较安静的幼儿，使其也能在活动结束的时候获得快乐，以培养他们对科学活动的兴趣。

【活动反思】

先从教学目标方面来看：本节课教学目标比较明确、恰当。体现了"以幼儿发展为本"的教育思想，知识技能、情感态度也在目标中得到体现。所选内容以及整个设计过程，符合新《纲要》精神，符合幼儿的年龄特征和认知水平。而且活动过程紧紧围绕着目标，环环相扣，能够达到预期的目标。

第一环节：用故事的形式引起幼儿的兴趣，学习动物尾巴的特征和作用，培养幼儿观察力。(有的尾巴大，有的尾巴小；有的尾巴长，有的尾巴短；有的尾巴粗，有的尾巴细；有的尾巴光滑，有的尾巴毛茸茸)

第二环节：操作活动，引导幼儿动手、动脑，帮动物们找到相应的尾巴，然后根据尾巴的特征进行分类，巩固认识尾巴的特征。

附：尾巴的用处

鱼儿尾巴像船舵，掌握方向好游泳。
老牛尾巴来回摆，苍蝇、蚊子不敢来。
猴子尾巴像钩子，钩在树上打秋千。
燕子尾巴像剪刀，把握方向保平衡。
松鼠尾巴像把伞，天气炎热好乘凉。
壁虎被敌人发现了，甩掉尾巴快逃跑。

实验四 神奇的万有引力

神奇的万有引力

【活动目标】

1. 了解物体下落状态及万有引力大小与物体质量有关。
2. 能够自主探索物体下落时的状态。
3. 愿意和同伴合作，并交流分享经验。

【活动准备】

纸、树叶、橡皮、笔、书、小降落伞、双面胶、毛线球。

【活动过程】

1. 导入：教师讲述牛顿发现万有引力的故事，引发幼儿思考。

教师：“苹果为什么会掉在地上，而不是飘上天空呢？”

2. 操作实践：感受物体下落状态。

教师带幼儿一起做任意一个物品的实验，剩下物品请幼儿到前面自己动手实践，观察物品下落时的样子。(垂直下落和飘落)

师：“这里有许多东西，我们一起玩一玩，看一看它们下落时是什么样子的。每次选一种物品，将它举过头顶，手再松开，眼睛要一直看着物体，观察它落下时的样子。”

交流发现：引导幼儿交流实验结果，从中发现物体下落时的状态不太一样子。

游戏——肢体模仿：小朋友们模仿一下物体落下时的样子，看谁模仿得最像。

3. 小小降落伞：教师带幼儿做降落伞的实验，引导幼儿了解万有引力大小与物体质量有关。

(1) 教师请幼儿到前面示范实验过程。

师：“今天老师给小朋友们带来了一个神奇的哆啦 A 梦宝盒和好多个降落伞。请四名小朋友到前面来，从盒子里面拿一个东西，再挂在我们的降落伞上。请两名小朋友当裁判员，比一比谁的降落伞最先落到地面上。”

师：“为什么橡皮和笔最快，树叶和毛线团比较慢呢？”

教师请幼儿分别用手称一称，比较橡皮、笔、毛线团、树叶的质量。

(2) 幼儿分组实验，小组讨论。

幼儿每六人一组，教师分发降落伞，分别将橡皮、毛线团、钢笔、树叶挂在降落伞上，比较下降速度。每组幼儿分别用手称一称，比较橡皮、笔、毛线团、树叶的质量。

经过实验得出结论：橡皮和笔的质量大，所以下降速度快；毛线团和树叶质量小，所以下降速度慢。

(3) 幼儿小组回答问题，教师总结。

总结：万有引力大小与物体质量有关，质量越大，下降速度越快，万有引力越大；质量越小，下降速度越慢，万有引力越小。

4. 知识扩展：奇妙的外太空。

让幼儿了解在没有万有引力的太空中，航天员的走路和饮食方式，了解失重状态。

师："在我们的地球上可以站在地面上行走，可以把我们的食物摆放在桌子上。那在没有万有引力的太空中，航天员是怎么吃东西和走路的呢？"(观看视频，幼儿举手回答问题)

师："在太空中，航天员是飘在上面的，吃的食物要经过特殊真空包装将食物封闭在里面。如果正常摆放在桌子上，食物也会飘在上面。这样的状态就叫作失重。"

5. 教师总结。

在这次活动中幼儿了解了物体下落状态及万有引力大小与物体质量有关；能够自主探索物体下落时的状态；愿意和同伴合作，并交流分享经验。

【活动延伸】

回到家里和爸爸妈妈讲述今天学习的知识，回去试一试在室外(有风的时候)这些物品落下的样子并记录下来，带到幼儿园一起分享。

实验五　有趣的舌头

有趣的舌头

【活动目标】

1. 引导幼儿探索了解人的舌头、动物的舌头的特征及作用。

2. 培养幼儿的观察能力，学会分辨熟悉的几种动物的舌头。

3. 激发幼儿观察动物的兴趣，培养幼儿关爱动物的情感。

【活动准备】

各种动物图片、PPT、青蛙捕食视频、两杯水(盐水、糖水)。

【活动过程】

(一)探讨人舌头的特点及作用

1. 手指操导入。

小水杯，双手拿；排好队，再接水；安静喝，不浪费；喝干净，杯归位。

师："小朋友，你们觉得水有味道吗？"

2. 品一品，尝一尝。

桌上放两杯水，分别是盐水和糖水，让幼儿观察。

(1)　教师："桌子上有两杯水，你能看出它们有什么不一样吗？"

(2)　教师："其实一杯是糖水，一杯是盐水，你能看出哪杯是盐水，哪杯是糖水吗？"(不能)"那我们可以用什么办法分辨它们呢？"

用棉签蘸杯子里的水让幼儿用舌头尝一尝。

(3)　教师："用什么办法可以知道呢？我们的舌头还能分辨什么味道？"

播放PPT引导幼儿说出图片中食物的味道。

教师小结："图片里的食物我们都能说出味道，这是因为我们吃过这些食物，发挥了我们小舌头分辨味道的功能。"

(4) 教师："我们的舌头长什么样？请小朋友相互观察一下。"

两位小朋友一组互相观察对方的舌头，进行讨论，两分钟后请幼儿大胆表达自己的观点。

播放 PPT 图片，教师带领幼儿总结舌头的特点。(扁扁的、宽宽的、淡红色、均匀小颗粒)

3. 想一想，说一说。

(1) 教师："我们的舌头除了能分辨出各种味道，还有什么作用？"

观察动态图片，引导幼儿说出舌头还可以帮助说话、唱歌以及吃饭等。

教师小结："人们的舌头作用真大，不仅能尝出各种味道，还能帮助我们说话、唱歌。舌头还是搅拌机呢，能帮助牙齿把食物嚼碎，所以吃饭时一定要细嚼慢咽，把食物嚼碎才能更好地消化，帮助我们快快长大。"

(2) 教师："如果舌头生病了或受伤了，我们一定觉得很痛，也会很不方便。我们应该怎么样保护自己的舌头呢？"(幼儿自由回答)

教师小结："我们吃东西不要吃太辣、太烫或太冷的东西，也不要吃得太快，以免咬着舌头，勤刷牙和舌苔，保持口腔卫生。"

(二)探讨青蛙舌头的特点及作用

教师："我们都有舌头，那你们猜猜小动物们有舌头吗？"人的舌头有很多作用，小动物们的舌头也有很多作用。

1. 议一议。

教师："今天我们教室还来了一位小动物，(青蛙)它是我们人类的好朋友，你们知道它的舌头有什么作用吗？"(捉虫子)"小朋友们，它是怎么用舌头捉害虫的呢？"

2. 看一看。

播放青蛙捉虫的视频。

教师："青蛙的舌头有什么特点？""青蛙的舌头长在口腔的前端，而舌尖位于咽部；舌上布满了黏液，能很快粘住害虫，将其直接送入咽部而吞入腹中。所以它们是农民伯伯的好帮手。小朋友们都记住了吗？"

(三)观察并谈谈其他有趣的舌头

教师："还有哪些有趣的舌头呢，它们都有什么作用？"

1. 猜一猜。看图片，启发幼儿讨论。

教师："这些舌头有什么特征？猜猜它们分别是谁的舌头？"

(1) 啄木鸟的舌头上带钩，能伸进树皮里勾出害虫。

(2) 蛇的舌头是裂开的，可以用来捕捉外面的气味。

(3) 老虎的舌头上有很多肉刺，能帮助老虎把骨头上的肉舔干净。

(4) 炎热的夏天，小狗的舌头能流出汗水，帮助它散热，可以凉快些。

(5) 食蚁兽的舌头又长又圆，能伸进蚁窝，吃掉白蚁。

2. 操作游戏"找舌头"，让幼儿给动物和相应的舌头连线。

教师通过语言形容，让幼儿上前指出正确答案。

【活动延伸】

人和动物的舌头这么有趣、能干，所以以后要保护好自己的舌头，保护动物。还要多留心，观察其他动物，回家在父母的陪同下查一查还有哪些有趣的舌头，下次课前进行分享。

实验六　找相反

找相反

【活动目标】

1. 引导幼儿积极思考，理解相反的含义。

2. 体验游戏的愉悦感，发展幼儿口语表达能力。

3. 能准确找出意义相反的事物，感知生活中有很多事物的特征是相反的。

【活动准备】

几组相反的物品，如书(薄厚)、筷子和棉签(长短)、大球和小球等，PPT，纸箱，卡片，视频。

【活动过程】

(一)通过实物引导幼儿理解相反的含义

出示实物，幼儿观察发现其不同，并积极用语言表述。

小结：像这样大和小、硬和软、粗糙和光滑意思反着的一组词就叫相反。

(二)游戏“找朋友”

1. 播放视频找相反。

2. 出示神奇的箱子，让幼儿每人从箱子中摸一件物品，通过看、摸、掂等方式自主探索，自己发现藏在其中的相反面，找出与自己手中所拿物品相反的另一幼儿成为好朋友，并大胆积极地用语言表达出来。如我有一瓶热水，我有一瓶冷水；我的书薄，我的书厚。

(三)卡片游戏“找相反”

1. 出示各种卡片，让幼儿观察卡片，自己思考，选出哪两个是反着的。

2. 游戏：教师把卡片散放在讲台上，随机说出卡片的内容，让幼儿找出与其内容相反的卡片。

(四)说相反

教师：“请小朋友们想一想，在我们的周围，我们的生活中还有哪些事物是相反的？”

【活动延伸】

小朋友们下课后仔细找找生活中还有哪些相反是我们课上没有提到的呢？

实验七　会爬高的水

【活动目标】

1. 认知目标：幼儿直观感知水沿着松软的纸慢慢向上爬的毛细现象。

2. 能力目标：培养幼儿的观察能力及动手操作能力。

3. 情感目标：幼儿积极发现、探索生活中的毛细现象，主动探索原因。

4. 通过观察水能沿着松软的纸慢慢向上爬的现象，幼儿将感知纸的毛细现象，同时发现生活中的类似现象，并探索其中的原因，感知毛细现象。

【活动准备】

1. 物质准备：颜料水、面巾纸、透明水杯。

2. 经验准备：幼儿已有的爬高经历。

【活动过程】

(一)感知水沿着纸向上爬的现象

教师：“小朋友们好，我是你们的小慧老师，今天由我给小朋友们带来一节科学课。首先，老师问小朋友们一个问题，小朋友们会不会爬高啊？嗯，今天啊，老师给大家带来了一位会爬高的朋友，它就是——水。那水往什么上爬高呢？就是纸。可是，水是怎么往纸上爬的呢？接下来，老师将材料发给小朋友，请小朋友们自己动手试试。”

教师发放材料，幼儿探索并观察水爬高的过程。

(二)探索发现毛细现象

教师：“水可以在纸上爬高，那还可以在什么材料上爬高呢？下面我们就来试一试。”

教师发放水杯、水、纸、毛巾、粉笔、吸管等物品。

幼儿实验。

教师：“小朋友们通过实验，说说水还可以在什么物品上爬高呀？哦，原来水可以在这么多东西上爬高。那现在老师有一个难题，老师这里有一杯水，还有一个小盘子，请小朋友们自己动手，试试，在不倒水的情况下，如何将杯子里的水倒入盘子里。接下来，我们就来做个比赛，看哪组小朋友完成得最快。”

教师发放道具，小朋友们自己动手做实验。

教师：“那小朋友们想想，为什么水可以在这些物品上爬高呢？因为这些东西之间有细小的缝隙，可以锁住水，才会使水向上爬，这就是毛细现象。”

(三)毛细现象的应用

教师：“其实啊，除了这些东西具有毛细现象之外啊，生活中还有很多现象都是毛细现象。请小朋友们回想一下，你见过哪些毛细现象呢？”

教师：“小朋友说的都是毛细现象。其实啊，植物吸收水分也是毛细现象。大家看，植物的根茎很茂盛，水通过根的吸收，上升到顶端，这也是毛细现象。”

【活动延伸】

教师：“小朋友们看，老师这有一幅漂亮的画，大家知道是怎么画出来的吗？对，就是利用毛细现象。小朋友们想不想制作一幅这样的画呢？那就请小朋友们回家后，和爸爸妈妈一起动手制作一幅这样的画！”

实验八　有趣的隐形画

【活动目标】

1. 认知目标：通过操作活动，初步了解一些有趣的化学小知识。

2. 能力目标：能够大胆实验，大胆探索科学活动的奥秘，初步培养孩子们的科学实验能力。

3. 情感目标：充分发挥孩子们的观察力和操作能力，激发孩子探索科学奥秘的兴趣。

【活动准备】

1. 教具：蜡制隐形画一幅，表演魔术时的背景音乐，PPT课件。

2. 操作材料：白醋、柠檬汁、葡萄汁、橘子汁；若干棉签、白纸(不同颜色的纸)、小蜡烛等。

【活动过程】

1. 魔术表演“隐形画”，激发孩子揭秘的欲望。

师：“今天我们这堂科学课的主题叫作“有趣的隐形画”，哪个小朋友能告诉老师什么是隐形画？”(小朋友回答)

师：“现在老师要给小朋友们变一个魔术，看看谁能揭示这个魔术的秘密。”(老师在孩子面前烘烤白纸，直至出现图画)

师：“白纸上的画面从何而来？你们觉得老师是怎么在一张白纸上变出一幅美丽的图画的呢？”(小朋友回答)

师：“老师的魔术道具有一杯醋、一支笔、一张白纸和一根蜡烛，哪个小朋友说一说老师是怎么变的这个魔术？”(小朋友回答，验证能否制作出隐形画)

师：“小朋友们来看一段影片，看看影片中的人是怎么样来制作隐形画的吧！”(播放视频)

师：“现在小朋友们知道隐形画是怎么来的吗”？(小朋友回答)

师：“当白醋写在纸上的时候生成一种物质，而这种物质是玻璃状的、透明的、有光泽的，它比纸更容易点着，当加热它的时候它就会先烧焦，所以字迹就显现了出来。”

2. 材料延展。

师：“除了白醋，老师这里还有其他的材料，小朋友们看看这些材料能制作出隐形画来吗？” (柠檬、橘子、橙子、葡萄……)(请小朋友上前看或闻，然后老师拿出实物)“小朋友们认识吗？”

师：“你们觉得利用这些材料能成功地制作出隐形画吗？”(小朋友们回答)

3. 实验活动，通过大胆操作实验，探索科学活动奥秘，培养孩子从事科学探索活动的能力。

师：“现在小朋友们来一起试一下，看看利用这些材料能不能制作出有趣的隐形画来。”

师：“请小朋友们到周老师那里取自己喜欢的材料和纸，然后来做一下这个实验，好不好？”(小朋友们开始做实验)

师：“画完的小朋友举手让老师过去帮你把蜡烛点着，然后小朋友们可以在烛火上面烤画，看看是不是能显示出来小朋友们画的画。小朋友们也要小心用火，注意纸要在烛火上方离烛火稍远一点，不要把白纸烤着了。”

师：“小朋友们都制作出隐形画了吗？”(小朋友回答)“有没有小朋友再跟老师说一下这个魔术是怎么变的？为什么蜡烛一烤就出现画了？”(小朋友回答)

这个环节重在让孩子们亲自操作，在操作的过程中自主地发现奥秘，即便有的是成功的体验，有的是失败的体验，关注的是孩子体验的过程而不是体验的结果。孩子们的探索成功了，他们会积极地与人分享成功的乐趣；而探索失败的孩子会更加努力去寻找失败的原因，进行再次探索直至得到令自己信服的结论。由此也培养了孩子们不怕失败，勇于探索的科学品质。

4. 交流活动，鼓励孩子们大胆交流自己的实验过程，体验、分享实验过程的乐趣。

师：“小朋友们都制作出隐形画了吗？请小朋友们来分享一下你的实验过程吧！”(小朋友讨论)

师："用柠檬汁等画在白纸上，没有什么颜色，但是它在纸的上面，比纸更容易点着，当把纸用火一烤，之前画在纸上的汁水先发生了碳化反应，画画的部分最先被烤焦，小朋友们画的图就显现出来了。"

师："小朋友们可以回家和爸爸妈妈一起看看在我们生活中还有什么样的材料可以制作隐形画。和爸爸妈妈在家一起来做这个小实验吧。"

实验九 磁铁

【活动目标】

1. 认知：了解磁铁的名称和可以吸住铁制品的特性。

2. 情感：大胆表达自己的发现和问题。

3. 能力：亲自动手操作实践的能力。

【活动准备】

1. 幼儿用具：磁铁、各类铁制品(大头针、曲别针、铁片等)、非铁制品(塑料片、橡皮筋、泡沫、雪花片等)。

2. 教师用具：磁铁、垫片、别有曲别针的纸片娃娃。

3. 同时放有雪花片和曲别针的筐和一个空的筐。

【活动过程】

1. 导入：教师将纸片娃娃放到垫片上，将磁铁放到垫片下，来回移动，形成娃娃"跳舞"现象，吸引儿童的兴趣。

教师："我们的纸片娃娃是怎么跳起舞来的呢？小朋友们今天就跟着老师一起探索这个秘密好吗？其实让娃娃跳舞的秘密武器就是它——磁铁！"

2. 新授课：老师示范拿出磁铁，指导幼儿，让幼儿用磁铁把筐里的雪花片和磁铁分离开，放到另一个筐里。

通过导入和新授课的内容，幼儿大概已经能够了解磁铁可以吸住曲别针这个特征，这时教师再将其他准备的物品分给幼儿，引导幼儿用磁铁尝试吸引，看看都有什么能被吸住，幼儿逐渐了解磁铁能够吸住的不止曲别针，是铁的东西都可以。

3. 巩固：游戏《找别针》。

在一个筐里放满非铁制品，再放进去一个曲别针，打乱后让幼儿组队比赛看谁用磁铁找到曲别针找得快。

4. 延伸：幼儿回家给父母展示纸片娃娃跳舞。

实验十 吹气球

吹气球

【活动目标】

1. 发现小苏打和醋混合会产生气体的科学现象，了解产生气体多少与材料的用量有关。

2. 能有序地合作进行实验，体验猜想、验证、结论等基本的实验步骤。

3. 对科学实验感兴趣，愿意探索身边的科学现象。

【活动准备】

每组一份活动材料：杯子、小苏打、盐、白糖、鸡精、醋、空瓶子、勺子、气球，课前幼儿学会套气球。

【活动过程】

1. 以疑激趣——出示用瓶子吹起的气球，激发幼儿探索的兴趣。

师：“孩子们，今天老师和你们一起做一个好玩的科学游戏，游戏的名称是‘瓶子吹气球’。你们看……”出示瓶子吹起的气球，请幼儿思考：气球里面的气体是从哪里来的？瓶子里装的是什么？

2. 以趣激学——寻找神奇的泡泡溶液，探索出小苏打和醋混合会产生气体。

师：“瓶子里装的不是水，是由两种材料混在一起形成的神奇的泡泡液。这两种材料是什么？”

(1) 出示材料，幼儿闻一闻、看一看：醋、盐、白糖、味精、小苏打。

(2) 出示实验表格，集体猜想：哪两种材料在一起会产生气体？鼓励幼儿用多种记录方式表达自己的猜想。

(3) 幼儿探索实验，教师巡回指导。

(4) 交流总结：小苏打和醋在一起会产生气体。猜想有时很不可靠，遇到问题最好动手试一试。

3. 学以致用——尝试用瓶子吹气球，更加直观地感知小苏打和醋混合产生了气体。

师：“我们找到了能够产生气体的这两种材料，你打算怎样用它们帮助瓶子把气球吹起来？”

(1) 讨论怎样帮助瓶子把气球吹起来，操作过程中要注意什么。

(2) 幼儿实验，教师指导。

(3) 展示结果，分享经验：“你们组刚才是怎么做的？为什么气球有的大、有的小？”

4. 快乐体验——让气球吹得更大，进一步验证产生气体多少和材料的用量有关。

师：“如果再做一次，你打算怎样才能把你们组的气球吹得更大呢？”

(1) 幼儿讨论：多用材料，套气球速度快点，用手捂一捂瓶口……

(2) 再次做实验瓶子吹气球，体验科学游戏的乐趣。

(3) 总结：小苏打和醋在一起产生的气体能吹起气球，而且两种材料用得越多，气球就会吹得越大。尝试的次数越多，实验结果就会越成功。

5. 拓展延伸——吹起气球的神奇气体是什么？这些气体在生活中有哪些应用？激发幼儿继续探索的愿望。

师：“你们知道今天用来吹起气球的这种气体叫什么名字，在我们的生活中有什么用处吗？”(各种各样的饮料中有它、医生帮助病人缓解病痛要用到它、消防员灭火要用到它……)

第三节　小班科学实验教案

实验一　颜色变变

颜色变变

【活动目标】

1. 通过自己的操作，知道两种颜色加到一起会变成另外的颜色。

2. 能认真观察，会把自己的操作结果用符号表示出来。

3. 体验科学活动的快乐，愿意参与科学探索活动。

【活动重点和难点】

重点：通过动手操作，知道蓝加黄变绿，蓝加红变紫，黄加红变橙。

难点：学会用符号记录操作结果。

【活动准备】

故事《小蓝和小黄》；超轻黏土蓝色、黄色、红色；简易记录表若干张；马克笔若干；空矿泉水瓶3个；蓝色和黄色的颜料。

【活动过程】

(一)变魔术导入，引出蓝色和黄色

1. 教师出示装有清水的瓶子。

教师：“今天老师要给你们变个魔术，变之前要先问个问题——老师带来了一个装有水的瓶子，告诉老师，水有没有颜色？”引导幼儿回答水是透明的、没有颜色的。

2. 教师变魔术将清水变成蓝色的水，引出蓝色。

教师：“请仔细看好，要开始变魔术啦！三二一，变变变——你们看，水变成了什么颜色？”

3. 教师提问幼儿，变魔术时的语言和动作。

教师：“刚才老师怎么变的魔术，都说了什么，做了什么？”引导其说出“摇一摇”和“变变变”。

4. 教师出示装有清水的瓶子，邀请一名幼儿上台变魔术，清水变成黄色，引出黄色。

教师：“老师这儿还有一个装有水的瓶子，老师想请一位小朋友来帮老师变魔术，其他的小朋友帮老师喊‘变变变’吧！三二一，变变变——看看水变成了什么颜色？”

教师：“魔术变完了，老师要讲一个有关蓝色和黄色的故事。这个故事叫作《小蓝和小黄》，一天小蓝和小黄在一起发生了一件有趣的事，我们一起来看看吧。”

(二)讲述故事

1. 教师边播放PPT边讲故事。

教师：“小蓝最好的朋友是小黄，他们最喜欢在一起玩藏猫猫，转圈圈儿。有一天，他们玩得特别开心，快乐地抱在一起，抱啊抱啊，越抱越紧。奇怪的事情发生了，小蓝和小黄变成了绿色。”

2. 教师提问：“小蓝和小黄发生了什么事？为什么会这样呢？”

3. 请幼儿将蓝色的水和黄色的水混合，验证是否变为绿色。

教师：“我们来看看蓝色和黄色在一起到底是不是变成绿色，我们来试试吧！现在请两位小朋友上来帮助老师，把蓝色和黄色的水倒在同一个瓶子里。”

(三)操作活动

教师：“老师想请小朋友试试把蓝色和黄色混在一起是不是变成绿色。”

1. 介绍材料和注意事项。

教师：“老师这儿有蓝色的和黄色的超轻黏土。一会儿老师会给小朋友们发下去，但在发之前老师要提两个要求。第一，不能把黏土弄到自己和其他小朋友身上。第二，不能把黏土放进耳朵、鼻子、嘴巴和眼睛里。”

2. 介绍记录表。

教师："老师这儿有一张表格，表格上分别有蓝色、黄色还有红色的笑脸。等你们做完了实验，看变出什么颜色来，就把什么颜色的笑脸贴到这个表里。"

3. 幼儿自由操作，教师指导幼儿。

4. 出示"小红"笑脸，启发幼儿将"小红"带入实验中。

(1) 教师："有一位小客人看见蓝色和黄色在我们手中变成绿色，它可羡慕了。瞧！它来了。"

(2) 请小朋友们把红色和蓝色，红色和黄色，混合在一起，看看能变出什么颜色来，好吗？要求：请每位小朋友先选择蓝色和红色，再选择黄色和红色，以免全部混合在一起。

(3) 共同交流结果，说说都变成了什么颜色。(红加黄变橙，红加蓝变紫)

(四)小结

教师："现在小朋友们是不是都知道蓝色、黄色、红色两两在一起能变出谁了呢？我们可以用一首儿歌来说一说。"

黄和蓝手拉手，变出绿色画叶子；

红和黄手拉手，变出橙色画橙子；

蓝和红手拉手，变出紫色画茄子。

【活动延伸】

请小朋友们回家和爸爸妈妈说一说小蓝、小黄、小红两个两个在一起都能变成谁？好不好？还可以试试将其他两个颜色混在一起看看可以变成哪个颜色。

实验二　蜗牛爬爬

蜗牛爬爬

【活动目标】

1. 能仔细观察，了解蜗牛的外形特点及简单的生活习性。

2. 能大胆提问和表达，乐于与同伴交流分享自己的发现。

3. 体验探究的过程和方法，感受探究的快乐。

【活动准备】

PPT 课件、小蜗牛实物、音乐等。

【活动过程】

1. 谜语导入，引起幼儿的兴趣。

(1) 没有脚，没有手，背上房子到处走；有谁把它碰一碰，赶紧躲进房里头。

猜一个小动物。

(2) 师："小朋友们见过蜗牛吗？在哪里见到的呢？蜗牛长得什么样子呢？"

2. 出示蜗牛，引导幼儿观察。

(1) 请出小蜗牛，引导幼儿观察蜗牛壳的外形特征。

(2) 介绍小蜗牛。

① 蜗牛有两对软软的触角，一个重重的壳，还有嘴巴等。

② 蜗牛的眼睛在哪里？蜗牛的鼻子在哪里？有多少牙齿呢？

蜗牛一共有两对触角，蜗牛的眼睛长在长的那对触角上。蜗牛的触角是用来感觉外界环境的器官，如果触角接触到障碍物，就会立刻缩回去。

蜗牛的触角中，短的那一对就相当于它们的鼻子。

蜗牛小小的嘴巴里有 26000 颗牙齿，是世界上牙齿最多的动物！

③　蜗牛的脚在哪里？分泌的黏液有什么作用？

蜗牛的脚扁扁的。蜗牛在爬行的过程中身体会分泌出一种分泌物，就像小朋友运动之后流汗一样，蜗牛也会流汗。这种分泌物不断地流出来，是为了减小摩擦力，有利于蜗牛爬行，边爬边粘在了爬行的地方。

④　“蜗牛与刀片”。

先提出问题：蜗牛在刀片上爬行会受伤吗？

播放蜗牛在刀片上爬行的片段，并为幼儿解答原因。

蜗牛与众不同，全身没有骨骼，几乎都是肌肉，而且身躯柔软。当蜗牛爬行的时候，黏液分泌得很多，遍布足面，能够保护足面不受损伤。

3. 蜗牛的小习性。

(1)　师：“你们知道蜗牛喜欢吃什么吗？”(蔬菜、树叶、水果等水分含量多的食物)

(2)　师：“蜗牛喜欢住在哪里？”

蜗牛的夏眠与冬眠。

蜗牛喜欢阴湿温暖的环境，一到高温干旱的夏季，它就躲在背上的大房子里避暑——夏眠。这时，蜗牛就分泌一种黏液，把壳口封闭起来，以抵御烈日炎炎的酷暑。

蜗牛冬眠，并不是为躲避严寒。它冬眠，是因为缺食物。

4. 蜗牛的一生。

对蜗牛的生长过程进行简单排序。

5. 蜗牛手指操。

引导小朋友动起来，跟随老师伴着音乐来做蜗牛手指操。

【活动延伸】

今天小朋友们学习了这么多有关于蜗牛的小知识，也对小蜗牛进行了详细的观察，小朋友今天的任务就是回家和爸爸妈妈一起画一只小蜗牛。

实验三　找种子

【活动目标】

1. 知道水果都有种子。
2. 对种子产生探索兴趣，发展幼儿的观察力和语言表达能力。
3. 萌发对科学、大自然的兴趣。

【活动准备】

1. 准备苹果、桃子、西瓜、荔枝等水果图片，各种水果种子的图片，水果与种子教具。
2. 水果图片贴纸板，各种种子若干，胶棒。
3. 教学 PPT。

【活动过程】

(一)导入活动，引起幼儿探索的兴趣

教师："大家平时是不是都见过很多的水果呢？你们知道这些水果都是由什么长出来的吗？"

老师总结："这些水果是由一颗颗小小的种子长出来的。"

(二)找种子

1. 教师出示图片鼓励讨论。

教师："今天，老师为你们准备了许多水果，要请你们找找看，它们有没有种子。找到后，看一看，和同伴说一说，它的种子藏在哪里？是什么样子的？"(将带种子的水果图片发下去，幼儿自由讨论)

2. 幼儿交流探索的发现。

教师："谁愿意上来告诉大家你找到了什么种子？"

幼儿："我找到了苹果的种子。"

教师："我们大家来看看苹果的种子是什么样子的？"

幼儿："苹果的种子是黑黑的，小小的。"

教师出示苹果和苹果种子的 PPT 并讲解。

幼儿："我找到了西瓜的种子。"

教师："西瓜的种子是什么样子的？"

幼儿："也是黑黑的，扁扁的，还很滑。"

教师出示西瓜和西瓜种子的 PPT 并讲解。

用同样的方法和幼儿一起观察桃子、荔枝的种子。

3. 总结。

教师："我们知道苹果、西瓜、荔枝、桃子都有种子。老师告诉你们，除了这些，还有许多瓜果、蔬菜都有种子，小朋友们长大了就会慢慢知道了。"

(三)操作活动：种子和果实匹配

1. 教师："老师为小朋友们准备了小卡片，上面有各种果实，它们找不到自己的种子了，小朋友们能帮助它们找到自己的种子吗？"

幼儿贴种子，匹配正确并且贴在合适的位置。

2. 幼儿交流活动结果，并且集体检查操作结果是否正确。

【活动延伸】

1. 种子发芽实验。

2. 种子贴画。(幼儿教育)

实验四　小动物怎么避暑

小动物怎么避暑

【活动目标】

1. 知道夏天降温的常用方法。

2. 了解部分动物避暑的方法。

3. 体验模仿动物避暑的乐趣。

【活动准备】

太阳头饰一个；PPT 课件、动画视频《谁跟小羚羊去避暑》；热身入场的音乐。

【活动过程】

1. 播放《夏天到》音乐，带领幼儿进入课堂气氛。

2. 谈话导入。

教师：“小朋友们，夏天是不是很热啊？谁能想个办法让我们凉快一些，降降温呢？”(可以扇扇子，开空调，开电风扇，吃西瓜、冰激凌、雪糕)

教师：“我们人类在夏天的时候有这么多避暑降温的好方法，那小动物呢？你们想知道吗？让我们一起去看看它们在夏天的时候是怎么避暑降温的。”

3. 观看PPT课件、倾听故事，了解动物避暑的好方法。

(1) 了解狗是怎样避暑降温的。

教师：“听，这是什么声音？”(播放狗叫的声音)，提问：“这是哪个小动物？谁知道狗是怎么避暑降温的呢？”

引导幼儿看课件，了解狗是怎么避暑降温的。

小结：狗在夏天的时候通过伸出舌头散发身体的热量来避暑降温。

启发幼儿模仿狗避暑降温的样子。

(2) 了解大象是怎样避暑降温的。

引导语：“耳朵像蒲扇，身子像小山，鼻子长又长，帮人把活干。这是什么动物？”(大象)“谁知道大象是怎么避暑降温的？”

引导幼儿看课件，了解大象是怎么避暑降温的。

小结：大象通过在河水中洗澡或者在泥坑中打滚来避暑降温。

启发幼儿模仿大象避暑降温的样子。

(3) 了解兔子是怎样避暑降温的。

引导语：“耳朵竖起来，爱吃萝卜爱吃菜，蹦蹦跳跳真可爱。这是什么动物？”(兔子)

小结：兔子是通过竖着两只长耳朵散发热量来避暑降温的。

(4) 讲《谁跟小羚羊去避暑》绘本，引导幼儿了解其他动物避暑的方法。

提问：“故事中都有哪些动物？它们是怎么避暑降温的？”

根据幼儿回答，小结故事中动物的避暑方法。

4. 游戏“动物避暑”。

将幼儿进行分组，每组分别代表一种动物。教师头戴太阳头饰。游戏开始时，教师站起来，说“太阳出来了”，幼儿就模仿自己所代表动物避暑的样子。游戏结束后，引导幼儿交换，重复游戏。

【活动延伸】

在语言区投放有关动物避暑的图书、图片等，让幼儿通过阅读继续了解其他动物是怎样避暑降温的。

要求幼儿回家后把今天了解的这些动物避暑的方法讲给爸爸妈妈听，然后和他们一起从书上或电脑上收集更多有关其他动物避暑的方法来与同伴一起分享。

实验五 一年四季

【活动目标】

1. 幼儿了解一年可以分为四季。

2. 幼儿通过观察一系列的图片能说出四季的相应特点。

3. 幼儿热爱自然，亲近自然。

【活动准备】

1. 物质准备：具有四季明显特征的大自然图片，视频、课件 PPT。

2. 经验准备：幼儿已经熟练掌握 1～4 个数字，并基本了解一年有四季之分。

【活动过程】

1. 教师自我介绍。

2. 教师："今天啊老师要给小朋友们带来一节科学课，在上课之前呢，先给大家看一段视频。"出示四个季节相对应的视频，然后问幼儿："视频里都是什么季节？""一年都有几个季节啊？它们都是什么呢？"

3. 教师出示关于春天的图片问小朋友："想一想，现在是什么季节？"

回答"春天"。

教师："春天都有什么呢？"带领小朋友认识春天的景物和特征。

(放小草发芽的图片)"看，这是什么？哦，是小草发芽了！"

(放柳树发芽的图片)"柳树也发芽了呢！"

(放花骨朵的图片)"花儿打骨朵了！"

(放河水融化的图片)"河水融化了，还有小鸭子在里边游泳呢！"

(放小燕子飞的图片)"小燕子飞回来了！"

注意：图片显示后，让幼儿先说，老师再总结。

再问："小朋友们在春天都做什么呢？"

小朋友说完后，播放春天活动的图片。

"看，他们在做什么？"

幼儿回答："他们在放风筝、踏青赏花。"

4. "春天过完是什么季节啊？"

引导小朋友说出"夏天"。

接着介绍夏天的特征及夏天的活动。

(放花开满山野图片)"看，夏天花开满了山野！"

(放蝴蝶落在花上图片)"花儿盛开了，还引来了蝴蝶！"

(放荷花开放图片)"池塘里荷花开放了！"

(放茂密的树林图片)"大树长得更茂盛了！"

"那小朋友在夏天都做些什么呢？"幼儿说完后老师总结。

(放夏天活动图片)"看他们在做什么呢？"

"在海边游泳，吃冰激凌。"

5. "那么夏天过完了，到了什么季节啊？"幼儿回答："秋天。"

"秋天都有什么呢？我们一起来看看。"

(放树叶变黄的图片)"秋天啊树叶变黄了。"

(放玉米、石榴成熟的图片)"果实都成熟了。"

(放菊花的图片)"秋天是菊花开放的季节。"

"小朋友们在秋天都做什么呢？"幼儿说完后老师总结。

“看图片中的人在干什么？”“野餐，采摘。”

6. “秋天过完是什么季节呢？”幼儿回答是冬天。

“没错，是冬天。冬天是什么样子啊？”幼儿回答。

“我们一起来看一看冬天都有什么。”

(放雪花图片)“冬天会下雪。”

(放雪景图片)“看，冬天的雪都把树变白了。”

(放结冰的图片)“冬天太冷了，水都结冰了，小朋友要注意保暖哦！”

“那么我们会在冬天干什么呢？”幼儿回答。

“我们一起来看一看他们在做什么。”

(打雪仗，堆雪人)

7. “小朋友们都知道了四季，接下来我们一起来动手做个活动。”

出示教学挂图《一年四季》的背景图以及相关的小配件。

把春夏秋冬的大图贴到白板上。

“这几张图分别是什么季节？请你把这些小图片放到大图里去。”

幼儿分四组，将有明显特征的植物、服装、活动、景物分别置入四张背景图中。

集体观察检验，是否是根据不同季节进行放置的。

如：小草发芽放入春天；荷花放入夏天；落叶放入秋天；雪人放入冬天；等等。

8. 问小朋友他们最喜欢的季节是什么。

“小朋友们真棒，有哪位小朋友来说说你最喜欢什么季节？”

9. “小朋友们真棒，都知道了春夏秋冬，下边老师教给大家一个关于春夏秋冬的手指操，跟着老师一起来做。”

幼儿跟随老师一起做手指操。

实验六　可爱的小蝌蚪

可爱的小蝌蚪

【活动目标】

1. 了解小蝌蚪的名称及其主要的外形特征，乐意观察。

2. 学习用语言表述小蝌蚪的状态。

3. 丰富幼儿的情感，发展积极性思维及操作能力。

【活动准备】

一盆小蝌蚪、蝌蚪食物；小蝌蚪生长周期图片；小蝌蚪成长动画视频。

【活动过程】

(一)谜语导入

教师：“小朋友们好，今天呢，我们班级里来了一群特殊的小朋友，我们一起来猜猜它们是谁吧！我们一起听听这个谜语：脑袋黑溜溜，一条尾巴拖后头，东游游西游游，好像许多黑豆豆。小朋友们一起猜一猜这是什么小动物呢？请小朋友坐好，举手回答问题。”

幼儿1：“小鱼。”

幼儿2：“大青蛙。”

教师：“小朋友说得都非常接近了，但是小朋友没有准确说出这个小动物的名字。其实它就是小蝌蚪。”

(二)播放视频，观察小蝌蚪的动态和外形

1. 教师：“那现在老师已经请出了我们的主角，接下来呀，我们一起来看一个动画片。”

2. 播放视频《小蝌蚪找妈妈》，让幼儿通过视频了解小蝌蚪变成青蛙的过程。

3. 教师：“现在动画片看完了，老师有几个问题想要问问大家。”

“小蝌蚪长得怎么样？”

“小蝌蚪像什么？”(幼儿从外形、颜色观察小蝌蚪，并用语言大胆描述自己观察的结果)

“观察眼睛、嘴巴长在哪里？”

4. 教师小结：它的身体是椭圆形的，头上有眼睛和嘴巴，全身都是黑色的。

5. 可爱的小蝌蚪在水里做什么？

6. 引导幼儿观察后描述，要求语言完整。

(三)了解蝌蚪的生长过程

教师：“小朋友们都很棒，观察得非常仔细。有哪位小朋友知道，小蝌蚪最后会变成什么呢？”(青蛙)“它们最后是怎么变成大青蛙的呢？”

1. 教师：“现在回顾一下过程，小蝌蚪是怎么变成大青蛙的呢？”结合图片给幼儿讲述小蝌蚪生长的过程。池塘中的卵——变成小蝌蚪——长出两只后脚——长出两只前脚——变成小幼蛙——变成青蛙。

2. 教师播放蝌蚪生长过程图片，观察小蝌蚪变成青蛙都经历了哪些过程。再让小朋友根据生长图片叙述。

3. 教师出示蝌蚪图片予以总结。

(四)游戏

教师请六名小朋友上台利用图片，为青蛙生长步骤正确地排序，并且向台下小朋友介绍分别是哪一个过程，巩固学习到的小蝌蚪变成青蛙的过程。

【活动延伸】

教师：“将今天所了解到的小蝌蚪，悄悄说给爸爸妈妈听吧！”

实验七　神奇的色彩

【活动目标】

1. 初步感知彩虹糖在水中溶化的现象，愿意用语言表达自己的发现。

2. 能在教师的示范、讲解下按实验步骤进行操作，并能注意观察实验中的现象。

3. 感受色彩变化所带来的惊喜。

【活动准备】

纸杯若干、彩虹糖若干、白纸盘若干、搅拌棒若干、牛奶、水。

【活动过程】

用手指谣“小手拍拍”导入活动。

(一)萌发兴趣

1. 教师在口袋里摇晃彩虹糖，用声音激起幼儿的兴趣。

师："老师的口袋里藏着一个神秘的礼物。听一听，可能是什么？"

(走一圈，在幼儿耳边晃动)

2. 教师引导幼儿模仿彩虹糖发出的声音。

师："那谁能模仿一下这个声音呢？"(哗啦哗啦)

(分析：利用摇晃彩虹糖发出的声响，一方面可引导幼儿用听觉初步感知彩虹糖的特征，另一方面可集中幼儿的注意力，激发幼儿的兴趣)

(二)观察彩虹糖的颜色

1. 教师出示彩虹糖，了解幼儿的已有经验。

师："那现在我要请出它了，仔细看哦!变!变!变!哇!是什么？"(彩虹糖)"老师要考考大家了，看看你们认不认识这个颜色？"

2. 教师将彩虹糖倒在桌上的白纸盘中，引导幼儿观察彩虹糖的颜色。

师："小朋友们认识这么多彩虹糖颜色，给自己一个赞吧！"

(三)明确实验步骤和要求

1. 教师创设"把彩虹糖上的颜色变没有"的游戏情境，初步激发幼儿实验的兴趣。

师："彩虹糖有这么多的颜色，我们可以用什么方法把彩虹糖上的颜色变没有呢？"

2. 教师出示装有水的塑料杯，介绍实验材料。

师："老师为你们准备了一种材料，你们看看是什么？"(水)

3. 教师引导幼儿认识水是透明无色的。

师："水是什么颜色的？"(如果幼儿说白色，教师就出示牛奶进行对比)"这是一杯牛奶，它是什么颜色的？牛奶和水的颜色一样吗？"

师："我可以透过水看到你们，所以水是透明无色的。"

4. 教师边讲解边示范，帮助幼儿明确操作的步骤和要求。

师："如果把彩虹糖放到水里，彩虹糖上的颜色会变吗？为什么？老师手里有一个杯子，杯子里有水，现在老师把一颗红色的彩虹糖放进去，用手搅一搅，晃一晃，看看有什么变化？是不是变成红颜色的水啦？小朋友们想不想试一试？"

(请婷婷老师和张老师给大家发杯子和糖果，"糖果不可以吃掉喔！")

放背景音乐《彩虹的约定》。

5. 教师带领幼儿共同复述实验步骤。

师："每个小朋友都得到了一个杯子和一颗糖果，现在可以把糖果放进杯子里了，搅一搅，看一看糖和水的颜色有没有变化。老师看看谁是厉害的魔术师，可以把彩虹糖上的颜色变没。"

互动："小朋友们都是厉害的魔术师，我发现你们都把彩虹糖上的颜色变没了！"(单独找 3 个小朋友提问)"你原来的彩虹糖是什么颜色的？现在呢？水变成了什么颜色？彩虹糖上的颜色到哪里去了？有谁的发现是和他一样的？慢慢举起来给大家看看。"(教师带领幼儿集体检查。)"原来彩虹糖上的颜色溶化到水里去了。"

"小朋友们真聪明。"

(分析：小班幼儿以具体形象思维为主，幼儿在实验过程中通过简单的搅拌动作，看到了水从透明无色到有颜色的变化过程，在惊喜的同时自然地获得了有关溶化的科学经验。另外，也因现象变化明显，幼儿有了交流的基础，因而有话可说，有话愿意说)

(四)结束

师：“今天小朋友们都变成了厉害的魔术师，把彩虹糖的颜色变没了。我们回家和爸爸妈妈也可以做这个游戏，看看如果多放几个颜色的糖会变成什么样子，好吗？老师要和大家说再见了。”

实验八　认识天气

【活动目标】

1. 情感目标：引导幼儿注意观察天气，对每天的天气感兴趣。

2. 认知目标：让幼儿初步了解天气的种类，了解每种天气的基本特点。

3. 能力目标：让幼儿了解晴天、雨天、雪天和刮风用图案如何去表示，并尝试用各种动作来表示这四种天气。

【活动方法】

主要采用了讲授法、演示法和谈话法。教师先运用讲授法来向幼儿描述和讲解四种天气；再用演示法向幼儿展示教具和进行一些游戏，促进幼儿对内容的理解；同时在整个教学过程中穿插使用谈话法，来增加教师与幼儿之间的互动，激发幼儿的兴趣。

【活动准备】

1. 天气指示牌(晴天、雨天、雪天、刮风)。

2. 懒羊羊的头饰一个。

3. 教师教学使用的PPT。

4. 一些幼儿喜欢的小贴纸。

【活动过程】

(一)情景导入

在正式上课之前，教师可以带领幼儿做一组手指操，帮助幼儿慢慢熟悉教师和放松紧张的情绪。

1. 在引出主题之前，教师先用懒羊羊的图片来吸引幼儿的注意。

教师：“小朋友们你们好，我是小陈老师，今天老师给小朋友们带来了一位新朋友，大家猜猜它是谁？”(同时另外一位教师戴着懒羊羊的头饰上场)“它就是懒羊羊。”(扮演懒羊羊的教师跟大家打招呼)“大家都喜欢懒羊羊吗？今天懒羊羊来幼儿园跟小朋友们一起玩，大家说好不好呀？”

2. 教师向幼儿提出问题，引导幼儿动脑思考。

教师：“懒羊羊看见小朋友们可开心了，它想明天和大家一起去动物园玩。那么小朋友们今天晚上都会准备些什么呢？”(扮演懒羊羊的教师要积极发问，引发幼儿思考)

3. 组织幼儿进行讨论，并鼓励幼儿说说自己的想法。对于主动回答问题的幼儿，教师应该奖励幼儿喜欢的小贴纸来提高幼儿的积极性。

4. 等幼儿回答完毕后，教师说：“小朋友们说得都非常好。现在大家一起来猜一猜，懒羊羊今天晚上会干什么呢？”

5. 懒羊羊公布答案，原来懒羊羊打开了电视，正在看天气预报呢。

6. 教师：“大家知道天气预报是什么吗？天气预报可以告诉大家明天的天气，让小朋友知道明天冷不冷，该穿什么样的衣服。”告诉幼儿如果想在明天出去玩，首先就要知道明天的天气怎样，从而引出今天的主题——认识天气。

(二)观察天气

1. 教师：“小朋友们看看窗户外面，今天是什么天气呀？”

2. 引导幼儿观察窗外的情景，说说今天是晴天还是雨天，有没有刮风，风大不大。

3. 如果是下雨，是大雨还是小雨。

(三)认识天气指示牌

1. 教师：“现在懒羊羊要考考大家了，小朋友们，你们都知道哪些天气呀？”

2. 打开 PPT，向幼儿展示各种天气和气象，让幼儿说说这些都是什么天气或出现在什么时候。

3. 分别出示晴天、雨天、刮风、下雪的天气指示牌。

教师：“懒羊羊不知道这些图案都表示什么意思，小朋友们你们知道这些图案都表示什么意思吗？知道的小朋友快来帮一帮懒羊羊。”

4. 教师帮助幼儿了解天气的种类及其特征，教幼儿认识天气指示牌，告诉幼儿有太阳的是晴天，画出有风吹过的是刮风，云朵下面画了小雨点的是雨天，画了小雪花的是雪天。

5. 让幼儿说说自己喜欢哪种天气，为什么喜欢，为什么不喜欢。

教师：“懒羊羊想知道小朋友们喜欢什么样的天气呢？为什么呢？”

(四)用动作表示天气

1. 教师：“这些天气我们可以用动作来表示，小朋友们想一想都可以用什么动作来表示，晴天可以用什么动作来表示，下雨天又可以用什么动作来表示，刮风可以做什么动作，下雪可以做什么动作。”

2. 教师：“我们一起来想一想，我们手臂向上围成一个圆圈当作太阳，表示晴天。”

3. 教师：“我们五指张开，从头顶向下摇动手腕，表示下雨。”

4. 教师：“高举双手，在头顶左右摆动，表示刮风。”

5. 教师：“紧握拳头，轻敲大腿，表示下雪了。”

6. 老师高举某一个天气牌，幼儿根据天气牌指示的天气表演相应的动作。

(五)游戏环节

1. 教师：“刚才的动作小朋友们都学会了吗？懒羊羊要和小朋友们做游戏啦！”

2. 扮演懒羊羊的教师任意说出某一种天气，让幼儿做出相应的动作，速度可以逐渐地由慢至快。

在此环节中，教师要善于发挥引导语的作用，使游戏更形象，氛围更浓。

3. 教师：“天气是会变的，小朋友们要跟上喽。”“现在天气很好，是大晴天。”忽然懒羊羊又说天刮起了大风，然后下起了雨，最后还下起了雪。

(六)活动结束

1. 教师：“今天小朋友们和懒羊羊一起玩得开不开心呀？都认识了哪些天气呀？”鼓励幼儿说说自己的感受。

2. 教师：“懒羊羊跟小朋友们玩得非常开心，也跟小朋友们一起学习到了很多知识。但是时间不早啦，懒羊羊要赶紧回到羊村啦，下次懒羊羊再和小朋友们一起玩，大家说好不好呀？”

3. 小朋友们跟老师说再见，也跟懒羊羊说再见。

【活动注意事项】

在教师带着幼儿进行游戏的环节中，注意游戏的节奏和强度的变化，使其适合于幼儿的体力和智力。同时在游戏的过程中要时刻注意幼儿的安全，可以适当扩大幼儿座位之间的间隔，避免幼儿在游戏时打闹或误伤到别人。

【活动总结与反思】

1. 本节课使孩子们在愉快的游戏中学到了知识，学得轻松快乐。在教学中教师始终以认识和了解各种天气为导线，根据天气的变化同时出示各种天气指示牌，引导幼儿分别认识晴天、雨天、雪天和刮风的图片表示方法和动作表示方法。

2. 并且借助“懒羊羊”这个人物形象，以游戏的形式让孩子们关注了天气的变化，引起幼儿对自然科学的学习兴趣。

实验九　有趣的不倒翁

【活动目标】

1. 认知目标：认识不倒翁。

2. 情感目标：愿意参与活动，大胆尝试，敢于在集体面前表达自己探索的过程和结果。

3. 能力目标：会动手制作不倒翁，初步理解不倒翁不倒的原因。

【活动准备】

乒乓球做成的不倒翁半成品每人一份，足够的橡皮泥每人一份，成品的不倒翁若干。

【活动过程】

(一)玩不倒翁，激发兴趣

1. 师：“小朋友们好，今天老师给小朋友们上一节科学课。首先我们先看一个动画，好不好？”(播放视频动画)

师：“小朋友们，这个动画片好不好看呀？动画片上都有什么呀？小朋友们知不知道那个小娃娃叫什么呀？”

师：“对，这个小娃娃叫不倒翁。小朋友们有没有玩过不倒翁呀？今天老师为小朋友们带来了两个好玩的不倒翁。”(拿出一个成品和一个半成品的不倒翁)

师：“你们瞧，这个不倒翁好看吗？不倒翁的身体是什么样的呢？摸起来又是什么感觉呢？”(请一两名幼儿上来分别观察，说出感受)

师：“小朋友们，你们知道这个不倒翁怎么玩吗？”(让幼儿随意说)“现在呀，老师要玩这个不倒翁了，你们来看一看，老师是怎么来玩的好不好？”(教师边玩边念儿歌：娃娃，娃娃，左摇摇，右摆摆，真有趣呀，真有趣)

师：“老师刚才是怎么玩的呀？”(幼儿：摇来摇去地玩)

2. 师：“老师再来玩一玩这个长得一模一样的不倒翁好不好？娃娃，娃娃……”(一边玩一边念儿歌)“咦，这个不倒翁怎么倒了？为什么这个不倒翁不会摇来摇去呢？两个看起来一模一样的不倒翁为什么一个会摇来摇去，另一个却不能呢？小朋友们赶快猜一猜，想一想，这两个不倒翁到底哪里不一样。”(让幼儿大胆猜测，之后找两个小朋友上前面感受一下，引导幼儿发现重量不一样)

3. 师：(给每组发两个不倒翁，一个成品，一个半成品)“老师给小朋友们的桌子上也放了两个不倒翁，小朋友们仔细地看一看，摸一摸，看看你们能不能跟这两个小朋友一样，也找出哪里不一样好不好？”(观察完之后选一组幼儿回答不同之处：哪个重？哪个轻？)“小朋友们你们组的不倒翁是不是也一个重一个轻呀？那不倒翁的身体里面到底有什么秘密呢？老师现在把我的不倒翁的帽子打开，我们一起来看一看，不倒翁的身体里面到底藏着什么秘密好不好？”(打开两个不倒翁的帽子，让幼儿观察乒乓球制作的不倒翁内部)

(二)初步探索，发现问题

1. 师：“哦，原来不会倒的不倒翁身体里面装了橡皮泥，所以它重。而会倒的不倒翁里面没有橡皮泥，所以很轻。那你们想不想当个小发明家，跟老师一样做出一个不倒翁呢？老师已经给每个小朋友都准备了橡皮泥，和一个不倒翁的身体，还有一个小帽子，大家可以把橡皮泥装进不倒翁的身体里，再把它的帽子戴好。”

2. 鼓励幼儿操作。(做好之后，和幼儿边读儿歌边玩)“小朋友们都做好了吧？下面小朋友们把你们做好的不倒翁放在桌子上，和老师一起玩好不好？娃娃，娃娃，左摇摇，右摆摆，真有趣呀，真有趣。”“刚刚老师发现有的小朋友的不倒翁跟老师的一样，可以摇来摇去，但是有的小朋友的不倒翁站不起来，这是为什么呢？”

3. 在幼儿中各选择一个例子，(站得起来的和站不起来的不倒翁)请制作者介绍自己是怎么做的，并且请他们打开不倒翁底部，观察制作有什么不一样的地方，引导幼儿找到原因。(立起来的橡皮泥粘在有黑点的底部，不能立起来的橡皮泥没有粘在黑点上)

4. 小结：“原来一个不倒翁它的底部是圆圆的，它的最底部的黑点处要有重的物品贴在上面，它才不会倒。小朋友们贴的橡皮泥要贴在黑点那里，你们知道了吗？”

(三)再次探索，解决问题

1. 师：“现在老师想请我们小朋友一起再去试一试，让原来站不起来、站不直的不倒翁站得直直的，摇来摇去也不会倒，好吗？已经做好的小朋友可以去帮助没做好的小朋友，大家一起合作好不好？”(鼓励幼儿操作)

2. 师：“小朋友们是不是都做好了呀？现在小朋友们把你们做好的不倒翁放在桌子上，再跟老师玩一遍，好不好？娃娃，娃娃……”

3. 师：“小朋友们觉得自己做的不倒翁好不好玩呀？小朋友们晚上回家把自己做的不倒翁送给妈妈好不好？告诉妈妈这个是你自己做的，妈妈会很开心的，是不是？”

实验十　菠菜里的叶绿素

【活动目标】

1. 情感目标：主动参与探索活动，体会探索菠菜的乐趣。

2. 知识目标：了解菠菜叶的组成、叶子里面含叶绿素及其作用，学习用正确的方法操作实验，发现菠菜叶里面的秘密(叶绿素)。

3. 能力目标：能运用看一看、摸一摸、找一找等方法探索菠菜叶(叶柄、叶脉、叶肉)的构成。

【活动准备】

1. 菠菜叶、酒精杯、酒精、棉签幼儿每人一份。

2. 菠菜叶结构图、PPT 课件。

【活动过程】

(一)手指律动操——《黑猫警长》

黑猫警长，黑猫警长，喵喵喵。
开着汽车，开着汽车，嘀嘀嘀。
小小老鼠，小小老鼠，哪里逃？
一枪一个，一枪一个，消灭掉。

在活动开始，一个小小的手指律动操能够带动小朋友们之间的气氛，减少老师和小朋友之间陌生的感觉。

(二)实物导入“菠菜”，激发幼儿的兴趣

师：“小朋友们，今天和老师一起来到幼儿园的除了晶晶老师、王老师，还有一位好朋友。”(拿出菠菜)“它是谁呢？你们见过它吗？”(展示菠菜图片)“它是一种蔬菜，叫——菠菜。”

师：“小朋友们你们都吃过菠菜吗？”“小朋友们你们知道经常吃菠菜有哪些好处吗？”

师：“菠菜中含有丰富的胡萝卜素、维生素 C、钙、磷及一定量的铁、维生素 E 等有益成分，能供给人体多种营养物质。”

1. 不贫血：菠菜中富含铁，铁是人体造血原料之一，经常吃菠菜的人面色红润、光彩照人。

2. 体质强：菠菜中含有很多蛋白质，可帮助我们的身体发育，让我们每天都开开心心的。

3. 皮肤好：菠菜中含有维生素 K，这是很多蔬菜水果中缺乏的。它可以让我们的头发光亮，皮肤白白的。多吃菠菜还可以保护我们的眼睛哦！

(三)谈话引出“闯关游戏”

师：“小朋友们，老师知道你们都是勇敢的小朋友。那你们想接受挑战玩闯关的游戏吗？真棒！今天的闯关就和菠菜有关哦！”

(四)闯关游戏第一关——感知叶子的结构

1. 给每一位幼儿分发一片菠菜叶，引导幼儿发现叶子的结构。

师：“第一关就请你们用火眼金睛看一看，摸一摸，找一找菠菜叶身上有什么。”

2. 幼儿以小组观察、交流，教师引导幼儿相互交流自己的发现。

3. 请个别幼儿谈谈自己的发现。

4. 教师出示图片，展示叶子的各部分结构并进行小结。

教师：“小朋友观察得真仔细，说得也很好。可以拿在手上，连着叶的小柄叫‘叶柄’；摸上去软软的，就像我们人身上的肉一样，叫‘叶肉’；还有中间的小小的‘小茎’叫‘叶脉’。”

(五)闯关游戏第二关——探索叶子里面的秘密

师：“我们刚才通过观察发现菠菜叶由叶柄、叶脉、叶肉三部分组成，下面我们加大难度，挑战第二关。请你们来猜猜看，菠菜叶里面会藏着什么秘密呢？”

1. 介绍材料。

师：“我需要一个好朋友的帮助。”(拿出酒精)“小朋友猜猜看这是什么？”(幼儿回答)“我们一起来闻一闻。”(给所有小朋友闻闻，指导幼儿用正确的方法闻)

师：“小朋友们，酒精好朋友是来帮助我们闯关的，不能喝，也不要把它洒出来。如果你不小心把它洒出来了，一定要举手喊老师来帮忙。”

2. 讲解做法与要求：首先要把菠菜撕得非常非常小，然后放到杯子里面，再加入酒精，然后用棉签搅拌30圈。

师：“小朋友们，你们在搅拌菠菜叶子的时候，一定要轻轻的，温柔地对待它，小心不要让淘气的菠菜叶子跑到杯子的外面哦。老师会看一看哪一组的小朋友表现最棒，最温柔。”(也可以在实验操作前对小朋友讲规则时说)

3. 教师操作实验，幼儿仔细观察，大胆猜想结果。

4. 教师小结：通过酒精的帮助把菠菜叶里面的秘密找了出来——杯子中这些绿色的汁，它就是叶绿素。叶绿素的本领很大，它能够制造出氧气，让人们呼吸；还可以帮助我们净化环境，给我们带来好心情。

5. 幼儿操作实验。

重点指导：叶子要适量，撕得非常小后，再倒入酒精。引导幼儿和同伴观察和交流自己的发现。

在实验过程中，会有操作困难的小朋友，这时教师要及时引导他。

6. 教师总结：“小朋友们你们真是太棒了，你们是老师见过的最棒的小朋友！你们既聪明又勇敢！你们已经成功地闯过了第二关，而且还发现了菠菜的秘密——叶绿素，小朋友们我们给自己鼓鼓掌吧！”

【活动延伸】

师：“请小朋友们再找找生活中的叶子是不是也由叶柄、叶脉、叶肉三部分构成。不同的叶子里面是不是也有叶绿素？小朋友们，我们今天的科学实验课到这里就要结束了，小朋友，再见！”

【活动评价】

在实验的过程中，教师一定要注意幼儿的安全问题，避免幼儿误食菠菜叶子以及酒精，所以在实验前一定要对幼儿说明实验注意事项。

在实验中要把菠菜叶子撕得非常小，可能在精细的运动上，有的幼儿做得不是非常好，所以在这个时候，教师一定要认真观察，及时帮助幼儿。

拓展阅读

如何提高幼儿在科学实验中的能力？

(1) 从环境入手，激发幼儿观察探索的积极性。

(2) 创设问题情景，让幼儿有动手动脑探索的机会。

(3) 材料的选择，注重生活化。

(4) 内容的选择，符合幼儿年龄特点。

(5) 注重思维过程，充分体验再创造。

本章小结

科学并不神秘。对于孩子来说，科学不是公式，不是原理法则，它是身边的花草鱼虫，是常见的，是有趣的活动，是欢乐的游戏，孩子们在尽情的游戏中学会认知、学会做事、学会生存、学会做人。

根据幼儿的年龄特点开展科学活动：小班、中班、大班年龄阶段的目标各不相同。小班幼儿目标最简单，对感兴趣的事物能仔细观察，发现其明显特征；中班幼儿进行观察比较，发现其相同与不同；大班幼儿能通过观察、比较与分析，发现并描述不同种类物体的特征或某个事物前后的变化。目标由易到难、由浅入深，目标层次逐渐递进，根据幼儿不同的年龄阶段，提出不同的要求和目标，突出各年龄段的培养重点，使我们教师在准备活动时，目的更明确，同时也更有针对性地对幼儿进行教育。

在日常生活中，教师应多利用身边的事物来帮助孩子理解，并经常带他们接触大自然，激发他们的好奇心和探究欲望。另外，宽松的教学环境也是不可或缺的。只有在宽松、愉悦的环境中，孩子们才能快乐地发现，大胆地表达自己的所思所感，养成敢说敢表达的好习惯，促进师生间与同伴间的交流。

推荐阅读

[1] 蔡志刚. 童心玩科学[M]. 上海：少年儿童出版社，2017.

[2] 张俊. 幼儿园科学教育[M]. 北京：人民教育出版社，2004.

[3] 李东. 幼儿园和谐发展课程[M]. 北京：教育科学出版社，2010.

[4] 吴邵萍. 幼儿园开放性区域活动指导[M]. 北京：教育科学出版社，2015.

[5] 《幼儿园渗透式领域课程》编委会. 幼儿园渗透式领域课程[M]. 南京：南京师范大学出版社，2017.

思考与练习

一、名词解释

活动目标　活动准备　活动过程

二、简答题

1. 简述幼儿园各年级科学实验活动的注意事项。
2. 简述幼儿园科学实验活动的益处。

三、活动设计题

1. 以“神奇的光”为主题，设计一个幼儿园科学活动方案。
2. 以“桥”为主题，设计一个幼儿园科学活动方案。

【实践课堂】

会变色的花

材料准备：

两枝浅色带茎的花，相同的透明瓶两个，蓝色墨水。

实验操作：

1. 将两个透明瓶内注入相同多的水，其中一个滴入几滴蓝色墨水。
2. 将两枝花分别放入透明瓶内，几天后观察花朵颜色的变化。

指导建议：

1. 提供给幼儿的花朵颜色尽量是浅色的。
2. 注意引导幼儿每天观察茎及花朵的变化，并做好记录。

拓展与替代：

可在自然角用芹菜、香菜等易观察的植物做实验，引导幼儿观察并记录。

科学小知识：

茎是植物的营养器官之一，具有支撑植物、运输水分和养料的作用。植物的茎能从下至上地将根吸收的水分和养料运输到植物的各个部分。瓶中的花朵会变色是因为茎输导了蓝色墨水。

第一节大班.ppt

第二节中班.ppt

第三节小班.ppt

课后答案.rar